나폴레온 힐
성공의 법칙

THE LAW OF SUCCESS

2

일러두기

이 책은 1928년에 출간된 『THE LAW OF SUCCESS IN SIXTEEN LESSONS』를 기반으로 하며 페이지2북스 출판사에 의해 1, 2권 분권 출간됩니다.

전 세계 500명의 대가들이 증명한
15가지 부와 힘의 비밀

나폴레온 힐
성공의 법칙

나폴레온 힐 지음 | 손용수 옮김

P page2

✤

성공의 법칙 강좌를 책으로 낼 것을 제안한 앤드루 카네기,

내 강좌의 거의 모든 장의 기초가 된 놀라운 성과를 거둔 헨리 포드,

그리고 토머스 에디슨의 동업자이자 내가 역경에 처하고 좌절할 때마다

이 책의 집필을 계속하도록 격려해 준

15년 지기 에드윈 반스에게 이 책을 바친다.

누가 할 수 없다고 말하는가?
그는 도대체 무슨 훌륭한 일을 해냈기에
다른 사람들을 정확하게 판단할 자격이 있는가?
— 나폴레온 힐

상상력이 행운을 만든다

약 30년 전 건솔러스라는 젊은 목사가 시카고의 한 신문에 다음 일요일 아침에 다음과 같은 제목으로 설교한다고 광고했다.

"100만 달러가 생기면 뭘 할까?"

통조림 공장으로 돈을 벌어 '통조림 왕'으로 불린 필립 아머Philip Armour 는 이 광고를 보고 목사의 설교를 들어보기로 했다.

설교에서 목사는 이론적인 용어가 아닌 실용적인 사고력을 계발함으로써 젊은이들이 인생에서 성공하는 법을 배우는 훌륭한 기술학교 설립이라는 아이디어를 설명하며, 이 학교에서 학생들은 '실천을 통해 배우게 될 것'이라고 했다. 그리고 "만약 내게 100만 달러가 있다면 이런 학교를 세우고 싶다"라고 자신의 포부를 밝혔다. 설교가 끝나자 필립 아머는 강단으로 다가가서 자기소개를 한 후 말했다.

"젊은이, 나는 당신이 설교에서 말한 일을 해내리라 믿소. 내일 아침에 내 사무실로 오면 당신에게 필요한 100만 달러를 기부하겠소."

이처럼 투자 가치가 있는 실용적인 계획을 세우는 사람들에게는 어떻게든 그 계획을 실현하는 데 필요한 자금이 생기게 마련이다.

이것이 바로 실용적인 교육으로 유명한 미국의 아머공과대학교Armour Institute of Technology의 설립 기원이다. 1890년 설립한 이 학교는 1940년 루이스대학Lewis Institute과 통합해서 지금의 일리노이공과대학교Illinois Institute of Technology로 탄생했다. 이 학교는 한 젊은이의 '상상력'에서 비롯되었다. 하지만 '상상력'에 필립 아머의 자본이 더해지지 않았다면 이 젊은이는 그가 설교한 지역 밖에서는 절대 알려지지 않았을 것이다.

거대한 철도, 걸출한 금융 기관, 대기업, 그리고 위대한 발명품은 모두 인간의 상상력에서 비롯되었다. 프랭크 울워스Frank Woolworth는 **상상** 속에서 '파이브앤텐센트스토어Five and Ten Cent Store'라는 균일가 잡화점 계획을 창조했고, 결국 이 상상을 현실로 만들어 백만장자가 되었다. 토머스 에디슨Thomas Edison은 말하는 축음기와 활동사진 촬영기, 백열전구 등 수많은 유용한 발명품을 자신의 **상상**으로 만들고 현실로 구현했다.

1871년 사흘간 계속된 화재로 많은 건물이 파괴되고 수백 명의 인명 피해가 발생했던 시카고 대화재 당시 상인들은 불에 타 잿더미가 된 가게 앞에서 자신들의 손실을 비통해하며 망연자실하고 있었다. 많은 상인은 이곳을 떠나 새로운 출발을 했다. 하지만 마셜 필드Marshall Field는 잿더미로 변한 자신의 가게 자리에 세계 최대 백화점이 우뚝 서 있는 모습을 **상상**했다. 결국 그의 상상 속 백화점은 현실이 되었다.

자신들의 인생에서 일찌감치 상상력을 사용하는 법을 배운 젊은이들은 행운을 잡은 것이다. 그리고 이런 행운은 오늘날과 같은 큰 기회의 시대에서 배가된다.

상상력은 사용할수록 발전하고 넓어지는 인간의 정신력이다. 그렇지 않다면 15가지 성공의 법칙에 관한 이 책은 만들어지지 않았을 것이다. 이 책은 처음 앤드루 카네기의 우연한 말이 씨앗이 되어 나의 '상상' 속에서 잉태되었기에 나올 수 있었다. 여러분이 어디에서 무슨 일을 하든, 어떤 사람이든 '상상력'을 계발하고 발휘하면 더 유능하고 생산적인 사람이 될 수 있다.

이 세상에서 성공하느냐 마느냐는 늘 개인의 노력에 달렸다. 하지만 다른 사람들의 협력 없이 성공할 수 있다고 믿는다면 이는 자신을 속이는 것일 뿐이다. 성공이 개인적인 노력의 문제라는 것은 자신이 원하는 것을 각자가 마음속으로 결정해야 한다는 뜻에서만 그렇다. 여기에는 '상상력'의 사용도 포함된다. 이때부터 성공은 얼마나 능숙하고 재치 있게 다른 사람들의 협력을 끌어내느냐에 달렸다.

다른 사람들의 협력을 얻거나 다른 사람들에게 협력을 요청하거나 기대할 권리를 가지려면 먼저 자기 스스로 다른 사람들과 협력할 의지를 보여야 한다. 이런 이유로 8장 「보수 이상의 일을 하는 습관」을 진지하고 사려 깊게 살펴보는 것이 좋다. 실제로 8장의 법칙을 실천하는 사람들은 그 자체만으로도 자신이 하는 모든 일에서 성공을 거둘 수 있다.

여러분의 연구와 비교를 돕기 위해 이 책의 도입부에 유명 인사 10명에 대한 자기분석표Personal Analysis Chart를 마련했다. 이 표를 주의 깊게 관찰하면서 이런 신호를 주시하지 않아 실패한 사람들의 '위험 요소'

에 주목하기를 바란다. 분석 대상 10명 중 8명은 성공한 것으로 알려졌지만, 2명은 실패한 것으로 여겨진다. 특히 이 두 사람이 실패한 원인을 자세히 살펴봐야 한다.

그런 다음 자기 자신을 분석해 보자. 이를 위해 마지막 두 칸을 빈칸으로 남겨두었다. 이 책을 처음 읽기 시작할 때 15가지 성공의 법칙에 대해 각각 점수를 매기고, 이 책을 다 읽고 다시 한번 평가하며 그동안 개선한 점을 살펴보기를 바란다. 여러분이 선택한 분야에서 더 큰 역량을 발휘하는 방법을 찾는 것이 이 책의 목적이다. 이를 위해서는 스스로를 분석하고 모든 자질을 분류해서 최대한 활용해야 한다.

여러분은 지금 하는 일이 마음에 들지 않을 수도 있다. 좋아하지 않는 일에서 벗어나는 데는 두 가지 방법이 있다. 한 가지는 지금 하는 일에 거의 관심을 두지 않고 대충대충 하는 것이다. 그러면 곧 탈출구를 찾게 될 것이다. 여러분이 제공하는 서비스에 대한 수요가 사라질 것이기 때문이다. 또 다른 더 나은 방법은 지금 하는 일에서 매우 유능한 사람이 되는 것이다. 그러면 여러분을 추천할 힘을 가진 사람들의 호의적인 관심을 끌게 될 것이다. 자신이 나아갈 방향을 선택하는 것은 여러분에게 주어진 특전이다.

이 책 9장 「호감을 주는 인성」에서 다루는 법칙의 도움을 받으면 여러분은 '더 나은 방법'을 활용해서 자신을 발전시킬 수 있을 것이다.

수많은 사람이 칼루멧Calumet (미국 미시간 주 북서부의 광산도시)의 거대한 구리 광산을 발견하지 못하고 지나쳤다. 오로지 한 사람만이 '상상력'을 사용해서 채굴하고 탐사해 지구상에서 가장 풍부한 매장량을 자랑하는 구리 층을 발견했다.

우리는 모두 때때로 자신의 '칼루멧 광산' 위를 걸어간다. 하지만 이를 발견하려면 조사하고 '상상력'을 발휘해야 한다. 15가지 성공의 법칙을 소개하는 이 책이 여러분의 '칼루멧'으로 가는 길을 안내할 것이다. 여러분은 자신이 일하는 곳 바로 아래에 풍부한 광산이 있다는 사실을 발견하고 놀랄지도 모른다.

러셀 콘웰Russell Conwell은 그의 저서 『다이아몬드의 땅Acres of Diamonds』에 관한 강연에서 "기회는 먼 곳에서 찾을 필요가 없으며 우리가 있는 바로 그 자리에서 찾을 수 있다"고 말한다. 기억할 만한 진실이다.

독자들에게 당부하고 싶은 것은 글을 다 읽기 전에 이 책에 대한 판단을 내리지 말아 달라는 것이다. 이는 특히 간략하게나마 기술적이고 과학적인 성격의 주제를 다룰 필요가 있었던 서론에 적용된다. 그 이유는 독자들이 이 책을 끝까지 읽은 후에 명백해질 것이다.

열린 마음으로 이 책을 읽기 시작하라. 마지막 장을 읽을 때까지 '열린' 마음을 그대로 유지하는 독자는 전반적으로 더 넓고 정확한 인생관을 터득하게 될 것이다.

나폴레온 힐

당신의 약점을 찾아라

다음 쪽의 자기분석표에 기재된 10명은 세계적으로 잘 알려진 인물이다. 이들 중 8명은 성공한 것으로 알려져 있다. 나머지 2명은 일반적으로 실패한 것으로 여겨지는데 비교를 위해 추가했다.

실패한 사람은 제시 제임스와 나폴레옹 보나파르트로, 이 두 사람이 어디에서 0점을 받았는지 주의 깊게 관찰하면 이들이 실패한 원인을 알 수 있을 것이다.

또 15가지 성공의 법칙 중 어느 하나라도 0점이면 다른 항목의 점수가 높더라도 실패할 가능성이 크다. 반대로 성공한 사람들은 모두 '분명한 핵심 목표' 점수가 100점이라는 데 주목하라. 예외 없는 성공을 위한 전제 조건이다.

만약 여러분이 흥미로운 실험을 하고 싶다면 10명의 이름을 여러분이 아는 10명의 이름으로 바꾸고 각각 점수를 매겨보라. 5명은 성공한 사람, 5명은 실패한 사람을 적으면 좋을 것이다.

끝났으면 자기를 평가해 보라. 그리고 여러분의 약점이 무엇인지 파악해 보기를 권한다.

15가지 성공의 법칙	헨리 포드	벤저민 프랭클린	조지 워싱턴	시어도어 루스벨트	에이브러햄 링컨
1. 분명한 핵심 목표	100	100	100	100	100
2. 자기 확신	100	80	90	100	75
3. 저축하는 습관	100	100	75	50	20
4. 주도성과 리더십	100	60	100	100	60
5. 상상력	90	90	80	80	70
6. 열정	75	80	90	100	60
7. 자제력	100	90	50	75	95
8. 보수 이상의 일을 하는 습관	100	100	100	100	100
9. 호감을 주는 인성	50	90	80	80	80
10. 정확한 사고	90	80	75	60	90
11. 집중력	100	100	100	100	100
12. 협력	75	100	100	50	90
13. 실패에서 배우는 태도	100	90	75	60	80
14. 관용	90	100	80	75	100
15. 황금률	100	100	100	100	100
평균	91	90	86	82	81

항목을 주의 깊게 살펴보고 10명의 등급을 비교한 후, 오른쪽 두 열에 자기 평가 점수를 적어보라. 그리고 이 책을 읽기 전과 후, 두 차례 분석해 보라.

당신은 성공에 가까워지고 있는가?

우드로 윌슨	윌리엄 태프트	캘빈 쿨리지	나폴레옹 보나파르트	제시 제임스	이 책을 읽기 전	이 책을 읽은 후
100	100	100	100	0		
80	50	60	100	75		
40	30	100	40	0		
90	20	25	100	90		
80	65	50	90	60		
90	50	50	80	80		
75	80	100	40	50		
100	100	100	100	0		
75	90	40	100	50		
80	80	70	90	20		
100	100	100	100	75		
40	100	60	50	50		
60	60	40	40	0		
70	100	75	10	0		
100	100	100	0	0		
79	75	71	70	37		

8장. 보수 이상의 일을 하는 습관
― 먼저 주고 더 많은 것을 받아라   23

9장. 호감을 주는 인성
― 힘 있게 말하고 긍정적으로 생각하라   69

THE LAW OF
SUCCESS

보수 이상의
일을 하는 습관

HABIT OF DOING
MORE THAN PAID FOR

" 할 수 있다고 믿으면 "
할 수 있다

먼저 주고 더 많은 것을 받아라

사랑에 관한 토론으로 시작하는 것이 이 장의 주제에서 벗어나는 것처럼 보일 수도 있다. 하지만 이 장을 마칠 때까지 여러분의 의견을 잠시 미뤄둔다면 이 장에서 사랑이라는 주제를 빼놓을 수 없다는 데 동의하게 될 것이다. 여기서 사용하는 '사랑'이라는 말은 모든 것을 포용한다는 뜻이다.

인간에게는 사랑의 본능을 불러일으키는 많은 사물과 동기, 사람이 있다. 우리가 하는 일에도 좋아하지 않거나 그저 그런 일도 있고, 때에 따라서는 정말 좋아하는 일도 있다. 예컨대 위대한 예술가들은 일반적으로 자기 일을 사랑한다. 하지만 일용직 노동자는 자기 일을 싫어할 뿐만 아니라 혐오할 수도 있다. 사람들은 단지 생계를 위해 해야 하는 일을 좀처럼 좋아하지 않는다. 싫어하거나 심지어 혐오한다.

좋아하는 일을 할 때 사람들은 믿을 수 없을 정도로 오랜 시간 피곤한지도 모르고 일할 수 있다. 하지만 싫어하거나 혐오하는 일을 하면 매우 빨리 피로해지고 지치게 된다. 그러므로 사람의 참을성은 자기가 하는 일을 얼마나 좋아하거나 싫어하느냐에 따라 크게 달라진다.

물론 여러분도 알겠지만 우리는 지금 이 책의 가장 중요한 법칙 중 하나를 이야기하기 위한 토대를 마련하고 있다. **사람은 자기가 사랑하는 일을 하거나 자기가 사랑하는 사람을 위해 일할 때 가장 효율적이고 더 빠르고 쉽게 성공한다.** 어떤 일을 하든지 사랑이라는 요소가 들어가면 더 많은 일을 하면서도 피로하지 않고 일의 질도 좋아진다.

몇 년 전 자신들을 '협동조합원'이라고 부르는 한 무리의 사회주의자들이 루이지애나에 넓은 농경지를 사들여 집단 거주지를 형성하고 자신들이 믿는 이상향을 건설하기 시작했다. 이들은 모든 사람이 자기가 가장 좋아하는 일을 하는 시스템을 통해 더 큰 행복을 얻으며 동시에 걱정거리는 줄어들 것으로 믿었다.

이들은 아무에게도 임금을 주지 않을 생각이었다. 각자 자기가 가장 좋아하는 일이나 자기가 가장 잘할 수 있는 일을 했고, 집단 노동에서 나오는 결과물은 모든 사람의 공유 재산이 되었다. 이들은 자신들만의 낙농장, 벽돌 공장을 가지고 소와 가금류 등도 길렀다. 자신들만의 학교와 신문을 발행하는 인쇄소도 가지고 있었다.

어느 날 미네소타주에서 온 한 스웨덴 남성이 이 집단 거주지에 합류했다. 그리고 그의 희망에 따라 인쇄 공장에서 일하게 되었다. 곧 그는 일이 마음에 들지 않는다고 불평했고 농장에서 트랙터를 운전하는 일을 하게 되었다. 그는 이틀을 못 견디고 다시 전근을 신청했고 이번에는 낙농장에 배치되었다. 소들과 잘 지낼 수 없었던 그는 다시 세탁소로 옮겼는데 그곳에서도 하루를 버티지 못했다. 그는 하나씩 모든 일을 다 해봤지만 어떤 일도 마음에 들지 않았다. 자기가 이런 공동체 생활에 맞지 않는다고 생각한 그는 그곳을 막 떠나려던 참이었다. 이 때 누군가가 그가 아직 시도하지 않은 한 가지 직업인 벽돌 공장일을 생각했다. 그래서 그는 외바퀴 손수레로 가마에서 벽돌을 운반해서 벽돌 야적장에 쌓는 일을 하게 되었다. 일주일이 지나도 아무런 불만의 소리가 나오지 않았다. 그는 자기 일이 마음에 드느냐는 질문에 "이 일이야말로 내가 좋아하는 일입니다"라고 답했다.

벽돌 운반 일을 좋아하는 사람이 있을지 상상해 보라. 하지만 이 직업은 스웨덴 사람의 성격에 맞았다. 그는 아무 생각도 할 필요 없고 아무런 책임도 부과되지 않는 일을 혼자 했다. 이것이 바로 그가 원하던 일이었다. 그는 모든 벽돌을 외바퀴 수레로 운반해서 쌓는 일을 계속했고 더 쌓을 벽돌이 없게 되자 이 말을 남기고 집단 거주지를 떠났다. "조용히 혼자 할 수 있는 멋진 일이 끝나서 다시 미네소타로 돌아갑니다."

자기가 좋아하는 일을 할 때 그가 받는 것보다 더 많은 일을 하는 것은 어렵지 않다. 바로 이런 이유로 모든 사람은 자기가 가장 좋아하는 일을 찾기 위해 최선을 다해야 한다. 나는 이 책을 읽는 사람들이 꼭 이렇게 하기를 강력하게 권한다. 나도 그렇게 했고 그에 따른 아무런 후회도 없기 때문이다.

여기가 성공의 법칙 철학에 관한 나의 개인적인 이야기를 끼워 넣기에 적절한 지점인 것 같다. 단지 좋아서 사랑의 정신으로 한 노동의 결과는 절대 사라지지 않았고 앞으로도 사라지지 않는다는 것을 보여주기 위해서다.

이 장에서는 보수보다 더 많은 서비스와 더 나은 서비스를 제공하는 것이 실제로 도움이 된다는 증거를 보여준다. 만약 나 스스로 이 법칙이 어떻게 작동하는지 말할 수 있을 만큼 오래 경험을 쌓지 않고 이런 말을 한다면 얼마나 공허하고 부질없는 일이겠는가? 사반세기가 넘도록 나는 사랑의 노동에 종사해 왔고 그 결과로 이 책이 탄생했다. 다시 한번 말하지만 나는 진심으로 내 노동에 대한 충분한 보상을 받았다고 생각한다. 비록 더 받은 것이 없더라도 지금껏 누려온 즐거움만으로 만족한다.

수년 전 나는 이 책에 들인 내 노력에 대한 대가로 두 가지 중 하나를 선택해야 했다. 하나는 내가 순전히 상업적인 노선을 따랐더라면 누렸을지도 모르는 즉각적인 금전적 이익이고, 다른 하나는 나중에 주위 세상을 더 예리하게 볼 수 있는 축적된 지식으로만 측정할 수 있는 다른 형태의 보수다.

자기가 가장 좋아하는 일을 하는 사람의 선택을 가장 가까운 친구나 친척들이 항상 지지하는 것은 아니다. 나의 경우에도 이 책에 들어간 자료를 수집, 정리하고 분류, 시험하기 위한 연구 업무를 하는 동안 친구나 친척들의 부정적인 의견과 싸우는 데 놀라울 만큼 많은 에너지가 필요했다.

개인적인 일을 언급하는 이유는 자기가 가장 좋아하는 일을 하면서 어떤 장애물도 만나지 않기를 바랄 수는 없다는 것을 보여주고 싶어서다. 일반적으로 좋아하는 일을 하는 사람들에게 가장 큰 장애물은 그 일이 처음부터 큰 보수를 가져다주는 일이 아닐 수도 있다는 것이다.

하지만 이런 단점을 상쇄하고도 자기가 사랑하는 일을 하는 사람은 일반적으로 두 가지 아주 확실한 혜택을 받는다. 첫 번째 혜택은 '행복'이다. 사람들은 보통 자기가 사랑하는 일에서 가장 큰 보상인 행복을 찾게 되며 행복엔 값을 매길 수 없다. 두 번째 혜택은 '금전적 보상'이다. 사람의 일생을 기준으로 평균을 내면 실제로 자기가 사랑하는 일을 할 때의 금전적 보상이 훨씬 더 크다. 대개 사랑의 정신으로 하는 일이 오로지 돈 때문에 하는 일보다 양적으로나 질적으로나 더 훌륭하기 때문이다.

> 사실을 알아보려고 하지도 않고 판단을 내리는 사람만큼
> 자신에게나 다른 사람에게 위험한 사람은 없다.

사랑하는 일을 선택할 때 생기는 일

무례하게 말할 의도는 추호도 없지만 내가 선택한 필생의 일에 대한 가장 당혹스럽고 가장 처참한 반대는 아내에게서 나왔다. 아마도 이것은 내가 이 책에서 한 남자의 아내가 남편이 선택한 일을 협력하고 격려해서 그를 성공하게 하거나 반대로 망칠 수도 있다는 사실을 자주 언급한 이유를 설명해 줄 것이다.

아내는 내가 안정적으로 월급 받는 일을 해야 한다고 생각했다. 내

가 짧은 샐러리맨 생활을 하면서 별로 노력을 들이지 않고도 연간 6000달러에서 1만 달러의 수입을 올리는 능력을 갖췄음을 보여줬기 때문이다. 어떤 면에서는 나도 아내의 생각에 공감했다. 우리에게는 옷과 교육이 필요한 아이들이 있고, 많지는 않더라도 정기적인 급여는 꼭 필요한 것처럼 보였기 때문이다. 하지만 이런 논리적인 주장에도 불구하고 나는 아내의 조언을 무시하기로 했다. 그러자 양가 가족이 연합군을 형성해서 아내의 편에 섰고 모두 내게 샐러리맨으로 정착하라고 했다. 다른 사람들을 연구하는 일은 '돈 안 되는' 일에 낭비할 시간이 많은 사람에게는 괜찮을지 모르지만, 가족이 늘어나는 젊은 유부남이 할 일은 아닌 것 같다는 것이다. 하지만 나는 요지부동이었다. 나는 선택을 했고 내 선택을 고수하기로 마음먹었다.

물론 가족들은 내 관점을 받아들이지 않았다. 시간이 지나면서 반대는 점차 사그라들었지만 그동안 나는 가장 친한 친구나 친척들이 나와 조화를 이루지 못한다는 생각에 더해 내 선택으로 가족들이 적어도 일시적인 어려움을 겪었다는 사실을 알게 되어 마음이 무거웠다.

다행히도 모든 친구가 내 선택을 어리석다고 생각하지는 않았다. 몇몇 친구는 내가 궁극적으로 유용한 성취의 정상에 다다르기 위한 과정을 밟고 있다고 믿었을 뿐만 아니라 내 계획을 믿고 실제로 내가 역경이나 친척들의 반대에 지치지 않도록 격려해 주었다. 절실히 필요했던 시기에 나를 격려해준 이 소수의 충실한 친구 중에서도 가장 고마운 사람이 있었다. 바로 토머스 에디슨의 사업 동료인 에드윈 반스였다.

반스는 거의 20년 전에 내가 선택한 일에 관심을 보였다. 그가 '성공의 법칙'이라는 철학의 견실성에 대한 확고한 믿음을 보여주지 않았다면 나는 친구들의 설득에 굴복하고 평범한 샐러리맨의 길을 갔을 것이다. 여기서 이렇게 말할 수 있는 것도 모두 그 덕분이다.

내가 평범한 샐러리맨의 길을 걸었다면 많은 고민을 덜고 끝없는 비난을 받지 않을 수 있었을 것이다. 하지만 필생의 희망은 무너졌을 것이고, 궁극적으로 나는 모든 것 중에서 가장 훌륭하고 가장 바람직한 결과물인 '행복'마저도 잃어버렸을 것이다. 왜냐하면 나는 내가 선택한 일을 하면서 매우 행복했기 때문이다. 심지어 그 일이 내게 가져다준 대가가 당장 갚을 수 없는 산더미 같은 빚일 때도 행복했다. 아마도 이것이 3장 「저축하는 습관」에서 '빚의 노예'라는 주제를 그렇게 강하게 강조했던 이유를 어느 정도 설명할 수 있을 것이다. 나는 여러분이 3장의 교훈을 충분히 이해하기를 바란다.

에드윈 반스는 성공의 법칙을 견실히 믿었을 뿐만 아니라 지구상에서 가장 위대한 발명가와 긴밀한 사업 관계를 맺었다. 그가 이룬 재무적 성공은 그가 성공의 법칙에 관해 권위 있게 말할 자격이 있음을 증명했다.

나는 사리를 판단하는 지능과 진정한 성공 열망이 있는 사람이라면 누구나 특정 법칙을 따름으로써 성공할 수 있다는 믿음으로 연구를 시작했다. 이 법칙들이 무엇이고 어떻게 적용될 수 있는지 알고 싶었다. 그리고 반스는 내가 믿는 것을 믿었다. 그는 사업 동료인 에디슨의 놀라운 업적이 이 철학의 몇몇 원칙들을 적용함으로써 이루어졌다는 사실을 알 수 있는 자리에 있었다. 그에게는 이것이 누구나 숙달하면 적용할 수 있는 불변의 법칙으로 보였다. 돈을 모으고 마음의 평화를 누리고 행복을 찾을 수 있는 도구라고 생각했다.

그것은 내 신념이기도 했다. 그 믿음은 이미 증명된 현실로 바뀌었다. 나는 지난 몇 년간 연구하면서 보수 이상의 일을 함으로써 이 장에서 다루는 법칙을 적용했다는 사실을, 그리고 훨씬 더 나아가 내가 이 일을 할 때 보수를 바라지 않고 일했다는 사실을 기억하기를 바란다.

이렇게 몇 년간의 혼란과 역경, 반대 속에 '성공의 법칙'이라는 철학은 마침내 완성되었고 출판을 위한 원고가 마련되었다. 한동안 아무 일도 없었다. 말하자면 나는 이 철학을 환영할 것으로 믿는 사람들의 손에 들어가게 하기 위한 다음 단계를 밟기 전에 잠시 쉬고 있었다.

"하나님의 역사는 신비하고 경이롭다."

인생 초반에는 이런 말이 공허하고 무의미하다고 생각했지만 이후로 내 믿음은 많이 바뀌었다.

한번은 오하이오주 캔턴으로 강연 초청을 받았다. 내가 온다는 사실이 잘 알려져서 청중이 많을 것으로 예상했다. 하지만 같은 시간대에 두 명의 큰 사업가가 개최하는 회의가 있어서 내 강연의 청중 수는 불행의 숫자 '13'으로 줄었다.

자기가 하는 일에 대해 받는 돈이나 자신의 서비스를 받는 사람 수나 계급과 관계없이 항상 최선을 다해야 한다는 게 내 신조였다. 나는 강연장이 꽉 찬 것처럼 열심히 강연에 임했다. 하지만 곧 내게 등을 돌린 데 대한 일종의 원망 같은 것이 생겨났다. 마음속 깊은 곳에서 실패했다는 생각이 들었다.

나는 하루가 지나서야 그 전날 밤 내가 성공의 법칙 철학에 첫 번째 진정한 힘이 될 역사에 남을 일을 했다는 것을 깨달았다.

연설을 마친 후 나는 뒷문으로 빠져나와 호텔로 돌아왔다. 나가는 길에 13명의 피해자들과 마주치고 싶지 않았기 때문이다. 다음날 나는 멜렛의 사무실로 초대받았다. 청중석에 앉아 있던 13명 중에 당시 캔턴의《데일리뉴스》의 발행인, 돈 멜렛이 있었던 것이다.

나를 만나자고 초대한 것은 그 사람이었기 때문에 대부분의 이야기를 그에게 맡겼다. 그는 다음과 같은 질문으로 대화를 시작했다.

"어릴 적부터 지금까지의 인생 이야기를 전부 들려주실 수 있나요?"

나는 그렇게 긴 이야기를 들어야 하는 부담을 견딜 수 있다면 그렇게 하겠다고 했다. 내가 이야기를 시작하기 전에 그는 나에게 불리한 면도 빠뜨리지 말라고 했다.

"제가 당신께 바라는 것은 당신 영혼의 가장 좋은 면만이 아니라 모든 면을 보는 겁니다."

내가 세 시간을 이야기하는 동안 멜렛은 듣고 있었다. 나는 빠짐없이 모두 이야기했다. 나의 몸부림과 실수에 관해, 운명의 조류가 나를 너무 빨리 휩쓸었을 때 남을 속이고 싶었던 충동, 그리고 결국 옳았던 나의 판단력에 관해 얘기했다. 나는 그에게 성공의 법칙 철학을 구성하는 아이디어를 어떻게 구상했는지, 이 철학에 들어간 데이터를 어떻게 모았는지, 그리고 시험을 통해 일부 데이터는 삭제하고 다른 부분은 보존했던 과정까지 모두 설명했다.

내가 말을 마치자 멜렛이 물었다. "매우 개인적인 질문을 하고 싶습니다. 이번에도 솔직하게 대답해 주기를 바랍니다. 당신의 노력으로 돈을 모아본 적이 있습니까? 혹시 그렇지 않다면 그 이유를 압니까?"

"아니오. 없습니다." 내가 대답했다. "그동안 제가 모은 거라곤 경험과 지식, 그리고 약간의 빚밖에 없습니다. 그 이유는 비록 타당하지 않을 수 있지만 쉽게 말할 수 있습니다. 사실 저는 제 자신의 무지를 없애고, 성공의 법칙 철학에 들어갈 자료를 수집하고 정리하기에 너무 바빴습니다. 그래서 돈벌이에 노력을 들일 기회도, 그럴 생각도 없었습니다."

놀랍게도 돈 멜렛의 심각한 표정이 부드러운 미소로 바뀌었다. 그는 내 어깨에 손을 얹고 이렇게 말했다.

"이미 답을 알고 계신 것 같군요. 전 당신이 그것을 알고 있는지 궁금했습니다. 당신도 아시겠지만, 당신이 지식을 모으기 위해 즉각적인 금전적 보수를 희생해야만 했던 유일한 사람은 아닙니다. 사실 당신의 경험은 소크라테스 시대부터 현재까지 모든 철학자의 경험이었기 때문입니다."

이 말이 내 귀에는 음악처럼 들렸다. 나는 방금 인생에서 가장 난처한 순간들을 시인했다. 영혼이 발가벗겨진 채로 투쟁 과정에서 지나쳤던 거의 모든 순간에 일시적인 패배를 인정했다. 그리고 무엇보다도 성공의 법칙 옹호자였던 나 자신이 일시적인 실패자였다는 것을 자인하고 말았다. 이 얼마나 모순인가. 내가 만난 사람 중 가장 예리한 눈을 가지고 가장 호기심이 많은 남자 앞에서 나는 나 자신이 어리석게 느껴졌고 굴욕스럽고 창피했다. 이 모든 부조리가 번개처럼 나를 덮쳤다. **실패자가 분명한 한 남자가 창조하고 전파한 성공 철학!** 이 생각이 너무 강렬하게 떠올라 나는 이것을 말로 표현했다.

그러자 멜렛이 소리쳤다. "뭐라고요? 실패라고요? 당신은 분명히 실패와 일시적인 패배의 차이를 아실 겁니다. 앞으로 태어날 세대의 실망과 고난을 최소화하는 생각을 창조하는 사람은 패배자가 아닙니다. 하물며 완전한 철학을 창조하는 사람은 더더욱 그렇습니다."

나는 이 인터뷰의 목적이 무엇인지 궁금했다. 처음 내 추측은 멜렛이 자기 신문에서 성공의 법칙 철학을 공격할 근거가 되는 몇 가지 사실들을 원했다는 것이었다. 이런 생각은 나에게 적대감을 가진 신문기자들과의 경험에서 비롯되었다. 어쨌든 나는 인터뷰를 시작할 때 무슨 일이 있더라도 그에게 사실을 꾸밈없이 알려주기로 결심했다.

내가 멜렛의 사무실을 떠나기 전에 우리는 사업 파트너가 되었고, 그는 《캔턴데일리뉴스》 발행인직을 사임하고 준비되는 대로 내 매니저 일을 맡기로 했다. 그동안 나는 성공의 법칙 철학을 바탕으로 《캔턴데일리뉴스》의 일요 특집에 사설을 쓰기 시작했다.

이 사설들 중 하나(13장 「실패에서 배우는 태도」라는 제목의 사설)가 당시 미국 철강 회사 US스틸의 이사장이었던 엘버트 게리 판사의 관심을 끌게 되었다. 그 결과 멜렛과 게리 판사가 서로 연락하게 되고, 게리 판사가 US스틸 직원 교육용으로 성공의 법칙 강좌를 도입하겠다는 제안을 했다. 운명의 조류가 내게 유리하게 변하기 시작했다. 보수 이상의 일을 함으로써 몇 년 동안 힘들게 일하면서 뿌린 씨앗이 마침내 싹트기 시작했다.

우리 계획이 막 시작되기도 전에 내 파트너가 암살당했다는 사실, 그리고 게리 판사의 요청에 맞춰 성공의 법칙 철학을 다시 쓰기도 전에 그가 세상을 떠났다는 사실에도 불구하고, 그 운명적인 날 밤 오하이오주 캔턴에서 열세 명의 청중 앞에서 연설했던 '사랑의 헛수고Love's Labor Lost'는 성과를 가져왔고, 지금은 모든 일이 내가 생각하거나 노력하지 않아도 빠르게 진전되고 있다.

사랑으로 행한 일이 완전히 헛수고가 되는 일은 없다. 보수 이상으로 일하고 더 나은 서비스를 주는 사람들이 조만간 실제로 자기가 한 일보다 훨씬 더 많은 보상을 받게 되는 것을 보여주는 몇 가지 사례를 여기에 열거하는 것은 지나친 자신감의 발로가 아니다.

이 내용은 출판할 준비가 되어 있으므로 유수 기업 중 일부는 모든 직원을 위해 성공의 법칙 강좌 도입을 긍정적으로 고려했고, 실제로 강좌를 도입한 기업들도 있다. 그뿐만 아니라 기독교청년회YMCA와 성격이 비슷한 최근에 생긴 한 협회에서도 성공의 법칙 강좌를 교육 프로그램의 기초로 삼기로 했으며 향후 2년 이내에 이 책을 10만 부 이상 배포할 예정이다.

이런 배포처와는 별도로 코네티컷주 중부 도시 메리덴의 랠스턴대학교Ralston University 출판부와 계약을 맺어 이 책을 미국 전역과 일부 해외에 배포하기로 했다. 이들이 책을 얼마나 많이 배포할지 정확하게 측정할 수는 없다. 하지만 성공의 법칙에 믿음을 가진 약 80만 명의 고객 리스트를 가지고 있다는 사실을 고려하면 이를 진지하게 열망하는 수만 명에게 배포될 것으로 보인다.

필요 없다고 생각할 수 있지만 성공의 법칙 철학이 어떻게 인정받았는지를 언급하는 이유는 이 장의 기초가 되는 법칙이 삶의 실질적인 문제에서 어떻게 작용하는지 보여주고 싶었기 때문이다.

더 많이 일해야 하는 이유

대다수 사람이 하지 않고 있음에도 여러분이 받는 것보다 더 많은 서비스와 더 나은 서비스를 주는 습관을 길러야 하는 타당한 이유는 차고 넘친다. 이런 서비스를 제공하는 데에는 두 가지 중요한 이유가 있다.

첫째, 받는 보수보다 항상 더 많은 서비스와 더 나은 서비스를 제공하는 사람으로 명성을 쌓아야 하기 때문이다. 그래야 이런 서비스를 제공하지 않는 주변 사람들과 비교됨으로써 이익을 얻을 수 있다. 그 대조는 너무나 뚜렷해서 **여러분의 서비스를 받기 위해 상대방은 격렬한 경쟁을 벌일 것이다.**

이 말의 정확성을 증명하라는 것은 여러분의 지성에 대한 모독이 될 것이다. 명약관화한 일이기 때문이다. 여러분이 하는 일이 무엇이든 여러분은 더 가치 있게 될 것이고, 여러분이 받는 것보다 더 많은 일을 하는 사람으로 인정받는 순간 더 많은 보수를 받게 될 것이다.

둘째, 받는 보수보다 더 많은 일을 하고 더 나은 일을 해야 하는 가장 중요한 이유는 근본적 이유인 것이다. 예를 들어 여러분이 오른팔을 강하게 단련하기를 원해서 오른팔을 옆구리에 밧줄로 묶어서 사용하지 않고 오래 쉬게 했다고 가정해 보자. 팔을 사용하지 않으면 힘이 생기게 될까, 아니면 위축되고 쇠약해져서 결국 팔을 자를 수밖에 없게 될까?

강한 오른팔을 원한다면 많이 사용해야 한다는 것을 여러분은 안다. 팔을 강하게 만드는 방법을 알고 싶거든 대장장이의 팔을 보라. 저항에서 힘이 나온다. 숲에서 가장 강한 떡갈나무는 강한 폭풍을 막아주고 강렬한 햇빛을 가려주는 곳에서 자라는 나무가 아니라 바람과 비와 뜨거운 태양과 맞서 생존을 위해 투쟁해야 하는 탁 트인 곳에 서 있는 나무다.

투쟁과 저항은 변하지 않는 자연법칙을 통해 힘을 길러준다. 그리고 이 장의 목적은 여러분에게 이 법칙을 활용해서 성공하는 방법을 보여주는 데 있다. 받는 보수보다 더 많은 서비스와 더 나은 서비스를 함으로써 여러분은 서비스를 제공하는 자질을 발휘하고, 따라서 비범한 기술과 능력을 개발할 뿐만 아니라 소중한 평판을 쌓을 수 있다. 여러분이 이런 서비스를 제공하는 습관을 기른다면 여러분의 일에 매우 능숙해질 것이고, 이런 서비스를 하지 않는 사람들보다 더 많은 보수를 받을 수 있을 것이다. 여러분은 궁극적으로 인생에서 바람직하지 않은 처지에서 벗어나는 힘을 갖게 될 것이고, 아무도 여러분을 막을 수 없고 막으려 하지 않을 것이다.

여러분이 고용인이라면 받는 보수보다 더 많은 일을 하는 이 습관을 기름으로써 매우 가치 있는 사람이 될 수 있다. 그래서 여러분은 실질적으로 자기 임금을 스스로 정할 수 있고, 현명한 고용주라면 여러분을 막으려 하지 않을 것이다. 여러분의 고용주가 유감스럽게도 여러분이 받을 자격이 있는 보상을 보류하려고 한다고 해도 오래 문제가 되지 않을 것이다. 다른 고용주가 여러분의 이 특이한 자질을 발견하고 여러분에게 일자리를 제안할 것이기 때문이다.

대부분 사람이 가능하면 적게 일하려고 한다는 사실은 받는 보수보다 더 많은 일을 하는 사람들에게는 이점이 된다. 이런 일을 하는 사람들은 그렇지 않은 사람들과 비교됨으로써 이익을 얻을 수 있기 때문이다. 가능한 한 일을 적게 하면서 그럭저럭 살 수도 있다. 하지만 그것이 얻을 수 있는 전부다. 사업이 부진하고 긴축이 시작되면 가장 먼저 해고되는 사람 중 한 명이 될 것이다.

나는 25년 넘게 왜 어떤 사람은 주목할 만한 성공을 거두지만, 어떤 사람은 같은 능력이 있어도 출세하지 못하는지 그 이유를 알아보기 위해 사람들을 주의 깊게 연구해 왔다. 관찰 결과, 보수보다 더 많은 서비스를 제공한다는 원칙을 적용하는 사람들이 단지 그럭저럭 살 수 있을 정도의 일만 하는 사람들보다 더 나은 위치에 있고 더 많은 보수를 받았다. 이 사실은 매우 중요해 보인다. 개인적으로 나는 내 인생에서 내가 받은 보수보다 더 많은 서비스와 더 나은 서비스를 제공했을 때 반드시 인정받고 더 좋은 지위로 승진했다.

다른 사람들을 위해 일하는 수많은 사람이 이 과정을 연구할 것이기 때문에, 고용인들이 더 많은 보수를 받고 더 높은 지위로 승진하는 수단으로서 이 원칙을 습관화하는 것이 중요하다는 사실을 강조하고 싶다. 하지만 이 원칙은 고용주나 전문직 종사자들에게도 마찬가지다.

이 원칙을 지키면 두 가지 보상이 따른다. 첫째, 이 원칙을 지키지 않는 사람들이 누리는 것보다 더 큰 물질적 이득을 얻게 된다. 둘째, 이런 서비스를 하는 사람들에게만 오는 행복과 만족감을 얻게 된다. 여러분이 월급봉투에 들어 있는 돈 외에 얻는 것이 없다면 봉투에 얼마의 돈이 들어 있든지 상관없이 여러분은 하는 일에 비해 보수를 제대로 못 받는 것이다.

아내가 공공 도서관에서 내가 읽을 책을 빌려서 막 돌아왔다. 이 책은 러셀 콘웰의 『관찰: 모든 사람은 자기만의 대학이다 Observation: Every Man His Own University』였다.

우연히 나는 이 책의 「모든 사람의 대학」이라는 제목의 장을 열게 되었고, 이 장을 다 읽고 나서는 사람들에게 공공 도서관에 가서 이 책을 빌려와서 읽으라고 권하고 싶었다. 하지만 돌이켜보니 틀린 생각이었다. 이 책을 빌리지 말고 사서 한 번이 아니라 백 번 읽으라고 권하고 싶어졌다. 왜냐하면 이 책은 나보다 훨씬 더 인상적인 방식으로 이 장의 주제를 다루고 있기 때문이다. 「모든 사람의 대학」이라는 제목의 장에서 따온 다음 글은 이 책에서 찾을 수 있는 진실의 황금 덩어리에 대한 아이디어를 줄 것이다.

> 지적 능력이 뛰어난 사람은 보통 사람이 보는 범위를 훨씬 넘어설 수 있다. 하지만 세상의 모든 대학이 단독으로 이런 힘을 부여할 수 있는 것은 아니다. 이것은 자기 수양으로 함양할 수 있는 보상이기 때문이다. 각자가 스스로 얻어야 한다. 이것이 '역경이라는 대학 University of Hard Knocks' 외에는 어떤 대학의 문턱도 넘지 못 한 사람들에게서 더 깊고 폭넓게 관찰하는 힘이 훨씬 더 자주 발견되는 이유일 것이다.

이 책을 이 장의 일부로 읽어보라. 이 책이 이 장의 기초가 되는 철학과 심리학을 이해하고 이익을 얻는 데 도움이 될 것이다.

이제 우리는 이 장의 기초가 되는 법칙을 분석할 것이다. 자연이 어떻게 이 법칙을 땅을 경작하는 사람들을 위해 사용하는지를 살펴보면서 우리의 분석을 시작하자.

농부는 조심스럽게 땅을 일구고, 밀을 뿌리고, 수확 체증의 법칙에 따라 그가 뿌린 씨앗의 몇 배를 돌려받을 때까지 기다린다. 이 수확 체증의 법칙이 없었더라면 인류는 소멸했을 것이다. 흙에서 인류의 생존을 위한 식량이 생산될 수 없었을 것이기 때문이다. 뿌린 것보다 더 많이 수확하지 못한다면 밀밭을 파종해서 얻는 이득은 없을 것이다.

밀밭에서 얻을 수 있는 자연의 이 중요한 '팁'을 염두에 두고, 나아가 우리가 제공하는 서비스에 수확 체증 법칙을 적용해서 우리가 들인 노력을 초과하는 이익을 창출할 수 있도록 하는 방법을 배워보자.

먼저 명심해야 할 사실은 이 법칙에는 어떤 속임수도 있을 수 없다는 것이다. 많은 이들이 어떤 것을 거저 얻으려고 하거나 별다른 노력 없이 큰 것을 얻으려고 하는 것을 보면 이 위대한 진리를 배우지 못한 것이 틀림없다. 수확 체증의 법칙을 사용하기를 권장하는 것은 그런 목적을 위해서가 아니다. 넓은 의미의 성공에는 그런 목적이 있을 수 없기 때문이다.

수확 체증 법칙의 또 다른 주목할 만한 특징은 이 법칙을 이용하면 서비스를 구매하는 사람들도 서비스를 제공하는 사람들만큼 큰 이익을 얻을 수 있다는 사실이다. 이를 증명하려면 헨리 포드가 도입한 유명한 '일급 5달러 최저임금제도'의 효과를 살펴보면 된다. 이 사실을 잘 아는 사람들은 포드가 자선가로서 최저임금제를 도입한 것이 아니라 단지 근거 있는 사업 원칙을 이용하고 있었을 뿐이었다는 것을 알았다고 한다. 이 제도는 아마도 포드 공장에서 도입한 그 어떤 정책보다도 재무적으로나 평판 면으로나 더 큰 수익을 가져다주었을 것이다.

직원에게 포드는 업계 평균보다 더 많은 임금을 지급함으로써 평균보다 더 많은 서비스와 더 나은 서비스를 받았다. 최저임금제를 시행함으로써 포드는 단숨에 시장 최고의 노동력을 끌어모았고, 포드 공장에서 일할 수 있는 특전에는 프리미엄이 붙었다. 이를 보여주는 정확한 수치는 없다. 그러나 포드가 최저임금정책으로 지출한 5달러는 적어도 7달러 50센트 어치의 서비스를 받았다고 추측할 만한 타당한 이유가 있다. 이 정책으로 포드가 현장 감독 비용을 줄일 수 있었다고 믿는 이유도 있다. 포드 공장에 취업하는 것이 너무나 가치 있는 일이 되어버려서 어떤 노동자도 직장에서 꾀를 부리거나 형편없는 서비스를 제공함으로써 일자리를 잃는 위험을 무릅쓰려고 하지 않기 때문이다.

다른 고용주들이 자신들이 지급한 임금만큼의 서비스를 받기 위해 비용이 많이 드는 감독에 의존할 때, 포드는 공장 취업에 프리미엄을 부과하는 덜 비싼 방법으로 같거나 더 나은 서비스를 받았다.

마셜 필드는 아마도 당대의 선도적인 상인이었을 것이다. 시카고에 있는 거대한 마셜필드 상점은 오늘날 수확 체증의 법칙을 적용하는 그의 능력을 상징하는 기념물로 서 있다.

한 고객이 마셜필드 매장에서 비싼 레이스 허리띠를 샀지만 착용하지 않았다. 2년 후 그녀는 이 허리띠를 조카에게 결혼 선물로 주었다.

그 조카는 2년 전에 유행하던 허리띠를 매장에 가져가 반품하고 다른 상품과 교환했다. 마셜필드 매장이 허리띠 반품을 받아들인 것보다 '아무 불평 없이' 반품을 처리한 것이 더 중요한 포인트다. 물론 매장 측에서 이렇게 오랜 시간이 지난 상품의 반품을 받아들여야 하는 도덕적, 법적 의무는 없었다. 하지만 이것이 이 거래를 더욱더 중요하게 만든다.

원래 가격이 50달러였던 반품된 허리띠는 얼마에 팔든 당연히 할인 카운터에서 팔아야 했다. 하지만 인간 본성을 잘 아는 사람이라면 마셜필드 매장이 허리띠와 관련해서 아무것도 잃지 않았을 뿐 아니라 이 거래를 통해 단지 돈으로 환산할 수 없는 이익을 얻었음을 이해할 것이다.

허리띠를 반품한 여성은 자신이 환불받을 자격이 없다는 사실을 알고 있었다. 그런데 매장에서 반품을 받아주자 그녀는 마셜필드 매장의 영원한 고객이 되었다. 이 거래의 효과는 여기서 끝나지 않았으며 시작일 뿐이었다. 여성은 상점에서 받은 '공정한 대우'에 관한 소문을 여기저기 퍼뜨렸다. 이 일은 여러 날 동안 그녀가 속한 동아리 여성들의 화젯거리가 되었다. 그렇게 마셜필드는 이 거래를 통해 허리띠 가격의 10배를 들여 할 수 있었던 홍보보다 더 큰 광고 효과를 거뒀다. 매장의 성공은 수확 체증 법칙에 대한 마셜 필드의 이해에 바탕을 두고 있으며, 그는 이 법칙에 따라 '고객은 항상 옳다'라는 슬로건을 비즈니스 정책으로 채택했다.

여러분이 보수를 받는 만큼만 일하면 여러분이 하는 일에 대한 호의적인 의견을 끌어낼 수 있는 특별한 것이 아무것도 없다. 하지만 기꺼이 보수 이상의 일을 할 때 여러분의 행동은 모든 사람의 호의적인 관심을 끌게 되고, 궁극적으로 수확 체증 법칙이 여러분에게 유리하게 작용하도록 하는 평판을 확립하는 단계로 한 걸음 나아가게 된다. 그리고 이런 평판이 여러분의 서비스에 대한 폭넓은 수요를 창출하게 된다.

캐럴 다운스Carol Downes는 자동차 회사 회장인 윌리엄 듀랜트William Durant 밑에서 말단 직원으로 일했다. 그는 현재 듀랜트 회장의 오른팔이며, 그의 자동차 판매 회사 한 곳의 사장이다. 그는 오직 수확 체증 법칙의 도움으로 보수가 좋은 직위에 올랐다. 받은 보수보다 더 많은 서비스와 더 나은 서비스를 제공함으로써 이 법칙을 작동하게 했다.

최근 캐럴 다운스를 만났을 때 나는 어떻게 그렇게 빨리 승진할 수 있었는지 말해 달라고 부탁했다. 그는 긴 이야기를 몇 마디 짧은 문장으로 요약했다.

"제가 처음 듀랜트 씨와 일하러 갔을 때 그가 다른 사람들이 모두 퇴근한 후에도 항상 사무실에 남아 있다는 것을 알았습니다. 그래서 저도 똑같이 사무실에 남아 있기로 했습니다. 아무도 제게 그러라고 하지 않았지만, 저는 누군가는 남아서 듀랜트 씨가 도움이 필요할 때 도와드려야 한다고 생각했습니다. 종종 그는 편지 철을 가져오거나 다른 심부름을 할 누군가를 찾곤 했습니다. 그는 항상 제가 그를 위해 일할 준비가 되어 있음을 알게 되었고, 시간이 지나면서 나를 찾는 습관이 생기게 된 겁니다. 이것이 제 이야기의 전부입니다."

'나를 찾는 습관이 생기게 된 겁니다.'

이 문장을 다시 한번 읽어보라. 여기에는 매우 풍부한 의미가 담겨 있다. 듀랜트 회장은 왜 다운스를 찾는 습관이 생겼을까? 그가 볼 수 있는 곳에 다운스가 항상 있었기 때문이다. 다운스는 수확 체증 법칙에 따라 더 많은 것을 돌려받게 될 서비스를 제공하려고 일부러 듀랜트가 가는 곳마다 따라다녔다.

다른 사람이 그에게 이렇게 하라고 시켰는가? 아니다.

이 일을 하고 보상받았는가? 그렇다. 그는 자기를 승진시킬 힘이 있는 사람의 관심을 끌 기회를 얻었다.

우리는 지금 이 장의 가장 중요한 부분에 다가가고 있다. 왜냐하면 여기가 여러분도 캐럴 다운스처럼 수확 체증 법칙을 이용할 기회를 가질 수 있다고 말할 적절한 곳이기 때문이다. 여러분도 다운스가 한 방법 그대로 보수를 받지 않아 다른 사람들이 피하는 일을 자원해서 할 준비를 하고 기다림으로써 수확 체증 법칙을 적용할 수 있다.

여기서 잠깐! 여러분이 조금이라도 '하지만 내 고용주는 듀랜트 회장과는 달라'라는 진부한 구절을 떠올릴 생각이라면 입 밖에도 꺼내지 말고 아예 생각조차 하지 마라. 물론 그는 다르다. 모든 사람은 대부분 면에서 다르지만 다소 이기적이라는 점에서는 매우 비슷하다. 사실 사람들은 이기적이어서 캐럴 다운스와 같은 사람이 자기 경쟁자와 운명을 같이하는 것을 원하지 않는다. 그리고 좋은 판단력을 지니고 있어서 서비스를 받는 사람이 여러분 없이는 살아갈 수 없을 정도로 매우 유용하다는 것도 잘 알고 있다. 사람들의 이기심은 여러분에게 골칫거리가 아니라 자산이 되게 할 수 있다.

내가 경험했던 가장 유리한 승진은 대수롭지 않게 보였던 한 사건이 계기가 되었다. 어느 토요일 오후 내 고용주와 같은 층에 사무실이 있는 변호사가 와서 오늘 끝내야 할 일이 있는데 어디서 속기사를 구할 수 있는지 물었다. 나는 그에게 우리 속기사들은 모두 구기 경기를 보러 갔다고 말했다. 그가 5분 늦게 왔더라면 나도 갔겠지만 내가 남아서 다행이고, 구기 경기는 언제라도 보러 갈 수 있지만 그의 일은 오늘 끝내야만 하므로 내가 기꺼이 그의 일을 돕겠다고 했다.

나는 일을 마치고 보수를 묻는 그에게 이렇게 농담했다. "아, 당신이니까 1000달러 정도요. 다른 사람이라면 공짜겠지만요." 그는 미소를 지으며 내게 감사를 표했다.

이 말을 할 때 나는 그가 그날 오후 일의 대가로 1000달러를 주리라고는 전혀 생각지 못했다. 하지만 그는 그렇게 했다. 6개월 후 내가 이 일을 완전히 잊고 있을 때 그가 다시 나를 찾아와서 내가 봉급을 얼마 받는지 물었다. 내가 그에게 봉급을 말했을 때, 그는 내가 청구하겠다고 했던 1000달러를 지급할 준비가 되었다고 말했다. 그리고 그는 내게 연봉이 1000달러 인상되는 일자리를 제안했다.

그날 오후 구기 경기를 포기한 것은 분명히 금전적인 보수를 바라고 한 것이 아니었다. 그저 도움이 되려는 열망에서 나온 서비스를 제공하려던 것이었는데 수확 체증 법칙이 나를 위해 작동했다.

토요일 오후를 포기하는 것이 내 의무는 아니었다. 그것은 내 특권이었다. 후에 그것은 더 유익한 특권이었다는 것이 밝혀졌다. 이로 인해 나는 이전 일자리보다 연봉이 1000달러 많고 훨씬 더 책임이 큰 지위를 얻었기 때문이다.

퇴근 시간까지 일하는 것이 캐럴 다운스의 의무다. 하지만 다른 직원들이 퇴근한 후에도 자리에 남아 있는 것은 그의 특권이었다. 그리고 이 특권을 제대로 행사함으로써 그는 이전보다 훨씬 책임이 큰 직책을 맡게 되었고 이전에 그가 맡았던 직책에서 평생 받았을 것보다 더 많은 급여를 받게 되었다.

나는 25년 이상 우리가 받는 보수보다 더 많은 서비스와 더 나은 서비스를 제공하는 특권을 생각해 왔다. 그리고 우리가 매일 보수를 받지 않는 서비스 제공에 할애하는 한 시간이 우리 임무를 수행하는 나머지 전체 시간으로부터 받는 것보다 더 큰 이익을 얻을 수 있다는 결론에 도달했다.

> 실패하는 데는 12가지 타당한 이유가 있다.
> 첫 번째 이유는 보수 이상의 일을 하지 않겠다고
> 공언하는 것이다. 이렇게 공언하는 사람은 거울 앞에 서면
> 나머지 11가지 이유를 볼 수 있다.

속았다는 기분에 속지 마라

수확 체증의 법칙은 내가 발명한 것이 아니다. 이 법칙을 활용하려면 받는 것보다 더 많고 더 나은 서비스를 제공해야 한다는 원칙을 내가 발견했다고 주장하지도 않는다. 단지 성공에 들어가는 노력을 다년간 주의 깊게 관찰한 후 활용했을 뿐이다.

여러분도 지금 여러분의 노력 뒤에 숨겨진, 가지고 있는 줄 몰랐던 힘을 알아보는 실험을 함으로써 이 법칙을 활용해 보기를 권한다. 하

지만 이 실험은 '겨자씨만큼의 믿음만 있으면 산도 움직일 수 있다'는 성경 구절을 시험했던 어떤 여인과 같은 정신으로 하지 않도록 주의해야 한다.

이 여인은 자기 집 현관에서 볼 수 있는 높은 산 근처에 살았다. 그래서 이 여인은 그날 밤 잠자리에 들기 전에 그 산이 다른 곳으로 옮겨질 것을 명령했다. 다음 날 아침 이 여인은 침대에서 벌떡 일어나 문으로 달려가서 밖을 내다보았다. 하지만 산은 여전히 그곳에 있었다. 그러자 그녀는 말했다.

"내가 예상했던 대로야. 그대로 있을 줄 알았지."

이 실험이 여러분의 인생에서 가장 중요한 전환점이 되리라는 전폭적인 믿음을 가지고 접근하기를 바란다. 그리고 성공의 신전이 서야 할 곳에 서 있는 산을 옮기는 것을 이 실험의 목적으로 삼도록 부탁하고 싶다. 성공의 신전을 세우려면 먼저 산을 옮겨야 하기 때문이다.

여러분은 내가 가리키는 산이 무엇인지 전혀 눈치채지 못했을지 모른다. 그러나 산은 여러분이 먼저 발견하고 옮기지 않았다면 여러분의 길에 그대로 서 있을 것이다.

"그렇다면 이 산은 도대체 무엇이란 말인가?"

여러분이 제공하는 모든 서비스에 대해 물질적인 보수를 받지 못할 때 드는 '속았다'는 느낌이다. 이 느낌은 무심결에 드러나고 여러분이 보지 못한 수십 가지 방법으로 성공이라는 신전의 기초를 파괴할 수도 있다. 매우 저급한 유형의 인간들 사이에서 이런 감정은 대개 다음과 같은 말로 외부로 표출된다.

"일을 하고도 돈을 받지 못하는 이 일을 계속한다면 나는 알거지가 될 거야."

여러분은 여기서 말하는 인간 유형을 알 것이다. 이런 유형의 사람들을 여러 번 접해봤지만 이런 사람 중에 성공한 사람은 단 한 명도 발견하지 못했고 앞으로도 절대 찾을 수 없을 것이다.

성공은 만유인력의 법칙과 같은 불변의 법칙을 이해하고 적용함으로써 거둘 수 있는 것이다. 들소를 사냥하듯 구석으로 몰아넣어 포획할 수는 없다. 이런 이유로 여러분은 그중에서도 매우 중요한 법칙인 수확 체증 법칙을 숙지하기 위해 다음과 같은 실험을 수행해야 한다.

이 실험은 앞으로 6개월 동안 매일, 적어도 한 사람에게 유용한 서비스를 제공하는 것을 여러분의 업으로 삼는 것이다. 금전적인 보수는 기대하지도 않고 받지도 않는다. 이렇게 함으로써 여러분이 지속해서 성공하는 데 필요한 가장 강력한 법칙 중 하나가 밝혀질 것이라는 믿음을 가지고 실험해 보라. 실망하지 않을 것이다.

이런 서비스를 제공하는 방식은 다양하다. 한 명 이상의 특정 개인에게 제공할 수도 있고, 여러분이 다시는 볼 수 없을 것이라고 예상하는 완전히 낯선 사람들에게 제공할 수도 있다. 여러분이 이 서비스를 오직 다른 사람들에게 이익을 주기 위한 목적으로 제공하기만 하면 누구에게 이 서비스를 제공하는지는 중요하지 않다.

여러분이 이 실험을 올바른 마음가짐으로 수행한다면 이 실험의 기초가 되는 법칙에 익숙해진 다른 사람들이 발견했던 사실을 알게 될 것이다. 즉, **서비스를 제공하지 않으면 보수를 받을 수 없는 것과 마찬가지로 보수를 받지 않고 서비스를 제공하면 언젠가는 보상이 따른다는 사실이다.**

앞에서 말한 실험을 시작하기 전에 에머슨의 보상에 관한 에세이를 읽어보면 여러분이 실험해야 하는 이유를 이해하는 데 도움이 될 것이다. 이전에 이 에세이를 읽은 적이 있다면 다시 읽어보라. 이상하게도 이 에세이를 읽을 때마다 이전에 읽으면서 알아차리지 못했던 새로운 진실을 발견하게 된다.

"원인과 결과, 수단과 목적, 씨앗과 열매는 서로 분리할 수 없다. 결과는 원인에서 비롯되고, 목적은 수단 이전에 존재하며, 열매는 씨앗이 자라 맺는 것이기 때문이다."

"당신이 섬기는 주인이 배은망덕하더라도 열심히 섬겨라. 당신의 노력을 신은 안다. 당신의 모든 노력은 보상받을 것이다. 보상이 늦어질수록 당신에게 유리하다. 하늘나라 재무부에서는 복복리로 계산하기 때문이다."

"'일하면 힘을 얻는다'가 자연의 이치다. 따라서 일하지 않으면 힘을 얻지 못한다."

"사람들은 속아 넘어갈 수 있다는 어리석은 미신 속에 평생을 고통받는다. 하지만 사물이 존재하는 동시에 존재하지 않을 수 없는 것과 같은 이치로 사람은 자기 자신 이외의 누구에게도 속을 수 없다. 우리의 모든 거래에는 보이지 않는 제3자가 존재한다. 사물의 본질과 정신이 모든 계약의 이행을 스스로 보장하고 정직한 노력이 손해를 보는 일이 없도록 한다."

몇 년 전에 나는 미국 동부에 있는 어느 대학에서 졸업 연설을 하게 되었다. 연설하는 동안 나는 받는 보수보다 더 많은 서비스와 더 나은 서비스를 제공하는 것의 중요성을 길게 강조했다. 연설이 끝난 뒤 그 대학교 총장과 간사가 나를 오찬에 초대했다. 우리가 식사하고 있을 때 간사가 총장 쪽을 돌아보며 말했다.

"저는 방금 이분이 하시는 일을 알았습니다. 그는 먼저 다른 사람들이 앞서 나가도록 도와주면서 자신도 앞서가고 있습니다."

이 짧은 말로 성공에 관한 내 철학의 가장 중요한 부분을 완벽하게 이야기했다. 다른 사람이 성공하도록 도와주면 가장 빨리 크게 성공할 수 있다는 것은 사실이다.

약 10년 전 내가 광고업에 종사했을 때 나는 이 장의 기초가 되는 기본 원칙을 적용해서 내 고객의 기반을 구축했다. 다양한 통신 판매 회사의 고객 명단에 내 이름을 올려놓음으로써 나는 그들의 판매 자료를 받았다. 내가 개선할 수 있다고 생각되는 세일즈 레터나 소책자를 받으면 바로 작업해서 개선한 다음 내게 보내준 회사로 다시 보냈다. 이때 '이것은 제가 할 수 있는 일의 아주 작은 예에 불과합니다. 이 외에도 좋은 아이디어가 많이 있습니다. 월 이용료 기반으로 귀사에 정기적으로 서비스를 제공할 수 있기를 바랍니다'라는 메모도 함께 보냈다. 이런 방법으로 내 서비스에 대한 주문을 받는 데 성공했다.

한번은 한 회사에서 돈을 내지 않고 내 아이디어를 무단 도용한 적이 있다. 하지만 결과적으로 내게 득이 되었다. 거래에 익숙한 그 회사 직원 중 한 사람이 내가 그의 이전 동료들에게 해주고 보수를 받지 못한 일을 바탕으로 새로운 회사를 만들었다. 그리고 원래 회사에서 받았을 금액의 두 배 이상을 내게 주면서 자기를 위해 일해 달라고 했다.

보상의 법칙은 부정한 자들에게 서비스를 제공하고 받지 못했던 것에 복리 이자를 붙여 내게 돌려주었다.

만약 오늘날 수익성 있는 고용 분야를 다시 찾는다면 서비스 시장을 창출하기 위한 수단으로 판매 자료를 다시 쓰는 계획을 실행에 옮길 것이다. 아마 이번에도 돈을 내지 않고 내 아이디어를 도용하는 사람들이 있을 것이다. 하지만 대부분의 사람들은 정당한 대가를 지불하는 것이 그들에게 더 이득이 되리라는 단순한 이유로 그런 일을 하지 않고 내 서비스를 지속해서 이용할 것이다.

몇 년 전에 나는 아이오와주 대븐포트에 있는 파머스쿨Palmer School 학생들 앞에서 강연하게 되었다. 내 매니저는 강연료와 여행 경비로 100달러를 받기로 하고 계약을 마쳤다. 내가 대븐포트에 도착했을 때 환영위원회가 역에서 나를 기다리고 있었다. 그날 저녁 사회생활을 하며 받았던 것 중 가장 따뜻한 환대를 받았다. 나는 마음에 드는 사람들을 많이 만났고, 이 사람들에게서 내게 도움이 되는 많은 귀중한 사실들을 알게 되었다. 그래서 학교에서 수표를 보낼 수 있게 내 계좌를 알려 달라는 요청을 받았을 때 나는 그곳에 있는 동안 배운 것으로 이미 여러 번 보상을 받았다고 말하며 강연료를 거절하고 시카고의 내 사무실로 돌아왔다. 여행에 대한 보답이 충분하다고 느꼈기 때문이다.

다음 날 아침 파머Palmer 박사는 전교생 2000명에게 배운 것으로 이미 보상받았다고 했던 내 말을 소개하면서 이렇게 덧붙였다.

"이 학교를 운영해 온 20년 동안 나는 수십 명의 연사를 초청해서 전교생을 대상으로 연설하도록 했습니다. 하지만 다른 방법으로 자기 서비스에 대한 보상을 받았기 때문에 강연료를 받지 않겠다고 한 사람은 이번이 처음입니다. 이 사람은 전국 잡지의 편집자이고, 나는 여러분 모두에게 그 잡지를 구독할 것을 권합니다. 왜냐하면 이런 사람은 여러분이 사회에 나가 일을 할 때 여러분에게 필요할 많은 것을 가지고 있을 것이기 때문입니다."

그 주 중반까지 나는 잡지 구독료로 6000달러 이상을 받았고, 그 후 2년 동안 2000명의 학생과 이들의 친구들이 구독료로 5만 달러 이상을 보냈다. 강연료 100달러를 거절함으로써 수확 체증의 법칙이 나를 위해 작동하도록 한 것이다. 내가 100달러를 어디에 어떻게 투자해야 이만큼 큰돈을 벌 수 있겠는가?

우리는 살면서 두 가지 중요한 시기를 거친다. 하나는 지식을 모으고 분류하고 체계화하는 기간이고, 다른 하나는 우리가 인정받기 위해 애쓰는 기간이다. 우리는 먼저 무언가를 배워야 한다. 그러기 위해서는 대부분이 기꺼이 그 일에 쏟는 것보다 더 큰 노력을 쏟아야 한다. 하지만 다른 사람들에게 유용한 일을 할 수 있는 많은 것을 배운 후에도 여전히 우리가 그들을 위해 일할 수 있음을 설득해야 하는 문제에 직면한다.

우리가 항상 일할 준비를 하고 기꺼이 일해야 하는 가장 중요한 이유 중 하나는 그때마다 우리는 누군가에게 우리 능력을 증명할 수 있는 또 다른 기회를 얻게 된다는 사실이다. 이렇게 해서 우리는 필요한 인정을 받기 위해 한 걸음 더 나아가게 된다. 세상 사람들에게 "내가 받을 보수를 먼저 보여주면 내 능력을 보여주겠소"라고 말하는 대신 규칙을 뒤집어서 "내 능력을 먼저 보여줄 테니 마음에 들면 내 능력에 대한 대가를 말해 주시오"라고 말하라.

1917년 당시 인생의 50대를 향해 가던 한 여성이 주급 15달러를 받으며 속기사로 일하고 있었다. 봉급으로 판단하건대 그녀는 그다지 유능한 속기사가 아니었음이 틀림없다.

이제 이 변화에 주목하라. 작년에 이 여성은 강단에서 10만 달러가 넘는 돈을 벌었다. 이 두 수입 능력 사이의 거대한 격차는 어디에서 오는 것일까? 이에 대한 내 대답은 이렇다. **그녀는 보수보다 더 많은 일과 더 나은 일을 하는 습관으로 수확 체증 법칙을 이용한 것이다.** 이 여성은 현재 응용 심리학 분야의 저명한 강사로 전국적으로 잘 알려져 있다.

그녀가 어떻게 수확 체증 법칙을 이용했는지 살펴보자. 먼저 그녀는 한 도시에 가서 열다섯 번에 걸쳐 무료 강의를 한다. 누구나 무료로 참석할 수 있다. 이 열다섯 차례 강의를 진행하는 동안 그녀는 청중들에게 '자기를 파는' 기회를 가졌고, 이 강연 시리즈가 끝날 때 그녀는 학생 한 명당 25달러를 받는 수업 구상을 발표한다. 이것이 계획의 전부였다.

그녀가 상당한 돈을 버는 분야에는 훨씬 더 숙련된 강사들이 많지만, 이들은 겨우 자신들의 비용을 낼 정도만 번다. 이는 단순히 이들이 그녀가 했던 것처럼 이 장의 기초가 되는 기본 원칙에 아직 익숙해지지 않았기 때문이다. 이제 여기서 잠깐 멈추고 이 질문에 답해 주기를 바란다.

특별한 자질이 없는 50세 여성이 수확 체증 법칙을 활용해서 주급 15달러 속기사에서 연 10만 달러 이상을 버는 강사가 될 수 있는데 왜 **여러분은 같은 법칙을 활용해서 성공을 가져올 수 없는가?** 이 질문에 답할 때까지 이 장의 나머지 부분에 나오는 내용은 신경 쓰지 마라. 다만 이 질문에는 꼭 답을 해야 한다.

여러분은 자기 자리를 마련하기 위해 진지하게 노력하고 있다. 이런 노력에 더해 수확 체증 법칙이 이를 뒷받침하게 되면 여러분은 최고 수준의 성공을 거둘 수 있을 것이다. 이런 이유로 여러분은 이 법칙을 가장 유리하게 적용할 수 있는 방법을 스스로 알아내야 한다.

이제 다시 앞선 질문으로 돌아가 보자. 나는 여러분이 적어도 이 질문에 답하려고 노력하지도 않고 가볍게 넘겨서는 안 된다고 생각한다. 다시 말해 여러분이 미래에 중대한 영향을 미치는 질문을 회피한다면 그 책임은 온전히 여러분에게 있다.

이 장을 읽었음에도 이 교훈을 제쳐두고 이익을 얻으려는 어떤 노력도 하지 않는 것은 여러분의 특권이다. 하지만 그렇게 한다면 여러분은 거울 속의 자기 모습을 보면서 이렇게 자책하게 될 것이다.

'너는 고의로 너 자신을 속였어.'

성공의 법칙을 다루는 이 책을 샀을 때 여러분은 진실을 알고 싶었기 때문에 그렇게 했을 것이고, 드디어 원하던 것을 얻고 있다. 이 수업을 마친 후 1권으로 다시 돌아가서 4장 「주도성과 리더십」과 6장 「열정」의 내용을 복습하면 더 잘 이해할 수 있을 것이다. 앞선 4장과 6장, 그리고 이 장은 적극적인 행동으로 보수보다 더 많은 일을 해야 하는 필요성을 분명하게 말해준다. 여러분이 무슨 일을 하는 어떤 사람이든 이 세 장의 기본 원칙을 마음속에 깊이 새긴다면 분명 달라질 것이다.

여러분이 이런 직설적인 말투 때문에 언짢았다면 나는 기쁘다. 그것은 여러분이 달라질 수 있다는 것을 나타내기 때문이다. 이 분노를 이용하고 자신에게 집중해서 여러분이 할 수 있는 일을 하도록 하라. 이렇게 하면 여러분은 그 보상으로 엄청난 부를 얻을 수 있다.

보수 이상의 일을 하라.
그러면 곧 더 많은 보상을 받게 될 것이다.
이른바 '수확 체증'의 법칙이 적용되기 때문이다.

수확 체증 법칙은 100% 통한다

우리가 받는 보수보다 더 많은 일과 더 나은 일을 하는 습관의 또다른 중요한 특징이 있다. 다른 사람의 허락을 받지 않고도 우리가 이 습관을 개발할 수 있다는 사실이다.

이런 일은 다른 사람의 동의 없이 여러분이 주도적으로 할 수 있다. 여러분의 서비스를 제공할 사람과 상의할 필요가 없다. 이는 전적으로 여러분이 제어할 수 있는 권한이기 때문이다.

여러분의 이익을 증진하기 위해 여러분이 할 수 있는 것들이 많지만 이들 대부분은 다른 사람의 협력이나 동의가 필요하다. 여러분이 받는 보수보다 적은 서비스를 제공할 경우 서비스 구매자의 허락을 받아야 한다. 그렇지 않으면 여러분의 서비스에 대한 수요는 곧 없어질 것이다.

나는 여러분이 가지고 있는 '보수보다 더 많은 서비스와 더 나은 서비스를 제공할 특권'의 의미를 충분히 이해하기를 바란다. 왜냐하면 이런 서비스를 제공해야 할 책임이 바로 여러분의 어깨에 있으며, 만약 여러분이 이 책임을 다하지 못한다면 여러분은 인생의 중요한 목표를 달성하는 데 실패했을 때 둘러댈 그럴듯한 핑계나 구실도 없기 때문이다.

내가 배워야 했던 가장 본질적이면서 가장 어려운 진리는 모든 사람이 자신의 가장 엄격한 감독자가 되어야 한다는 것이다. 우리는 모두 우리의 결점을 옹호하는 훌륭한 '알리바이' 제조자이며 '변명'의 창조자들이다. 우리는 사실과 진실을 있는 그대로 추구하는 것이 아니라 우리가 원하는 대로 추구한다. 인간의 가장 큰 약점은 냉철하고 편견 없는 진실의 말보다 달콤한 아첨의 말을 선호한다는 데 있다.

게다가 우리는 우리의 이익을 위해 진실을 밝히려는 사람들에게 맞선다. 사회생활 초기에 받은 가장 심각한 충격 중 하나는 아직도 진실을 말하는 사람이 호되게 비판받는다는 사실이었다. 나는 약 10년 전에 비즈니스 강좌를 광고하는 책을 쓴 사람과 있었던 일을 기억한다. 그는 나에게 이 책을 주면서 대가를 지불할 테니 내 솔직한 검토 의견을 들려달라고 했다. 나는 그 책을 꼼꼼히 검토한 후 그에게 보완해야 할 부분을 보여주었다.

그 사람은 크게 화를 내면서 내가 그의 책에 대한 내 시각을 보여준 것을 결코 용서하지 않았다. 그 책에 대한 솔직한 '비평'을 해달라고 했을 때 그가 정말로 원했던 것은 그 책에 대한 나의 '칭찬'이었다. 이것이 인간의 본성이다. 우리는 진실보다 아첨을 더 좋아한다. 나도 안다. 나도 인간이기 때문이다.

여기서 나는 큰 교훈을 얻었다. 사실 이 모든 것은 내가 여러분에게 해야 할 의무가 있는 '가장 불쾌한 이야기'를 하기 위한 준비 작업이었다. 나는 '여러분이 해야 할 일을 잘하지 못했다'는 말을 하고자 한다. 7장 「자제력」에 나와 있는 충분한 진실을 적용해서 자기 실수와 단점을 자기 탓으로 여겨야 하는데 여러분은 그러지 못했다. 이렇게 하기 위해서는 자제력이 필요하다. 그것도 엄청난 자제력이 필요하다.

만약 여러분이 여러분 기질에서 가장 취약한 부분을 보기 위해 허영심과 자만심, 아첨을 좋아하는 마음을 없애줄 능력과 용기가 있는 사람에게 100달러를 지불한다면 그 가격은 충분히 타당할 것이다. 우리는 비틀거리며 넘어지고 무릎 꿇고 몸부림치는 삶을 살아간다. 그리고 더 몸부림쳐 넘어지고, 바보짓을 하고, 결국 패배하고 만다. 주로 우리 자신에 관한 진실을 무시하거나 배우기를 거부하기 때문이다.

나는 다른 사람들이 자기 약점을 발견하도록 돕는 일을 하는 과정에서 나 자신의 약점을 발견하게 되었다. 지금 내 삶을 돌아볼 때 나 자신을 보려고 하지 않는 나를 보는 사람들의 눈에는 내가 얼마나 우스꽝스럽게 보였을까 생각하면 부끄러워 얼굴이 붉어진다. 우리가 아는 몇몇 사람들이 뒤에 서서 우리를 연민이나 경멸의 눈으로 바라보는 동안 우리는 길게 드리워진 우리 자만심의 그림자 앞에서 행진하며 그 그림자가 진짜 우리 자신이라고 상상한다.

잠깐! 아직 나의 이야기는 끝나지 않았다. 여러분은 나에게 돈을 주고 여러분의 실제 자아 깊숙한 곳을 파헤치고 그곳에 무엇이 있는지 분석해 달라고 했고, 나는 내가 할 수 있는 한 그 일을 제대로 할 것이다.

여러분은 과거 실패의 진짜 원인을 두고 자신을 속이고 있을 뿐만 아니라 이런 원인을 다른 사람 탓으로 돌리려고 했다. 일이 여러분에게 맞지 않을 때 그 원인에 대한 모든 책임을 받아들이는 대신 여러분은 이렇게 말했다.

"그만둘 거야. 그들이 나를 대하는 방식이 마음에 들지 않아."

이 모든 사실을 부정하지 마라.

> 당신이 제공하는 서비스를 통제하는 것은
> 고용주가 아니라 바로 당신이다. 따라서 당신의 성패도
> 전적으로 당신이 제공하는 서비스에 달렸다.

이제 여러분에게 조그마한 비밀을 살짝 알려 주겠다. 이것은 슬픔과 심적 고통 속에서, 부적절한 대우를 받으며 내가 터득한 비밀이다.

극복해야 할 장애와 해결해야 할 어려움이 있을 때는 그 일을 '그만두기'보다 그런 사실을 직시해야 했다. 그랬더라면 삶 자체가 어려움과 장애물을 극복하는 긴 여정이라는 사실을 깨달았을 것이다.

사람은 자기 환경에 어떻게 잘 적응하는지, 만나는 역경의 책임을 자기 것으로 받아들이는지를 보면 매우 정확하게 판단할 수 있다. 역경의 원인이 자기가 통제할 수 있는 것이냐 아니냐는 중요하지 않다.

내가 여러분들에게 너무 심한 혹평을 늘어놓는다고 생각한다면, 내가 여기서 여러분이 지침으로 삼을 수 있도록 전하는 진실을 알기 전에 나는 나 자신에게 훨씬 더 가혹했다는 사실을 알아주기를 바란다.

나에게는 적이 몇 명 있다. 이들을 내게 보내준 하나님께 감사한다.

무자비한 이들은 내가 가진 줄도 몰랐던 매우 심각한 단점들을 얘기해 주었고 그 덕분에 단점들을 없앨 수 있었기 때문이다. 나는 다른 방법으로 대가를 치르기는 했지만 이 적들의 서비스에 대해 돈을 낼 필요도 없이 이들의 비판으로 이득을 보았다. 가장 두드러진 내 결점을 발견하게 된 것은 몇 년 전 보상에 관한 에머슨의 에세이를 연구할 때였다. 그 중 특히 다음과 같은 부분이 눈에 띄었다.

우리의 강점은 약점에서 나온다. 우리가 심하게 상처받기 전에는 은밀한 힘으로 무장한 분노를 깨울 수 없다. 위대한 사람은 언제나 겸손하다. 유리한 자리에 있을 때는 감각이 없어진다. 힘들고 괴롭고 좌절했을 때는 무언가를 배울 기회가 있다. 이때 그는 위트가 넘치고 사람다워진다. 사실을 알게 되고, 자신의 무지함을 깨닫고, 자만심의 광기를 치료받고, 절제와 진정한 기술을 터득한다.

현명한 사람은 항상 자기를 공격하는 사람 편에 선다. 자기를 공격하는 사람들보다 자기 약점을 찾는 데 관심이 많다. 칭찬보다 비난이 더 안심된다. 나는 신문에서 나를 변호하는 기사를 싫어한다. 모든 것이 내게 불리한 말일 때 나는 성공에 대한 확신을 느낀다. 하지만 달콤한 칭찬의 말을 듣는 순간 나는 원수들 앞에 무방비 상태로 놓인 사람처럼 느껴진다.

이 불멸의 에머슨 철학을 연구해 보라. 탄소가 강철을 담금질하듯이 여러분의 본질을 단련해서 삶의 전투에 대비할 수 있게 해주는 힘이 될 수 있다. 만약 여러분이 매우 젊은 사람이라면 그것을 더욱더 연구할 필요가 있다. 왜냐하면 이 철학을 완전히 이해하고 적용할 준비가 되기까지는 다년간의 경험이 필요하기 때문이다.

여러분이 이 위대한 진실을 나의 요령 없는 설명을 통해 이해하는 것이 냉정하고 동정심이라고는 없는 경험을 통해 얻는 것보다 낫다. 경험은 아무도 특별히 사랑하지 않는 교사다. 내가 '경험'이라는 차갑고 동정심 없는 교사의 가르침에서 얻은 진리를 여러분에게 알려주는 것은 내가 마음을 다해 여러분을 아끼기 때문이다. 그러고 보니 어릴 적 내 아버지가 나를 훈육하실 때 항상 해주시던 말씀이 생각난다.

"아들아, 이건 너보다 나를 더 아프게 한단다."

이렇게 해서 이 장을 마무리할 때가 다가왔다. 하지만 우리는 이 주제의 가능성을 다 다루지 못하고 수박 겉핥기에 그친 것 같다. 이 장의 주요 의미를 여러분 마음속에 남길 수 있는 오래 전의 한 모험담이 머리에 떠오른다. 이 이야기는 2000년 전 고대 로마의 안티오크라는 도시에서 시작되었다. 그때는 위대한 도시 예루살렘과 모든 고대 유대 땅이 로마의 압제 아래 있었다.

이 이야기의 주인공은 벤 허Ben Hur라는 젊은 유대인이었다. 그는 억울한 누명을 쓰고 중노동을 선고받아 갤리선galley(고대 그리스나 로마 시대 노예들이 노를 젓게 했던 배 - 옮긴이)에서 노를 젓게 되었다. 갤리선에서 쇠사슬에 묶여 힘겹게 노를 저어야 했던 벤 허는 강한 몸을 만들었다. 그를 괴롭히는 사람들은 그가 형벌로 인해 힘을 기르고 언젠가 자유를 얻게 되리라는 것을 알지 못했다. 벤 허 자신도 그런 희망을 품지 않았을 것이다.

드디어 전차 경주가 열리는 날이 왔다. 이날은 벤 허가 갤리선의 노에 묶인 쇠사슬을 끊고 자유를 얻게 되는 운명의 날이었다. 전차 한 대에는 운전자가 없었다. 절망한 주인은 힘센 팔을 가진 젊은 노예의 도움을 청했고, 벤 허에게 사라진 운전자를 대신해 달라고 부탁했다. 벤 허가 고삐를 잡자 구경꾼들로부터 경탄의 함성이 터져 나왔다.

"저 팔을 좀 봐. 어디서 저런 팔을 만들었지?"

구경꾼들이 함성을 지르자 벤 허가 대답했다.

"갤리선에서 노를 저었어요."

경주가 시작되었다. 벤 허는 그 강력한 팔로 돌진하는 말들을 승리를 향해 몰았다. 전차 경주에서 승리한 그는 자유를 쟁취했다.

삶은 그 자체가 거대한 전차 경주다. 그리고 이 경주의 승리는 결단력과 승리를 향한 의지력을 키운 사람에게만 돌아간다. 중요한 것은 우리가 갤리선의 노에 잔인하게 얽매여서 이 힘을 키운다는 것이다. 그 힘을 사용하면 마침내 승리와 자유를 쟁취할 수 있다.

저항에서 힘이 나온다는 것은 불변의 법칙이다. 우리는 온종일 무거운 망치를 휘두르는 대장장이를 불쌍하게 동정하는 동시에 그가 망치를 휘두르면서 기른 멋진 팔에 감탄한다.

"사물의 이중성 때문에 삶과 마찬가지로 노동에서도 부정행위는 있을 수 없다." 에머슨은 말한다. "도둑은 자기 자신에게서 훔치고, 사기꾼은 자신을 속인다. 왜냐하면 노동의 진정한 대가는 지식과 미덕이며, 부와 신용은 그 징표다. 지폐와 같은 징표는 위조하거나 훔칠 수 있지만 그것들이 표상하는 지식과 덕은 위조하거나 훔칠 수 없다."

헨리 포드는 그의 재산을 구걸하는 사람들로부터 매주 1만 5000통의 편지를 받았다. 하지만 이 불쌍하고 무지한 영혼 중 포드의 진정한 재산은 그의 은행 예금이나 그가 소유한 공장들이 아니라 그가 합리적인 가격에 유용한 서비스를 제공함으로써 얻은 명성이라는 사실을 이해하는 사람은 거의 없다.

그러면 포드는 어떻게 그 명성을 얻었을까? 가능한 한 서비스를 적게 제공하고 그 대가로 구매자들로부터 최대한 긁어모아서 이뤄낸 것이 아니다.

"최고의 제품을 가능한 한 저렴한 가격에 사람들에게 제공한다."

이것이 포드 사업 철학의 기본이다. 다른 자동차 제조업체들이 가격을 올릴 때 포드는 가격을 내린다. 다른 고용주들이 임금을 낮출 때 포드는 임금을 올린다. 포드의 이 정책은 수확 체증 법칙을 효과적으로 활용해서 포드는 세계에서 가장 부유하고 가장 영향력 있는 사람이 되었다.

매일 재물을 추구하다가 빈손으로 돌아오는 이 어리석고 근시안적인 인간들이여, 그대들은 왜 포드 같은 사람들에게서 교훈을 얻지 않는가? 그대들은 어째서 그대들의 발상을 뒤집어서 먼저 주고 더 많은 것을 얻을 생각을 하지 않는가?

나는 크리스마스 이브에 이 장을 마치려고 한다. 내 서재 옆방에서는 우리 아이들이 크리스마스 트리를 장식하고 있다. 내 귓가에는 아이들의 목소리가 음악처럼 들린다. 아이들은 행복하다. 단지 받기만을 기대하기 때문이 아니다. 자신들이 줄 선물을 숨겨두었기 때문이다.

서재 창문에서 이웃집 아이들도 이 멋진 행사를 준비하며 즐거워하는 모습이 보인다.

세계 전역에서 수많은 사람이 평화의 통치자 예수 그리스도의 탄생을 축하하기 위해 준비하고 있다. 그는 누구보다도 받기보다 주는 것이 더 축복받는 이유를 설파했다. 또한 지속되는 행복은 물질적인 부에서 오는 것이 아니라, 인류에게 봉사하는 데서 온다고 말했다.

이상한 우연처럼 보이지만 나는 이 특별한 장을 크리스마스 이브에 완성하게 되어 기쁘다. 전체 문명사에서 마태복음에 나오는 예수의 산상 수훈Sermon on the Mount보다 이 장의 기본 원칙을 더 강력하게 지지하는 것은 없기 때문이다.

기독교는 오늘날 세계에서 가장 크고 폭넓은 영향력을 가진 종교다. 그리고 예수 그리스도의 가르침이 주로 이 장의 기초가 되는 기본 원칙과 절대적인 조화를 이루고 있다는 것은 굳이 말할 필요가 없을 것이다.

나는 아이들의 행복한 얼굴을 보고, 늦게 와서 서두르는 크리스마스 쇼핑객들을 보면서 모든 저녁이 크리스마스 이브 같았으면 하는 바람을 갖는다. 그러면 이 세상은 생존 투쟁이 사라지고 증오와 갈등은 불법이 되는 더 나은 세상이 될 것이기 때문이다.

인생은 기껏해야 몇 년의 짧은 기간에 불과하다. 촛불처럼 우리는 빛을 발하고 잠시 깜박이다가 꺼진다. 만약 우리가 죽음의 어두운 그림자 너머 내세에서 사용하기 위한 보물을 모으기 위해 이곳에 왔다면, 가능한 한 모든 사람에게 친절과 연민의 박애 정신으로 우리가 할 수 있는 모든 서비스를 제공함으로써 이 보물을 가장 잘 모을 수 있지 않을까? 여러분이 이 철학에 동의하기를 바란다.

이 장은 여기서 끝을 맺어야 하지만 아직 완성되지 않았다. 내가 생각의 사슬을 정했으니 자신의 이익을 위해 그것을 받아들이고 각자의 방식으로 발전시키는 것은 여러분의 몫이다.

이 장의 주제는 본질상 결코 끝날 수 없다. 이는 모든 인간 활동의 심장부로 연결되기 때문이다. 이 장의 목적은 여러분이 이 장의 바탕이 되는 기본 원칙을 이해하고 이것을 여러분의 마음을 넓히는 자극제로 활용해 잠재력을 발휘하게 하는 데 있다.

이 장은 여러분을 가르치기 위한 목적으로 쓴 것이 아니라 여러분이 스스로 인생의 위대한 진리를 터득하도록 하기 위한 수단으로 썼다. 진정한 의미에서 교육의 원천으로서 여러분이 사용할 수 있는 마음의 힘을 끌어내고 발전시키려는 의도다.

여러분이 할 수 있는 최고의 서비스를 제공할 때, 여러분이 이전에 했던 모든 노력을 능가하기 위해 노력할 때, 여러분은 최고의 교육을 받고 있는 것이다. 그러므로 여러분이 받는 보수보다 더 많은 일과 더 나은 일을 할 때 여러분은 다른 누구보다도 그 노력에 따른 이익을 얻게 된다.

오직 이런 서비스를 제공함으로써 여러분이 선택한 분야에서 성공할 수 있다. 이런 이유로 여러분은 하는 모든 일에서 이전의 모든 기록을 뛰어넘기 위해 노력하는 것을 분명한 목표로 삼아야 한다. 이것이 여러분 일상의 습관이 되게 하고 규칙적으로 따르도록 하라. 여러분이 받는 보수보다 더 많은 일과 더 나은 일을 제공하라. 그러면 세상이 기꺼이 여러분이 한 일보다 더 많은 보수로 보답하고 있음을 알게 될 것

이다. 여러분이 이런 서비스에 대해 받을 이자율은 복복리다. 이런 수확 체증 법칙이 어떻게 일어날지는 전적으로 여러분에게 달려있다.

이제 이 장에서 배운 것을 가지고 여러분은 무엇을, 언제, 어떻게 할 것이며 그 이유는 무엇인가? 이 장에서 터득한 지식을 채택하고 이용하지 않으면 이 장은 아무런 가치도 없다. 지식은 체계화해서 사용해야만 힘이 된다는 사실을 잊어서는 안 된다.

보수 이상의 일을 하지 않고는 리더가 될 수 없으며, 선택한 일에서 리더십을 기르지 않고서는 성공할 수 없다.

당신은 "나는 돈을 받지 않았으므로 이 일을 하지 않을 거야"
라고 말하는 사람과 경쟁하는 것을 두려워할 필요가 없다.
그는 결코 당신의 일을 위협하는 경쟁자가 되지 않을 것이다.
하지만 일이 끝날 때까지 남아서 그에게 기대하는 것보다
더 많은 일을 하는 사람을 조심하라.
그는 당신의 일자리를 위협하고 당신을 추월할 수도 있기 때문이다.

THE LAW OF
SUCCESS

호감을 주는 인성

PLEASING PERSONALITY

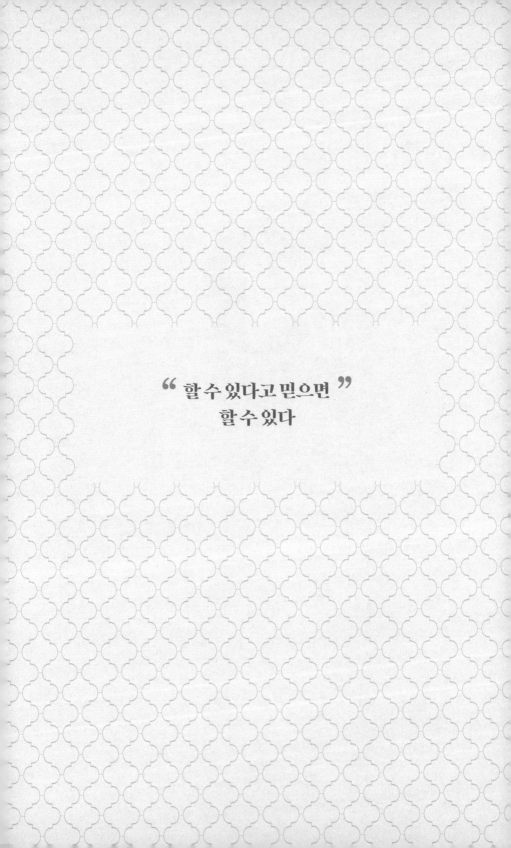

" 할 수 있다고 믿으면 "
할 수 있다

힘 있게 말하고 긍정적으로 생각하라

매력적인 인성이란 무엇일까? 물론 답은 사람을 끄는 인성이다. 하지만 무엇이 사람을 끌어당기는 것일까? 여러분의 인성은 여러분을 다른 사람들과 구별하는 자기만의 특징과 외모의 총합이다. 입는 옷, 얼굴 윤곽, 목소리 톤, 사고방식, 사고방식에 따라 개발된 성격 등 모든 것이 인성을 이룬다.

여러분의 인성이 매력적이냐 아니냐는 다른 문제다. 인성에서 가장 중요한 부분은 보이지 않는 성격이다. 하지만 여러분의 옷 스타일, 시간과 장소, 상황에 맞게 입는 감각도 의심할 여지 없이 인성의 매우 중요한 부분을 이룬다. 사람들은 여러분의 외모에서 여러분에 대한 첫인상을 형성하기 때문이다.

악수하는 태도조차도 인성을 형성하는 데 기여해 악수하는 사람들을 끌어당기거나 멀어지게 하는 데 크게 영향을 준다. 이 기술은 노력하면 얼마든지 연마할 수 있다. 눈빛 또한 여러분 인성의 중요한 부분을 형성한다. 눈을 통해 마음을 들여다봄으로써 여러분의 가장 은밀한 생각을 읽을 수 있는 사람이 상상하는 것보다 많기 때문이다. 때로는 개인적인 매력으로도 불리는 신체의 활력 또한 인성의 중요한 부분을 구성한다. 이제 우리 인성의 본질을 나타내는 이런 외향적인 매체들을 통해 사람들을 멀어지게 하지 않고 끌어당기도록 해보자.

여러분이 뚱뚱하고 못생겼을지라도 인성을 이루는 요소들을 합성해서 매력적으로 보이게 할 수 있는 방법이 있다. **다른 사람이 '좋아하는 일'에 깊은 관심을 보이는 것이다.** 몇 년 전 내가 진정한 판매 기술에 관한 교훈을 얻었던 일을 이야기하면서 이 말의 정확한 의미를 설명하겠다.

어느 날 한 노부인이 내 사무실로 찾아와서 나를 개인적으로 꼭 만나야 한다는 메시지를 담은 명함을 내밀었다. 비서들이 아무리 달래도 그녀는 방문 목적을 밝히지 않았다. 나는 그녀가 내게 책을 팔러 온 불쌍한 늙은이일 것으로 짐작하고 어머니를 떠올리며 그것이 무엇이든 그녀가 권하는 책을 사주기로 마음먹고 응접실로 나갔다. 지금부터 내가 하는 이야기를 세세한 부분까지 꼼꼼히 듣기를 바란다. 이 사건에서 진정한 판매 기술을 배울 수 있을 것이기 때문이다.

개인 사무실에서 나와 복도를 걸어가자 응접실로 통하는 난간 밖에서 있던 한 노부인이 나를 향해 환한 미소를 짓기 시작했다. 지금까지 많은 사람이 웃는 모습을 봐왔지만 이 여성만큼 상냥하게 웃는 사람은 본 적이 없었다. 그 미소에는 뭐라고 표현할 수 없는 전염성이 있었다.

어느새 나도 이 부인을 따라 미소 짓고 있었기 때문이다.

내가 난간에 이르자 그 노부인은 손을 뻗어 악수했다. 보통 나는 어떤 사람이 사무실로 찾아왔을 때 처음 만난 사람을 너무 친근하게 대하지 않는다. 찾아온 사람이 내가 원하지 않는 것을 요청하면 거절하기가 매우 어렵기 때문이다. 하지만 이 사랑스러운 노부인은 너무나 상냥하고 순수해 보여서 나도 모르게 손을 내밀었고 이 부인은 내 손을 흔들기 시작했다. 그녀의 미소가 매력적일 뿐만 아니라 사람을 끌어당기는 악수를 하고 있음이 느껴졌다. 그녀는 내 손을 꼭 잡았다. 너무 강하게 잡지는 않았다. 그리고 그녀는 악수를 통해 내 뇌리에 그녀가 손님을 맞이하는 주인이라는 텔레파시를 보냈다. 그녀가 나와 악수하는 것을 진심으로 기뻐한다는 것을 내게 느끼게 했다. 나는 그녀가 악수를 손으로만 한 게 아니라 마음으로 했다고 믿는다.

나는 사회생활을 하면서 수많은 사람과 악수해 봤지만 이 노부인만큼 그 기술을 잘 아는 사람과 악수를 한 적은 없다. 그녀가 내 손을 잡는 순간 나 자신이 '빠져들어 가는 듯한' 느낌을 받았고, 그녀가 날 찾아온 목적이 무엇이든 그 목적을 달성하고 돌아갈 것이며 나는 이를 위해 할 수 있는 한 그녀를 도우리라는 것을 알았다.

마음속을 꿰뚫어 보는 듯한 그녀의 미소와 따뜻한 악수가 나를 무장해제시켰고 '자발적인 희생양'으로 만들었다. 즉, 이 상냥한 방문객은 내 마음을 '중립' 상태로 만들고 내가 그녀의 말을 듣고 싶게 만들었다. 바로 여기가 대부분 판매원이 실수하는 지점이다. 고객이 듣고 싶은 마음이 들기 전에는 무언가를 팔려고 해봐야 소용이 없다. 비유하자면 그것은 지구가 자전을 멈추도록 명령하는 것과 같다.

이 노부인이 어떻게 미소와 악수를 도구로 사용해서 내 마음으로 통하는 창문을 열었는지 잘 살펴보라. 거래에서 가장 중요한 부분은 아직 말하지 않았다.

노부인은 천천히, 그리고 신중하게, 마치 그녀가 우주의 모든 시간을 다 가진 것처럼(적어도 내게는 그렇게 보였다) 이렇게 말했다. 이로써 승리를 현실로 만들기 위한 첫걸음을 확고하게 내디뎠다.

"저는 단지 이 말씀을 드리려고 왔어요. 당신은 오늘날 세상에서 누구보다 훌륭한 일을 하고 있다고 생각해요."

그녀는 중간에 잠시 멈췄다가 말을 이어갔는데 내게는 그 시간이 꽤 길어 보였다. 그녀가 하는 모든 말은 가벼웠지만 꼭 쥔 내 손을 통해 그 의미는 더욱 강조되었다. 그녀는 말하면서 눈을 통해 내 마음을 들여다보고 있었다. 정신을 차린 후(내 조수들은 내가 완전히 기절했었다고 놀렸다) 손을 뻗어 문을 잠근 작은 비밀 빗장을 풀고 이렇게 말했다.

"부인, 제 사무실로 들어오세요."

나는 옛날 기사도 정신을 가진 사람들이 하듯 정중하게 절하며 그녀에게 잠시 앉으라고 권했다. 나는 그녀를 내 책상 뒤에 있는 안락의자 쪽으로 손짓했고 나는 작고 딱딱한 의자에 앉았다. 평상시에는 방문객들이 내 시간을 너무 많이 뺏지 않도록 하기 위한 수단으로 쓰이는 불편한 의자였다. 한 시간 가까이 나는 그녀에게 지금까지 들어본 것 중 가장 훌륭하고 매력적인 이야기를 들었고, 내 방문객이 모든 대화를 주도하고 있었다. 처음부터 그녀가 주도권을 잡았고 나는 끝날 때까지 그녀에게 도전해서 대화의 주도권을 가져올 의향이 없었다. 여러분이 오해할까 봐 다시 말하지만 나는 기꺼이 듣는 사람이었다.

지금부터 이야기할 부분은 여러분과 내가 이 책을 사이에 두고 있지 않았더라면 창피해서 얼굴이 붉어졌을 이야기다. 하지만 나는 용기를 내서 이야기해야 한다. 그렇지 않으면 전체 사건이 의미를 잃게 될 것이기 때문이다.

앞에서 말했듯이 나를 찾아온 이 손님은 한 시간 가까이 훌륭하고 매혹적인 대화로 나를 매료시켰다. 그녀는 나에게 책을 팔려고 하지도 않았고, '나'라는 일인칭 대명사를 사용한 적도 없었다. 하지만 그녀는 뭔가를 팔려고 노력했을 뿐만 아니라 실제로 팔았다. 그 무엇인가는 바로 그녀 자신이었다.

그녀는 방석이 깔린 큰 안락의자에 앉자마자 내가 책을 팔러 온 것으로 착각한 꾸러미를 펼쳤다. 아니나 다를까 그 꾸러미에는 실제로 몇 권의 책이 들어 있었다. 당시 내가 편집장으로 있던 잡지 《힐의 황금률》 1년 치 발행물이었다. 그녀는 잡지를 넘기면서 여기저기 표시해 놓은 곳을 읽었다. 그러는 동안 그녀가 자신이 읽던 잡지의 이면에 있는 철학을 믿었음을 확실히 알 수 있었다.

내가 완전히 최면에 빠져 수용적인 상태가 되자 이 손님은 재치 있게 대화의 주제를 바꾸었다. 그녀는 내 사무실에 나타나기 훨씬 전부터 이 주제를 나와 상의하려고 마음먹었던 것 같았다. 하지만 만약 그녀가 대화의 순서를 바꿔서 그녀가 이야기를 끝낸 곳에서 시작했다면 그녀는 큰 안락의자에 앉을 기회를 얻지 못했을 것이다. 여기가 대부분 판매원이 실수를 저지르는 또 다른 지점이다.

마지막 3분 동안 그녀는 자신이 팔고 있는 증권의 장점을 능숙하게 설명했다. 나에게 사달라고 부탁하지 않았지만, 그녀가 증권의 장점을 설명하는 방식과 내가 하는 일의 장점을 매우 인상 깊게 말해준 방식은 내가 사고 싶어 하게 만드는 심리적 효과를 가져왔다.

나는 그녀에게서 증권을 사지 않았다. 그러나 그녀는 팔았다. 나는 전화로 한 사람을 소개했고 그녀는 그 사람에게 나에게 팔려고 했던 금액의 5배 이상을 팔았다. 만약 그녀 혹은 그녀의 재치와 개성을 지닌 사람이 나를 찾아온다면 나는 다시 앉아서 한 시간 가까이 귀를 기울일 것이다.

우리는 모두 인간이다. 그리고 우리는 모두 다소 허영심이 있다. 우리는 이 점에서 모두 비슷하다. 우리에게 소중한 일을 말하고자 하는 재치가 있는 사람의 이야기에 귀 기울일 것이다. 그러고 나서 그 사람이 자기에게 소중한 주제로 대화를 바꿀 때 호혜 정신으로 그 사람의 이야기에도 귀 기울일 것이다. 그리고 결국 그가 내미는 서류의 서명란에 서명할 뿐만 아니라 그 사람의 인성을 칭찬할 것이다.

> 세상에는 어디서나 기쁨을 찾을 수 있고,
> 가는 곳마다 기쁨을 남기는 재능을 가진 사람들이 있다.
>
> —파버(Faber)

타인에게 깊은 관심을 가져라

몇 년 전 시카고에서 나는 1500명 이상의 판매원을 고용하고 있던 한 증권 회사의 판매기술전문학교를 운영하고 있었다. 그 큰 조직의 사람들을 계속 유지하기 위해 우리는 매주 600명의 신입 판매원을 훈련하고 고용해야 했다. 이 학교를 거쳐 간 수천 명 중에서 내가 여기서 설명한 원칙의 중요성을 파악한 사람은 단 한 명뿐이었다. 이 사람은 증권 판매 경험이 없었고, 학교에 들어왔을 때는 자신이 판매원이 아니라는 것을 솔직히 인정했다. 앞으로의 이야기를 듣고 그가 판매원인지 아닌지 살펴보자.

이 신입 판매원이 교육을 마쳤을 때 한 '스타' 판매원은 그가 들은 것을 쉽게 믿는 사람이라고 생각하고 그에게 장난을 칠 생각을 했다. 스타 판매원은 큰 노력 없이 증권을 팔 수 있는 잠재 고객을 그에게 알려 주었다. 소개해 준 잠재 구매자는 별로 권유하지 않아도 쉽게 증권을 팔 수 있는 평범한 화가이기 때문에 스타 판매원인 자신이 그에게 시간을 낭비하기 싫다고 덧붙였다.

신입 판매원은 조언을 기쁘게 받아들이고 곧 판매에 나섰다. 그가 사무실 밖으로 나가자마자 스타 판매원은 다른 스타 판매원들을 불러 모아 그가 벌이고 있는 장난에 대해 말했다. 사실 이 화가는 매우 부유한 사람이었고, 스타 판매원은 그에게 증권을 팔기 위해 거의 한 달을 투자했는데도 실패했다. 여기 모인 스타 판매원들도 이 화가에게 증권을 팔러 갔다가 그의 관심을 끄는 데 전부 실패했다. 신입 판매원은 한 시간 반쯤 자리를 비웠다가 사무실로 돌아왔다. 그가 돌아왔을 때 스타 판매원들이 얼굴에 미소를 띠고 그를 기다리고 있었다.

이들의 예상과 달리 신입 판매원 역시 얼굴에 활짝 미소를 띠었다. 스타 판매원들은 의아한 듯 서로를 바라보았다. 이 풋내기 판매원이 즐거운 기분으로 돌아오지 않으리라고 예상했기 때문이었다.

"증권을 팔았어요?" 이 장난을 시작한 판매원이 물었다.

"물론이죠." 풋내기 판매원이 대답했다. "그 화가는 당신이 말한 대로 완벽한 신사였고 매우 재미있는 분이었어요."

그는 주머니에 손을 넣어 주문서와 2000달러짜리 수표를 꺼냈다. 스타 판매원들은 그가 어떻게 했는지 알고 싶어 했다.

"오, 어렵지 않았어요." 신입 판매원이 대답했다. "그냥 들어가서 몇 분 동안 이야기를 나눴을 뿐인데 그가 먼저 증권 이야기를 꺼냈고 사고 싶다고 했어요. 내가 판 게 아니에요. 그가 자발적으로 산 거예요."

나는 이 거래 이야기를 듣고 신입 판매원을 불러서 그가 판매한 상황을 자세히 설명해 달라고 부탁했다. 그의 이야기를 그대로 여러분에게 전한다.

그가 그 화가의 작업실에 도착했을 때 화가는 그림을 그리고 있었다. 작품에 너무 열중한 화가는 판매원이 들어오는 것을 보지 못했다. 그래서 판매원은 그림을 볼 수 있는 곳으로 걸어가서 말없이 그림을 바라보며 서 있었다.

마침내 화가가 그를 보았다. 판매원은 방해해서 미안하다고 사과하고 화가가 그리고 있던 그림에 관해 이야기하기 시작했다. 그는 그림의 장점을 토론할 수 있을 정도로 미술을 잘 알고 있었다. 그리고 그는 정말로 미술에 관심이 있었다. 그는 화가의 그림이 마음에 들었고 화가에게 솔직히 말했다. 거의 한 시간 동안 두 사람은 미술, 특히 그 화가의 이젤에 놓여 있던 그림에 관해서만 이야기했다. 시간이 흐르자 화가는 판매원에게 그의 이름과 그의 직업을 물었고, 판매원(그렇다. 그는 진정한 판매원이다)은 대답했다, "아, 제 직업이나 이름은 신경 쓰지 마세요. 저는 당신과 당신의 미술에 더 관심이 있어요."

화가의 얼굴에 기쁨의 미소가 번졌다. 판매원의 이 말이 그의 귀에는 감미로운 음악처럼 들렸다. 하지만 예의 바른 방문객에게 뒤질세라 화가는 판매원이 무슨 일로 자기 스튜디오를 찾아왔는지 알고 싶다고 고집했다. 그제야 판매원, 이 진정한 '스타' 판매원은 정말로 마지못해 자기를 소개하며 직업을 말했다.

그는 자기가 팔고 있는 증권에 대해 간략하게 설명했고, 그 화가는 그의 말 한마디 한마디를 즐기는 것처럼 들었다. 판매원이 말을 마치자 화가는 이렇게 말했다.

"이런, 제가 어리석었군요. 당신 회사의 다른 판매원들이 나에게 증권을 팔려고 여기 왔었지만 그들은 단지 사업적인 이야기만 했어요. 사실 그 중 한 사람은 너무 짜증나게 해서 나가달라고까지 해야 했어요. 이름이 뭐였더라? 아, 퍼킨스라는 사람이었어요(퍼킨스는 신입 판매원을 골려주기 위해 이 교묘한 속임수를 생각해 낸 그 스타 판매원이었다). **그런데 당신은 이 문제를 매우 특이하게 제시하네요.** 내가 그동안 얼마나 어리석었는지 알겠어요. 당신에게 2000달러 상당의 증권을 사고 싶습니다."

이 신입 판매원은 문제를 어떻게 제시했을까? 달리 말해서 이 위대한 판매원이 실제로 화가에게 판 것은 무엇일까? 증권을 팔았을까?

아니다. 그는 그만의 캔버스에 그린 자신을 화가에게 팔았다. 증권은 부수적인 것에 불과했다. 이 점을 간과해서는 안 된다. 그는 나에게 가장 소중한 이야기를 하면서 한 시간 동안 나를 즐겁게 해주었던 노부인의 이야기를 기억했다. 이 이야기가 너무나 인상적이었던 그는 자기의 잠재 구매자들을 연구해서 이들이 가장 흥미를 느낄 만한 것을 찾기로 했다. 그래서 그는 그것에 관해 이야기할 수 있었다.

이 풋내기 판매원은 현장에서 뛴 첫 달 수수료로 7900달러를 벌어들여 그다음으로 높은 성과를 올린 사람을 두 배 이상 앞섰다. 비극은 1500명의 판매원 중 단 한 명도 그가 어떻게, 그리고 왜 그 조직의 진정한 '스타'가 되었는지 알아내려고 하지 않았다는 것이다. 나는 이 사례가 여러분이 불쾌하게 받아들였을지도 모르는 8장의 다소 신랄한 질책을 완전히 정당화한다고 믿는다.

앤드루 카네기, 존 록펠러, 제임스 힐, 마셜 필드와 같은 사람은 우리가 모두 이용할 수 있는 같은 원칙을 적용해서 재산을 축적했다. 하지만 우리는 이들의 철학을 공부하고 그것을 우리 자신의 용도로 사용할 생각은 하지 않고 이들의 부를 부러워한다. 성공한 사람의 결과만 보고 그가 어떻게 했는지 궁금해한다. 하지만 우리는 그의 방법을 분석하는 것의 중요성을 간과하고, 노력의 성과를 거두기 전에 신중하고 체계적으로 준비하면서 그가 치러야 했던 대가를 잊어버린다.

성공의 법칙에서 여러분은 새로운 원칙은 하나도 발견하지 못할 것이다. 모든 원칙은 문명 그 자체만큼이나 오래되었다. 하지만 이런 원칙을 적용하는 방법을 이해하는 사람은 거의 없다.

화가에게 증권을 판 판매원은 진정한 판매원일 뿐만 아니라 매력적인 인성을 지닌 사람이었다. 겉으로는 별 매력이 없었다. 아마 그것이 스타 판매원이 잔인한(?) 장난을 칠 생각을 한 이유일 것이다. 하지만 그가 별 매력이 없는 사람일지라도 화가의 눈에는 자기 작품에 칭찬을 아끼지 않는 매우 매력적인 인성을 지닌 사람으로 보일 것이다.

내가 여기서 말하려고 하는 원리의 개념을 잘못 이해하고, 값싼 아첨이 진정한 관심사를 대신할 수 있다고 결론 내는 사람들도 있을 것이다. 여러분은 이런 사람이 아니길 바란다. 나는 여러분이 이 장의 기초가 되는 진정한 심리를 이해하는 사람이기를 바란다. 그리고 여러분이 정말로 존경하는 사람이나 그들의 일을 가까이서 연구하기를 바란다. 그래야만 거부할 수 없는 매력적인 인성을 기를 수 있다. 싸구려 아첨은 매력적인 인성을 형성하는 것과는 정반대의 효과가 있다. 사람들을 끌어당기는 것이 아니라 멀어지게 한다. 이는 너무나 얄팍해서 무지한 사람도 쉽게 알 수 있다.

이 장에서는 다른 사람과 그들의 일, 사업 또는 직업에 깊은 관심을 두는 것의 중요성을 강조한다. 여러분은 이 장의 기초가 되는 원칙들이 5장 「상상력」의 기초가 되는 원칙들과 매우 밀접하게 연관되어 있다는 것을 금방 알게 될 것이다. 또한 이 장이 12장의 「협력」의 가장 중요한 부분을 구성하는 원칙과 거의 같은 원칙에 기초하고 있다는 것을 알게 될 것이다.

여기서는 유용한 아이디어의 창조를 통해 상상력과 협력, 호감을 주는 인성의 법칙을 혼합해서 유익한 목적에 맞게 조정하는 매우 실용적인 방법들을 소개한다. 사상가들은 아이디어가 모든 성공 성취의 출발점이라는 것을 안다. 가장 흔히 듣는 질문은 "돈 버는 아이디어를 창출하는 법을 어떻게 배울 수 있을까?"이다. 거의 모든 지역에서 거의 모든 사람이 개발할 수 있는 매우 유익하고 참신한 아이디어들을 제안함으로써 이 질문에 부분적으로 답할 것이다.

당신의 의견에 동의하지 않는 사람들에게 관용을 베푸는 법을
배울 때까지, 당신이 존경하지 않는 사람들에게 친절한 말을
건네는 습관을 기를 때까지, 당신이 다른 사람들의
단점보다 장점을 찾는 습관을 형성할 때까지
당신은 성공도 행복도 얻을 수 없다.

첫 번째 아이디어

세계대전으로 독일은 장난감 무역의 막대한 부분을 잃었다(책 집필
당시는 제1차 세계대전이 끝난 상태로, 제2차 세계대전은 아직 일어나지 않았다 – 옮
긴이). 전쟁 전에는 대부분 장난감을 독일에서 수입했지만 이제는 우리
세대나 이후 세대도 오랫동안 독일 제조업자들로부터 장난감을 살 것
같지 않다. 장난감 수요는 미국뿐만 아니라 외국에서도 많다. 미국의
유일한 경쟁자는 일본이지만 일본 장난감들은 질이 너무 나빠서 경쟁
에 아무 의미가 없다. 그렇다면 여러분은 어떤 장난감을 만들어야 하
고 장난감 사업을 영위할 자본은 어디서 구해야 할지 궁금할 것이다.

먼저 지역 장난감 판매장에 가서 어떤 장난감이 가장 잘 팔리는지
알아보라. 만약 여러분이 현재 시장에 나와 있는 장난감들을 개선할
능력이 없다면 '시장성 있는 장난감 아이디어를 가진' 발명가를 모집
하는 광고를 내라. 여러분은 곧 잃어버린 연결고리를 제공할 재능 있
는 기술자를 발견하게 될 것이다. 그에게 여러분이 원하는 실용 모형
을 만들어달라고 한 다음 소규모 제조업체, 목재 세공인, 기계 공장 등

에 가서 장난감을 제조하도록 준비하라. 여러분은 장난감 제조 원가를 알기 때문에 큰 중개인이나 도매상, 유통업자에게 가서 여러분의 제품 판매를 위탁하면 된다.

만약 여러분이 유능한 판매원이라면 발명가를 구하기 위한 광고비만 들이면 이 전체 프로젝트를 수행할 수 있다는 것을 알 수 있다. 발명가를 찾아 그에게 더 좋은 일자리를 주겠다고 약속하고, 그의 남는 저녁 시간에 여러분의 모델을 만들어달라고 할 수도 있을 것이다. 노동에 대한 보수를 지급하면 그는 아마도 여러분이 원하는 시간 동안 일해 줄 것이다. 혹은 이 사업의 지분을 대가로 그 일을 할 것이다.

장난감 제조업체에 대한 대금 결제는 여러분이 장난감을 판매하는 회사에서 돈을 받을 때까지 기다려달라고 부탁하거나 필요하면 판매한 장난감 송장의 대금 수취인을 장난감 제조업체로 지정해서 직접 결제되도록 할 수도 있다. 물론 여러분에게 유별나게 호감을 주는 설득력 있는 인성과 상당한 조직력이 있다면 장난감 실용 모델을 특정 자산가에게 가져갈 수 있고, 사업 지분을 대가로 독자적으로 제조를 할 수 있는 자본을 확보할 수 있을 것이다.

어떤 장난감이 잘 팔릴지 알고 싶다면 노는 아이들 모습을 많이 관찰하고, 아이들이 좋아하는 것과 싫어하는 것을 연구하고, 아이들을 즐겁게 해주는 것을 알아내라. 그러면 어떤 장난감을 만들어야 할지 아이디어를 얻을 수 있을 것이다. 발명하는 데 천재성은 필요 없다. 필요한 것은 상식뿐이다. 사람들이 원하는 것이 무엇인지 찾아내고 생산하기만 하면 된다. 다만 다른 사람들보다 잘 만들고, 좀 더 개성을 살리고 특색 있게 하라.

우리는 아이들을 즐겁게 해줄 장난감을 사는 데 매년 수백만 달러를 쓴다. 여러분의 새로운 장난감을 흥미로울 뿐만 아니라 유용하게 만들어라. 가능하면 교육적으로 만들어라. 오락성과 교육성을 겸비한 장난감이라면 두고두고 잘 팔릴 것이다. 만약 여러분 장난감의 본질이 게임이라면 게임을 통해 아이들이 지리나 수학, 영어, 생리학 등 우리가 사는 세상에 대해 무언가를 배울 수 있게 해야 한다. 더 좋은 것은 아이들이 뛰거나, 점프하거나, 다른 방법으로 운동하게 하는 장난감을 만드는 것이다. 아이들은 돌아다니는 것을 좋아하고, 놀이를 통해 이런 운동을 자극할 때 아이들에게 특히 유익하다.

실내 야구 게임은 특히 도시에서 잘 팔릴 것이다. 천장에 매단 끈에 붙인 공을 벽을 향해 던지고 재빨리 뒤로 물러나서 되돌아오는 공을 방망이로 친다. 말하자면 일인용 야구 게임이다.

> 성공한 사람들은 돈보다
> 유익한 서비스를 제공하기 위해 더 열심히 일한다.
> 이는 인간 본성의 독특한 특성이다.

두 번째 아이디어

이 계획은 '위험을 무릅쓰고' 큰 수입을 올릴 자신감과 야망이 있는 사람들만 관심을 보일 아이디어다. 미국 전역의 모든 대도시에서 최소 40~50명이, 소도시에서는 더 적은 수의 사람들이 실제로 운용할 수 있는 제안이다. 이 계획은 여러분이 지니고 있는 글쓰기 능력을 사용해서 광고 카피, 판매 자료, 추가 권유장, 독촉장 등을 작성할 수 있거나 배울 수 있는 사람을 대상으로 한다. 이 제안을 실용적이고 유익하게 이용하려면 좋은 광고대행사와 이 광고대행사를 통해 광고하는 1~5개의 회사 또는 개인들의 협조가 필요할 것이다.

먼저 여러분이 광고대행사에 가져오는 모든 광고 수입의 7%를 수수료로 여러분에게 지급하겠다는 계약을 광고대행사와 체결해야 한다. 이 7%는 여러분이 고객을 유치하고 광고 문구를 작성하거나 고객에게 서비스를 제공하는 데 대한 보상이다. 신뢰할 수 있는 광고대행사라면 당신이 가져올 모든 사업에 대해 기꺼이 이 금액을 줄 것이다.

그런 다음 여러분이 광고를 취급하고자 하는 회사나 개인에게 가서 보수 없이 일하고 싶다고 말한다. 더 많은 상품을 판매할 수 있게 여러분이 할 수 있는 일과 하고 싶은 일을 말한다. 만약 그 회사에서 광고 매니저를 고용하고 있다면 여러분은 무보수로 그의 조수로 일하게 될 것이다. 단, 회사의 광고는 여러분이 관계를 맺고 있는 광고대행사를 통해야 한다. 이 계약을 통해 여러분이 광고 계정을 확보한 회사 또는 개인은 별도 비용 없이 여러분의 서비스 혜택을 받을 수 있으며, 여러분의 광고대행사를 통해 광고하는 데 다른 회사보다 더 큰 비용을 지급하지 않는다. 만약 여러분의 권유가 설득력 있고 여러분이 정말로 이 일을 준비하는 데 시간을 들인다면 광고를 확보하는 데 큰 어려움이 없을 것이다.

여러분은 적절하게 처리가 가능한 많은 광고 계정을 확보할 때까지 이 거래를 반복할 수 있다. 보통의 조건에서 적절한 광고 계정은

10~12개를 넘지 않을 것이다. 아마도 고객 중 한 군데 이상이 연간 2만 5000달러 이상을 광고에 쓴다면 적정 계정 수는 더 적을 것이다.

만약 여러분이 유능한 광고 카피라이터고 고객을 위해 새롭고 유익한 아이디어를 창조하는 능력이 있다면 여러분은 그들의 일을 매년 계속할 수 있을 것이다. 물론 여러분은 개인적으로 처리할 수 있는 것보다 더 많은 계정을 받아서는 안 된다. 여러분은 자기 시간의 일부를 여러분 고객의 사업장에서 보내야 한다. 사실 여러분은 고객의 판매 문제와 관련한 직접적인 정보뿐만 아니라 고객 상품에 대한 정확한 정보를 얻기 위해 책상과 작업 장비를 바로 현장에 두어야 한다.

이런 여러분의 노력을 통해 광고대행사는 다른 방법으로 얻을 수 없는 효과적인 서비스라는 평판을 얻게 되고, 고객들은 여러분의 노력으로 만족스러운 결과를 얻을 수 있으므로 기뻐할 것이다. 여러분의 광고대행사와 고객이 여러분의 일에 만족하는 한 여러분의 일은 안전하고 돈도 벌 수 있을 것이다. 이 계획에 따른 합리적인 기대 이익은 연간 광고비 총지출 25만 달러의 7%인 1만 7500달러가 될 것이다.

비범한 능력의 소유자라면 이보다 훨씬 높은 수준인 연봉 2만 5000달러까지 벌 수 있다. 하지만 평범한 사람이 합리적으로 벌 것으로 예상하는 수치는 5000~7500달러까지 떨어질 것이다.

여러분은 이 계획의 가능성을 엿볼 수 있다. 이 계획의 장점은 독립적인 일을 하고 수입의 100%를 여러분이 가져갈 수 있다는 데 있다. 이 일은 보수가 같은 광고 매니저 직책보다 낫다. 사실상 자기 명의로 끊임없이 생존 가치를 높이는 자기 사업에 종사하기 때문이다.

넘치는 자신감과 새 옷 한 벌이 당신이 어떤 자리를
차지하는 데 도움이 될 수 있다. 하지만 그 자리를
유지하려면 열정과 보수 이상의 일을 하겠다는
결심이 필요하다는 것을 기억해야 한다.

세 번째 아이디어

이 아이디어는 보통 수준의 지능을 가진 사람이라면 거의 준비 없이 현실화할 수 있다. 먼저 아무 인쇄소나 찾아가서 여러분이 그 인쇄소에 가져다주는 일감에 대한 대가의 10% 정도를 수수료로 받는 계약을 체결하라. 그런 다음 인쇄물을 가장 많이 사용하는 회사에 가서 그들이 사용하는 모든 인쇄물 샘플을 입수한다.

다음은 인쇄물 샘플을 검토할 상업 디자이너와 파트너십을 맺거나 용역 계약을 체결한다. 상업 디자이너와 함께 기존 삽화를 적절하게 개선하거나 이전에 사용한 삽화가 없으면 새로 삽화를 만들고, 연필로 스케치해서 원래 인쇄물에 붙여넣는 작업을 한다. 만약 여러분이 카피라이터가 아니라면 인쇄물 샘플의 광고 문구를 검토하고 개선할 사람과 용역 계약을 체결한다.

이 작업이 완료되면 견적서를 가지고 인쇄물 샘플을 입수한 회사에 가서 인쇄물 개선 방법을 제안한다. 하지만 인쇄물 개선 방법을 보여주기 전까지는 견적서에 대해 언급하지 마라. 이런 서비스를 제공하면 이 회사에서 만든 모든 인쇄물 관련 사업을 따낼 수 있을 것이다.

여러분이 이런 서비스를 적절하게 제공한다면 곧 여러분과 상업 디자이너, 카피라이터가 처리할 충분한 일감과 이익을 얻게 될 것이다. 이 계획과 관련해서 여러분이 다른 사람의 작업으로부터 얻는 이익은 합법적인 이익이다. 즉, 만족스러운 서비스를 수행하는 데 필요한 인재와 능력을 조직하고 결합하는 여러분의 능력에 대한 대가로 부여되는 이익이다.

만약 여러분이 장난감 사업에 들어간다면 여러분은 장난감 제조업체의 일에 대해 이익을 얻을 자격이 있다. 장난감 제조업체의 고용이 여러분의 능력을 통해 이루어질 것이기 때문이다.

여러분의 두뇌와 능력이 여러분과 함께 일하거나 여러분을 위해 일하는 사람들의 두뇌와 능력에 더해지면 심지어 그들이 생각하기에 여러분이 그들의 노력으로 너무 적은 돈을 번다고 여길 정도로 그들의 수익력을 올릴 가능성이 더 크다. **왜냐하면 그들은 여러분의 지도 없이 그들이 벌 수 있는 것보다 훨씬 더 많은 돈을 벌 것이기 때문이다.**

여러분은 앞에서 소개한 계획 중 어떤 것이든 선택해서 이익을 얻고 싶은 생각이 들 것이다. 나쁠 게 없지 않은가? 만약 여러분이 다른 사람이나 회사를 위해 일하는 직원이라면 회사의 사장이나 그 사람의 조직력이나 재무 능력 등으로 여러분의 수익력을 높이고 있는 것이 아닐까?

여러분은 직원의 지위에서 벗어나 고용주가 되고 싶어 한다. 그것을 비난할 사람은 없다. 대부분의 보통 사람은 같은 생각이다. 여러분이 할 수 있는 최고의 방법은 여러분이 만약 회사의 사장이라면 직원들이 해주기를 바라는 것처럼 여러분의 회사를 위해 일하는 것이다.

오늘날 많은 직원을 고용해서 사회에 도움이 되는 고용주들은 누구일까? 부자 부모로부터 고용주 자리를 물려받은 자식들일까? 절대 아니다. 이들은 최하층 노동자 계급에서 올라온 사람들로 여러분보다 더 큰 기회를 얻지 못한 사람들이다. 그러나 이들은 뛰어난 지도력으로 현재 지위에 있다. 여러분도 노력하면 이런 능력을 얻을 수 있다.

여러분이 사는 마을이나 도시에는 여러분과 서로 혜택을 주고받는 사람들이 있다. 도시의 한 구역에는 자기 식료품점을 팔아서 영화관을 열고 싶은 사람이 있다. 도시의 또 다른 구역에는 자기 소유 영화관을 식료품점과 바꾸고 싶어 하는 사람이 있다. 여러분이 이들을 연결할 수 있을까? 할 수만 있다면 여러분은 양쪽에 서비스를 제공하고 좋은 보수를 받을 것이다.

여러분의 마을이나 도시에는 주변 지역의 농장에서 재배되는 농산물을 원하는 사람들이 있다. 그리고 이런 농장에는 농산물을 재배해서 마을 사람들에게 내다 팔기를 원하는 농부들이 있다. 만약 여러분이 농장에서 도시나 마을 소비자에게로 직접 농산물을 운반하는 방법을 찾을 수 있다면 여러분 덕분에 농부는 농산물 가격을 더 많이 받을 수 있고 소비자는 더 저렴하게 농산물을 살 수 있을 것이다. 그리고 여러분은 독창성을 발휘해서 생산자와 소비자 사이의 경로를 단축한 대가를 받을 수 있을 것이다.

사업에는 크게 생산자와 소비자라는 두 부류의 사람들이 있다. 시대적 경향은 이렇게 많은 중개자 없이 생산자와 소비자를 직접 연결하는 방법을 찾는 것이다. 생산자와 소비자 사이의 경로를 단축할 방법을 찾으면 여러분은 이 두 계층을 돕고 여러분도 상당한 이익을 얻게 된다.

일꾼이 그 삯을 받는 것은 마땅하다(누가복음 10장 7절). 만약 여러분이 이런 계획을 만들 수 있다면 소비자를 위해 절약한 것과 생산자를 위해 절약한 것의 공정한 비율을 받을 자격이 있다.

여러분이 돈을 벌기 위한 수단으로 어떤 계획을 세울 때 주의해야 할 것이 있다. 소비자의 비용을 조금이라도 늘어나게 하면 안 되고 조금이라도 줄여야 한다. 생산자와 소비자를 연결하는 사업은 양쪽 모두에게 공정하게 이루어졌을 때, 그리고 눈에 보이는 것을 모두 얻고자 하는 욕심 없이 이루어졌을 때 유익한 사업이다. 대중은 폭리를 취하는 사람들에 대해 놀라울 정도로 인내심이 강하다. 하지만 이런 약삭빠른 자들조차도 감히 넘지 못하는 선이 있다.

다이아몬드 시장을 독점하고 아프리카 땅에서 파낸 다이아몬드 원석 가격을 엄청나게 올리는 것도 괜찮을지 모른다. 하지만 음식이나 옷, 그리고 다른 필수품 가격이 하늘로 치솟기 시작하면 누군가 대중의 미움을 살 가능성이 있다.

여러분이 부를 갈망하고 그에 따르는 부담을 짊어질 용기가 있다면 일반적으로 부를 얻는 방법을 뒤집어라. 가능한 한 많은 것을 강요하는 대신에 여러분이 감당할 수 있는 가장 낮은 이윤으로 여러분의 상품과 서비스를 세상에 제공하라. 포드는 직원들에게 임금을 가능한 한 적게 주는 것이 아니라 이윤이 허락하는 한 많이 주는 것이 이익이라는 것을 알게 되었다. 또한 다른 제조업체가 계속해서 가격을 인상하는 동안 포드 자동차의 소비자 가격을 낮추는 것이 이득이라는 것도 알게 되었다.

합법적인 방법으로 소비자를 쥐어짤 완벽한 계획이 있을 수 있다.

하지만 여러분이 포드 노선을 따라 계획을 세운다면 장기적이고 훨씬 더 안정적으로 더 큰 이익을 누릴 수 있을 것이다.

존 록펠러는 그가 가진 돈은 갖고 싶지만 일해서 돈 벌 생각은 없는 사람들의 질투를 받았다. 록펠러에 대한 소문과는 상관없이 그가 보잘 것없는 회계 장부 담당자로 출발해서 다른 사람들을 조직하고 지휘하는 뛰어난 능력으로 점차 돈을 모으고 정상에 올랐다는 사실을 기억하라. 나는 그가 25센트짜리 4리터 정도의 등유를 사기 위해 양철 깡통을 짊어지고 뜨거운 태양 속을 3km나 걸어서 집으로 가야 했던 때를 기억한다. 지금은 도시와 농촌에서 그 반값 조금 넘는 가격으로 록펠러의 유조차가 뒷문까지 등유를 배달해 줄 것이다.

록펠러가 생필품 가격을 떨어뜨려 주는 데 누가 그의 수백만 달러 재산을 시기할 수 있겠는가? 그는 등유 가격을 50센트까지 올릴 수도 있었다. 하지만 그렇게 했다면 오늘날 백만장자가 될 수 있었을지 심히 의심스럽다. 많은 사람이 돈을 원한다. 그러나 돈을 얻기 위한 계획을 세우는 사람의 99%는 온통 돈을 얻기 위한 계획에만 정신이 팔려 그 대가로 자기가 제공할 서비스에 대해서는 전혀 생각하지 않는다.

호감이 가는 인성은 상상력과 협동심을 이용하는 성격이다. 우리는 상상력, 협력, 그리고 호감이 가는 인성 법칙의 조화를 이루는 방법을 보여주기 위해 앞에서 어떻게 아이디어가 창조되는지를 보여주는 사례를 언급했다. 호감이 가는 인성을 지니고 있지 않은 사람을 분석하면 상상력과 협동심도 부족하다는 것을 알게 될 것이다.

여기서 지금까지 기록된 인성에 관한 위대한 교훈 중 하나를 소개한다. 이것은 또한 지금까지 기록된 가장 효과적인 판매 기술에 관한 교훈이기도 하다. 매력적인 인성과 판매 기술이라는 주제는 항상 함께 가야 하며 떼려야 뗄 수 없는 관계이기 때문이다.

나는 셰익스피어의 걸작인『율리우스 카이사르Julius Caesar』의 장례식에서 마르쿠스 안토니우스Marcus Antonius가 한 연설을 말하려 한다. 이미 이 연설문을 읽었을지도 모르지만 여러분이 새로운 의미를 얻는 데 도움이 될 수 있는 해석을 괄호 안에 실어 함께 소개하려 한다.

안토니우스의 연설

이 연설의 배경은 다음과 같다. 카이사르가 암살되었다. 그를 살해한 브루투스Brutus는 카이사르의 장례식에 모인 로마 군중들에게 카이사르를 제거한 이유를 말하기 위해 서 있다. 여러분의 상상 속에서 울부짖는 군중들을 그려보라. 이들은 카이사르에게 그다지 우호적이지 않으며 브루투스가 카이사르를 죽임으로써 고귀한 행동을 했다고 이미 믿고 있다.

브루투스가 강단에 서서 카이사르를 죽인 이유를 짧게 진술한다. 그는 군중의 마음을 얻었다고 확신하면서 연단에서 내려와 자리에 앉는다. 그의 모든 행동은 자기 말이 의심의 여지 없이 받아들여지리라고 믿는 사람의 태도이다. 오만방자하다.

이제 마르쿠스 안토니우스가 연단에 오른다. 그는 자기가 카이사르의 친구이기 때문에 군중들이 자기에게 적대적이라는 것을 안다. 안토니우스는 낮고 겸손한 어조로 말을 시작한다.

안토니우스: 저는 오늘 브루투스를 위해 여러분 앞에 섰습니다.

시민 4: 저 사람이 브루투스에 대해 뭐라고 하나요?

시민 3: 브루투스를 위해 우리 앞에 섰다고 하는군요.

시민 4: 여기서 브루투스를 욕하지 않는 게 최선이지.

시민 1: 카이사르는 폭군이었소.

시민 3: 그건 확실해요. 로마가 그의 손아귀에서 벗어나게 된 것이 우리에게는 축복이오.

시민 2: 조용히 하시오! 안토니우스가 무슨 말을 하는지 들어봅시다.

(안토니우스의 모두 발언에서 듣는 이의 마음을 '중립 상태'로 만드는 그의 영리한 방법을 보게 된다.)

안토니우스: 너그러우신 로마 시민 여러분.

모두: 조용히 하고 그의 말을 들어봅시다.

(만약 안토니우스가 브루투스를 '비난'하는 말로 연설을 시작했다면 로마 역사는 달라졌을 것이다.)

안토니우스: 친애하는 로마 시민 여러분, 잠시 제 말을 들어주십시오. 저는 오늘 카이사르를 묻으러 온 것이지 그를 찬양하러 온 것이 아닙니다.

(이미 알고 있는 청중의 심리 상태와 자신을 결합한다.)

사람들의 악행은 사후에도 길이 남고, 선행은 종종 그들의 뼈와 함께 묻힙니다. 그러니 카이사르도 순리에 맡깁시다. 고결한 브루투스는 여러분에게 카이사르가 야심이 있었다고 했습니다. 만약 그렇다면 이는 통탄할 잘못입니다. 브루투스는 고결한 사람입니다. 저는 오늘 브루투스와 다른 사람들의 허락을 받고 카이사르의 장례식에서 말하려고 왔습니다. 카이사르는 제 친구였고, 제게는 충실하고 공정했습니다. 하지만 브루투스는 그가 야심이 있었다고 말합니다. 브루투스는 고결한 사람입니다.

카이사르는 많은 포로를 로마로 데리고 왔습니다. 국고를 이들의 몸값으로 채웠습니다. 이런 카이사르의 행동이 야심으로 보였습니까? 가난한 사람들이 울 때 카이사르도 눈물을 흘렸습니다. 야심이라면 더 냉엄해야 하지 않습니까? 하지만 브루투스는 그가 야심이 있었다고 말합니다. 브루투스는 고결한 사람입니다. 여러분 모두 루페르쿠스제Lupercalia(매년 2월 15일 도시를 정화하고 건강과 풍요를 증진하기 위해 열린 고대 로마의 축제 - 옮긴이)에서 봤습니다. 제가 그에게 왕관을 세 번이나 바쳤지만, 그는 세 번 다 거절했습니다. 이것이 야심이었습니까? 하지만 브루투스는 그가 야심이 있었다고 말합니다. 그리고 확실히 브루투스는 고결한 사람입니다.

제 말은 브루투스의 말을 부정하기 위한 것이 아닙니다. 단지 제가 아는 것을 말씀드리기 위해 여기 섰습니다. 이유가 있었겠지만, 여러분 모두 한때는 카이사르를 사랑했습니다. 그렇다면 지금은 무슨 연유로 그를 애도하는 마음을 누르려 합니까? 오, 판단력이여! 그대는 야수에게로 달아나 버리고 사람들은 이성을 잃어버렸구나. 내 심장은 관 속에 있는 카이사르의 곁에 있습니다. 내 심장이 내게로 돌아올 때까지 잠시 멈춰야겠습니다.

(이 시점에서 안토니우스는 잠시 멈추고 군중이 자신의 진술에 관해 수군댈 기회를 줬다. 자신의 말이 이들에게 어떤 영향을 미치는지 살피기 위해서였다. 이는 마치 노련한 판매원이 잠재 구매자가 말하도록 부추겨 그의 마음을 알아내는 것과 같다.)

시민 1 :   안토니우스의 말에도 일리가 있는 것 같아요.

시민 2 :   잘 생각해 보면 카이사르가 큰 잘못을 했네요.

시민 3 :   그래요? 나는 더 나쁜 사람이 카이사르를 대신할까 봐 두려운데요.

시민 4 :   안토니우스가 한 말 들었어요? 카이사르가 왕관을 거부했다는? 그렇다면 그가 야심이 없었던 게 확실하네요.

시민 1 :   그게 사실로 밝혀지면 누군가 벌을 받겠네요.

시민 2 :   불쌍한 안토니우스! 울어서 눈이 빨갛게 충혈이 됐네.

시민 3 :   로마에서 안토니우스만큼 고결한 사람도 없어요.

시민 4 :   이제 그의 말을 들어봅시다. 연설을 다시 시작하네요.

안토니우스 : 하지만 어제 카이사르의 말이 세상 민심과 달랐을 수도 있습니다. 이제 그는 여기에 누워 있고 아무도 그를 존경하지 않습니다. 여러분! 제가 만약 여러분을 선동해서 반란을 일으키고 분노하게 한다면, 브루투스와 가이우스에게 몹쓸 짓을 하는 것이 될 겁니다. 여러분 모두 아시다시피, 이들은 고결한 사람들입니다.

(안토니우스가 얼마나 자주 '고결한'이라는 말을 반복했는지 보라. 그리고 그가 얼마나 영리하게 브루투스와 가이우스가 로마 군중이 믿는 것만큼 고결하지 않을 수도 있다는 첫 번째 암시를 도입하는지도 잘 보라. 이 암시는 그가 연설을 잠시 멈추고 군중이 논쟁에서 자기 쪽으로 기울고 있음을 관찰한 후 여기서 처음으로 사용하는 '반란'과 '분노'라는 단어에 담겨 있다. 그가 얼마나 조심스럽게 자기 길을 더듬어 나가는지 그리고 그가 아는 청중의 마음에 어떻게 자기 말을 일치시키는지 보라.)

안토니우스 : 저는 이들에게 몹쓸 짓을 할 생각이 없습니다. 차라리 망자를 욕되게 하거나 나와 여러분을 욕되게 할지언정 이렇게 고결

한 사람들을 욕되게 할 수 없습니다.

(안토니우스는 그의 암시가 브루투스와 가이우스에 대한 증오로 이어지게 하면서 군중의 호기심에 호소하고 자신의 절정을 위한 토대를 마련하기 시작한다. 그는 이 절정의 순간에 그가 군중의 마음을 얻게 되리라 확신한다. 그가 이 절정에 너무도 교묘하게 도달하고 있어서 군중은 이를 자신들이 내린 결론이라고 믿게 된다.)

안토니우스: 하지만 여기 봉인된 카이사르의 친서가 있습니다. 그의 벽장에서 찾았습니다. 카이사르의 유언장입니다. 평민들이 이 증거를 듣게 해야 하지만, 저는 이 유언을 읽지 않을 겁니다.

(유언장을 읽을 의도가 없다고 믿게 함으로써 군중의 호기심을 더 강하게 자극한다.)

제가 유언장을 읽게 되면 모두가 카이사르에게 달려가서 그의 상처에 입 맞추고 손수건을 그의 신성한 피에 담그고 그를 추억하기 위해 그의 머리카락을 구할 것이기 때문입니다. 또 죽어가면서 이를 그들의 유언장에 남기고 자손들에게 유산으로 남기게 될 겁니다.

(인간의 본성은 항상 얻기 어렵거나 허용되지 않는 것을 원한다. 안토니우스가 얼마나 교묘하게 군중의 호기심을 불러일으키고 유언장 낭독을 듣고 싶게 만들었는지 보라. 그렇게 함으로써 군중이 열린 마음으로 유언장을 듣게 준비시킨다. 이것은 군중의 마음을 '중립 상태'로 만드는 과정의 두 번째 단계다.)

모두: 유언장! 유언장! 우리는 카이사르의 유언장을 듣고 싶다!

안토니우스: 참으십시오. 저는 읽을 수가 없습니다. 카이사르가 여러분을 얼마나 사랑했는지 모르는 것이 좋습니다. 여러분은 목석이 아니고 사람이기 때문입니다. 사람이기 때문에 카이사르의 유언장

을 들으면 분노하게 될 겁니다.

(바로 그가 바라는 바다.)

그가 자신의 모든 것을 여러분에게 남기고 갔다는 사실을 모르는 게 다행입니다. 만약 여러분이 안다면 어떻게 될지 모르기 때문입니다.

시민 4: 안토니우스, 유언장을 읽으시오. 우리는 듣고 싶소. 당신은 유언장을 우리에게 읽어줘야 하오. 카이사르의 유언장을.

안토니우스: 잠깐만 기다려주시겠습니까? 제가 경솔하게 유언장을 얘기한 것 같군요. 저는 자신들의 단검으로 카이사르를 찌른 고결한 사람들을 욕보일까 봐 두렵습니다.

('단검'과 '찌르다'라는 말은 잔인한 살인을 암시한다. 안토니우스가 얼마나 영리하게 그의 연설에 이 암시를 도입하는지, 그리고 얼마나 빨리 군중이 그 뜻을 알아차리는지 보라. 안토니우스는 군중이 모르도록 조심스럽게 이들의 마음이 이 암시를 받아들이도록 준비시켰다.)

시민 4: 고결한 자들, 그들은 반역자다!

모두: 유언장! 유언장을 읽어라!

시민 2: 그들은 악당이고 살인자들이다. 유언장을 읽어라!

(안토니우스가 모두 진술에서 하고 싶었던 것이 바로 이 말이다. 하지만 그는 알고 있었다. 그가 군중의 마음속에 이 생각을 심고 그들이 자신들의 입으로 이 말을 할 때 더 바람직한 효과를 불러오리라는 것을.)

안토니우스: 정녕 유언장을 읽으라고 강요하십니까? 그렇다면 카이사르의 시신을 둥글게 에워싸 주십시오. 그리고 유언장을 작성한 그를 보십시오. 단상을 내려가도 되겠습니까? 허락해주시겠습

니까?

(이때 브루투스가 탈출할 뒷문을 찾기 시작했다.)

모두: 내려오세요.

시민 3:   안토니우스에게 길을 내주시오. 가장 고결한 안토니우스에게.

안토니우스: 아니오, 너무 가까이 오지 마시고 멀리 떨어져 물러서세요.

(이렇게 말하면 군중이 더 가까이 다가서려고 하리라는 것을 그는 알고 있었다. 그래서 그는 그들이 그렇게 하도록 반대로 얘기한 것이다.)

모두: 뒤로 물러섭시다.

안토니우스: 여러분에게 눈물이 있다면 지금 흘릴 준비를 하십시오. 여러분 모두 이 망토를 아실 겁니다. 저는 카이사르가 이 망토를 처음 입었을 때를 기억합니다. 어느 여름날 저녁 그의 장막 속이었습니다. 그날은 그가 네르비족을 물리친 날이었습니다. 보십시오. 여기를 가이우스의 단검이 뚫고 지나갔습니다. 그리고 깊이 존경받던 브루투스가 여기를 찔렀습니다. 그가 저주받은 칼을 뽑았을 때 카이사르가 흘린 핏자국을 보십시오. 그가 황급히 문을 나갈 때 카이사르는 확인하려 했을 겁니다. 그리도 무정하게 자신을 찌른 사람이 정녕 브루투스인지를. 여러분도 아시다시피 브루투스는 카이사르에게 천사 같은 사람이었기 때문입니다. 신들도 아십니다. 카이사르가 그를 얼마나 사랑했는지를. 이것은 가장 잔인한 상처였습니다. 고결한 카이사르가 자신을 찌르는 브루투스를 봤을 때 반역자의 무기보다 더 흉악한 그의 배은망덕함이 그를 쓰러뜨리고 그의 강한 심장을 찢어놓았을 것이기 때문입니다. 위대한 카이사르는 얼굴에

망토를 뒤집어쓴 채 폼페이우스의 동상 아래 피투성이가 되어 쓰러졌습니다. 이 얼마나 애통한 일입니까, 여러분. 나와 여러분, 우리 모두 쓰러졌습니다. 그러는 동안 잔인한 반역자들은 쾌재를 불렀습니다. 여러분은 지금 울고 계시는군요. 저는 여러분이 카이사르에게 연민의 정을 느낀다는 것을 압니다. 착한 영혼들이시여, 왜 카이사르의 옷에 난 상처만 보고 우시나요? 여기를 보십시오. 여기 반역자들에게 무참하게 살해당한 그의 육신이 있습니다.

(안토니우스가 지금 '반역자'라는 단어를 꽤 노골적으로 사용하는 것을 보라. 그의 마음과 로마 군중의 마음이 일치한다는 것을 알기 때문이다.)

시민 1: 아, 애처로운 광경이다.

시민 2: 오, 너무 슬픈 날이야.

시민 3: 너무 비통한 날이다.

시민 1: 얼마나 처참한 광경인가.

시민 2: 카이사르의 복수를 합시다!

(브루투스가 허풍쟁이가 아니라 현명한 사람이었더라면 지금쯤 현장에서 멀리 떨어져 있었을 것이다.)

모두: 복수하자! 찾아라! 태워버리자! 죽이자! 반역자를 살려 둘 수 없다!

(여기서 안토니우스는 폭도들의 광란을 결정적으로 행동으로 옮기기 위한 다음 단계를 밟는다. 하지만 영리한 세일즈맨인 그는 이를 강요하려 하지 않는다.)

안토니우스: 멈추십시오. 여러분.

시민 1: 모두 조용히 하시오! 고결한 안토니우스 말을 들어봅시다.

시민 2: 우리는 그의 말을 들을 것이고, 그를 따를 것이며, 그와 함께 생사를 같이할 것이다.

(안토니우스는 이 말을 듣고 군중의 마음이 자기편이라는 것을 알았다. 모든 세일즈맨이 기다리는 이 절호의 순간을 어떻게 활용하는지 보라.)

안토니우스: 친애하는 로마 시민 여러분, 제 말에 선동되어 이렇게 갑자기 반란을 일으켜서는 안 됩니다. 카이사르를 살해한 사람들은 고결한 사람입니다. 슬프게도 저는 그들이 무슨 개인적인 원한으로 이런 일을 저질렀는지 모릅니다. 그들은 현명하고 고결합니다. 그러므로 틀림없이 여러분에게 그 이유를 말할 겁니다. 여러분, 저는 여러분의 마음을 훔치러 온 것이 아닙니다. 저는 브루투스만큼 웅변가가 아닙니다. 여러분도 아시다시피 저는 친구를 사랑하는 평범한 사람일 뿐입니다. 이는 그들도 잘 압니다. 그래서 여러분의 허락을 받고 카이사르에 관해 이야기할 수 있었지요. 저는 사람의 피를 들끓게 할 재치도, 이야기도, 가치도, 연설력도 없습니다. 저는 단지 바른말만 할 뿐입니다. 저는 여러분께 여러분도 아는 이야기를 할 뿐입니다. 불쌍한 카이사르의 상처를 보여드리고, 이제는 말할 수 없는 그의 입을 대신할 뿐입니다. 하지만 제가 브루투스라면, 그리고 브루투스가 안토니우스라면 여러분을 선동하고 카이사르의 상처를 낱낱이 밝혀서 로마의 돌까지도 들고일어나 반란을 일으키도록 했을 겁니다.

모두: 모두 일어나자.

시민 1: 브루투스 집을 불태워 버리자.

시민 3: 갑시다! 가서 반역자들을 찾읍시다.

안토니우스 : 여러분, 내 말을 들으시오! 내 말을.

모두 : 조용히! 안토니우스의 말을 듣자. 가장 고결한 안토니우스 님이시다!

안토니우스 : 여러분, 왜 아무것도 모르고 가시려고 합니까? 여러분은 어떤 이유로 카이사르가 여러분의 사랑을 받을 자격이 있다고 생각하십니까? 아, 잘 모르시는군요. 그렇다면 제가 말씀드려야 하겠습니다. 여러분은 제가 말한 유언장을 잊어버리셨습니다.

(안토니우스는 이제 비장의 카드를 쓸 준비가 되었다. 그는 절정에 도달할 준비가 되었다. 그가 하고 싶었던 가장 중요한 말을 마지막까지 아끼면서 얼마나 교묘하게 자신의 암시를 차근차근 잘 통제했는지 보라. 판매 기술과 대중 연설 분야에서 많은 사람이 너무 빨리 이 시점에 도달하려고 한다. 즉, 청중이나 잠재 고객을 '재촉'하려고 하므로 매력을 잃게 된다.)

모두 : 맞는 말씀이오. 유언장! 잠시 멈춰 유언장을 들어 봅시다.

안토니우스 : 여기 유언장이 있습니다. 그리고 카이사르의 봉인이 되어 있습니다. 그가 모든 로마 시민에게 남긴 유언입니다. 모든 로마 시민 한 사람당 75드라크마를 나눠주라는 내용입니다.

시민 2 : 가장 고결하신 카이사르! 그의 복수를 합시다.

시민 3 : 오, 너그러우신 카이사르!

안토니우스 : 제 말을 끝까지 들어주십시오.

모두 : 조용히!

안토니우스 : 더욱이 그는 여러분에게 이 티베르 강 강가에 그가 다니던 산책길, 그의 개인 정자와 새로 만든 과수원을 모두 여러분에게 남겼습니다. 여러분과 여러분의 자손들이 거닐며 즐길 수 있는 공

동의 장소를 영원히 남기고 가셨습니다. 카이사르는 이런 분이었습니다. 언제 이런 사람이 또 오겠습니까?

시민 1 :　절대로 없을 겁니다. 절대로. 갑시다! 카이사르의 시신을 성스러운 곳에서 화장하고, 횃불로 반역자들의 집을 불태웁시다. 시신을 듭시다.

시민 2 :　불을 가져오시오.

시민 3 :　가서 가구들을 부숴버립시다.

시민 4 :　가구고 창문이고 모조리 부숴버립시다.

　이것이 브루투스의 최후였다.

　그는 패배했다. 마르쿠스 안토니우스가 그랬던 것처럼 로마 군중들의 관점에서 자기주장을 펴는 인성과 훌륭한 판단력이 부족했기 때문이다. 전반적인 태도에서 그는 자신을 꽤 좋게 생각하고, 자기 행동을 자랑스러워한다는 것을 보여줬다. 오늘날에도 우리 주위에는 브루투스와 닮은 사람들이 있다. 하지만 자세히 보면 이런 사람들이 별로 성취한 것이 없음을 알 수 있다.

　만약 마르쿠스 안토니우스가 거드름 부리는 태도로 연단에 올라 "로마 시민 여러분께 브루투스라는 자에 관해 말씀드리겠습니다. 이 자는 음흉한 살인자입니다"라고 연설을 시작했다면 그는 더는 연설을 이어가지 못했을 것이다. 군중이 야유를 퍼부으며 그를 연단에서 끌어내렸을 것이기 때문이다.

　하지만 영리한 세일즈맨이자 실용적인 심리학자였던 마르쿠스 안토니우스는 자기 생각이 아니라 로마 군중의 생각인 것처럼 자기주장을 펼쳤다.

주도성과 리더십에 관한 4장으로 돌아가서 다시 읽어보라. 그리고 읽으면서 이 장의 심리작용과 마르쿠스 안토니우스의 연설을 비교해 보라. 다른 사람에 대한 '자기'가 아닌 '상대방' 중심의 태도가 어떻게 강조되는지 관찰하라. 그리고 6장 「열정」에서 이 같은 점이 어떻게 강조되는지 살펴보라.

셰익스피어는 지금까지 알려진 가장 유능한 극작가이자 심리학자였다. 이런 이유로 그의 모든 작품은 인간 정신에 관한 정확한 지식을 바탕으로 하고 있다. 마르쿠스 안토니우스는 연설 내내 그가 조심스럽게 '상대방' 중심의 태도를 보임으로써 로마 군중들이 자신들의 결정을 스스로 내린 것이라고 믿게 했다.

하지만 마르쿠스 안토니우스가 로마 군중의 사리사욕에 호소한 것은 교활한 방법이라는 사실에 주목해야 한다. 이는 정직하지 못한 사람들이 종종 희생자들의 탐욕에 호소할 때 몰래 사용하는 방법에 기반을 둔 것이다. 마르쿠스 안토니우스는 연설 초반에 브루투스에 대한 거짓 태도를 가장하는 대단한 자제력을 보여주었다. 동시에 그의 호소가 모두 아첨을 통해 로마 군중의 마음에 영향을 미치는 방법에 관한 그의 지식에 기반을 둔 것이 명백하다.

6장에서 소개했던 두 편지는 '상대방' 중심 태도의 가치와 '자기' 중심 호소의 치명적인 영향을 매우 구체적으로 보여준다. 6장으로 돌아가서 편지들을 다시 읽어보면 둘 중 더 성공적인 편지가 마르쿠스 안토니우스의 호소와 가깝고, 다른 편지는 정반대 성격의 호소에 기반을 두고 있음을 알 수 있을 것이다. 세일즈 레터나 광고 문구, 혹은 책을 쓰거나 설교할 때 마르쿠스 안토니우스가 유명한 연설에 사용한 것과 같은 원칙을 따르는 것이 좋을 것이다.

> 말하기 전에 잘 생각하라. 당신의 말이 다른 사람의 마음에
> 성공이나 실패의 씨앗을 심을 수 있기 때문이다.

호감을 주는 인성 만드는 법

이제 사람들에게 호감을 주는 인성을 개발하는 방법과 수단을 연구해보자. 건전하고 긍정적인 성격 없이는 호감을 주는 인성을 지닐 수 없으므로 첫 번째 본질적인 요소인 성격부터 살펴보자.

텔레파시의 원리를 통해 여러분은 여러분이 만나는 사람들에게 여러분 성격의 본질을 드러낸다. 이는 여러분이 처음 만나서 잘 알지 못하는 사람이 신뢰가 가지 않을 때 느끼는 이른바 '직감'이라는 감정의 원인이기도 하다.

여러분은 최신 디자인의 옷으로 말쑥하게 자신을 꾸미고 유쾌하게 행동할 수 있다. 하지만 여러분 마음속에 탐욕과 질투, 이기심이 있다면 자신과 성격이 같은 사람들 외에는 누구도 끌어당길 수 없을 것이다. 유유상종이므로 여러분에게 끌리는 사람은 내면의 본성이 여러분과 같은 사람이 틀림없다.

여러분의 감정을 속이고 인위적인 미소로 자신을 꾸미고 악수 기술

을 연습해서 이 기술에 능숙한 사람의 악수를 완벽하게 모방할 수 있다. 하지만 만약 겉으로 드러나는 이런 매력적인 성격에 목적의 '진정성'이라는 중요한 요소가 부족하다면 사람을 끌어당기지 못하고 밀어내게 될 것이다. 그렇다면 성격은 어떻게 형성할 수 있을까?

인격 형성의 첫 번째 단계는 엄격한 자기 수양이다. 1장과 7장에서 여러분이 선택한 패턴을 따라 성격을 형성하는 방식을 볼 수 있지만 여기서 다시 한번 반복한다.

첫째, 여러분이 닮고 싶은 성격을 지닌 사람을 선택한 다음, 자기암시의 도움을 받아 이런 자질을 닮도록 노력한다. 상상 속에서 회의 테이블을 만들고, 닮고 싶은 인물들을 매일 밤 그 테이블 주위에 앉혀라. 먼저 여러분이 닮고 싶은 각 인물의 자질을 명확하고 간결하게 쓴다. 그런 다음 소리 내어 읽으면서 자신이 원하는 자질을 개발하고 있다고 자기암시한다. 이것을 할 때는 눈을 감고 상상의 테이블 주위에 앉아 있는 인물들을 본다.

둘째, 자기 생각을 통제하고 긍정적인 생각으로 마음을 활기차게 유지한다. 여러분이 되고자 하는 사람, 즉 여러분이 이 과정을 통해 의도적으로 만들고 있는 인물의 그림이 여러분의 마음속에 가득하게 한다. 하루에 적어도 열두 번 시간 날 때마다 눈을 감고 상상의 회의 테이블에 앉아 있는 인물들을 생각한다. 그리고 믿음을 가지고 여러분이 선택한 인물들과 실제로 닮아가고 있음을 느낀다.

셋째, 칭찬할 만한 좋은 자질을 갖춘 사람을 매일 적어도 한 명, 가능하면 더 많이 찾아서 칭찬한다. 하지만 이 칭찬이 값싸고 성의 없는 아첨이 되어서는 안 되고 진심이 담겨야 한다는 것을 명심하라. 여러분이 말하는 사람들에게 깊은 인상을 줄 수 있도록 진지하게 칭찬하라. 그런 다음 무슨 일이 일어나는지 지켜보라. 여러분이 칭찬하는 사람들에게 큰 가치가 있는 확실한 혜택을 주게 될 것이다. 그리고 여러분은 다른 사람들에게서 좋은 자질을 찾는 습관을 기르는 방향으로 한 걸음 더 나아가게 될 것이다. 다른 사람들의 좋은 자질을 터놓고 열심히 칭찬하는 이 습관의 지대한 영향은 아무리 강조해도 지나치지 않다. 이 습관은 곧 자존감과 다른 사람들로부터의 감사의 표시로 여러분에게 보답할 것이고, 여러분의 전체 인성을 바꿀 것이기 때문이다. 여기서 다시 끌어당김의 법칙이 등장한다. 여러분이 찬양하는 사람들에게서 보이는 자질을 여러분 안에서 보게 될 것이다. 이 방식을 성공적으로 적용할 확률은 이 방식의 타당성에 대한 여러분의 믿음과 정확히 비례할 것이다.

나는 이 방식이 타당하다고 단순히 믿는 것만이 아니라 타당하다는 것을 안다. 내가 이 방식을 사용해서 성공했고, 다른 사람들에게도 이 방식을 성공적으로 사용하는 방법을 가르쳤기 때문이다. 따라서 나는 여러분도 이 방식을 사용해서 성공할 수 있다고 장담할 수 있다.

여러분은 이 방식의 도움을 받아 아는 모든 사람을 놀라게 할 정도로 매력적인 성격을 빠르게 개발할 수 있다. 이런 성격 개발은 전적으로 여러분 자신에게 달렸다. 따라서 노력하면 엄청난 이익을 얻을 수 있지만, 특권을 행사하지 못하거나 게을리하면 그 책임도 여러분에게 있다. 이제 여러분이 바람직한 자질을 발전시키고 있다는 긍정적인 말을 소리 내서 외쳐야 하는 이유에 주목하기를 바란다. 이 방법에는 다음과 같은 두 가지 바람직한 효과가 있다.

첫째, 여러분이 하는 말 이면의 생각이 여러분의 잠재의식에 스며들게 되면 이 생각은 여기에서 뿌리를 내린다. 이는 성장해서 여러분의 외부적, 육체적 활동의 원동력이 되어 생각을 현실로 바꾸게 된다.

둘째, 대중 연설가의 큰 능력으로 이어지는 '힘 있고 자신감 있게 말하는 능력'을 길러준다. 살면서 어떤 일을 하든지 여러분은 설득력 있게 자기주장을 할 수 있어야 한다. 이는 매력적인 인성을 개발하는 매우 효과적인 방법의 하나이기 때문이다.

말할 때 말에 감정과 느낌을 싣고, 깊고 풍부한 어조를 연습하라. 만약 여러분의 목소리가 높은 편이라면 부드럽고 듣기 좋은 목소리로 낮추는 것이 좋다. 거칠거나 날카로운 목소리로 매력적인 성격을 표현할 수 없다. 목소리가 리드미컬해지고 듣기 좋을 때까지 목소리를 다듬어야 한다.

연설은 인성을 표현하는 주요 방법이다. 따라서 강인하면서도 듣기 좋은 스타일을 훈련하는 것이 유리하다. 내 기억에 매력적인 인성을 지닌 사람 중에 힘 있고 자신감 있게 말하는 능력이 없는 사람은 없다. 오늘날 저명인사를 관찰해 보면 유명할수록 더 힘찬 어조로 말한다는 중요한 사실을 발견하게 될 것이다. 과거의 뛰어난 정치인들을 보면 성공한 인물들은 힘 있고 자신감 있게 말하는 능력으로 주목받은 사람들이라는 것을 알 수 있다. 기업과 산업, 금융 분야에서 가장 두드러진 리더가 유능한 대중 연설가라는 것 또한 중요해 보인다.

사실 힘 있고 자신감 있게 말하는 능력을 개발하지 않고서는 주목할 만한 사업에서 뛰어난 리더가 될 수 없다. 대중 앞에서 연설할 일이 없더라도 이런 능력을 키우면 도움이 될 것이다. 일상적인 대화에서도 설득력 있게 말할 수 있게 되기 때문이다.

매력적인 인성을 만드는 7가지 요소

이제 매력적인 인성 개발에 들어가는 주요 요인을 요약해 보자.

첫째, 다른 사람들에게 관심을 가지고 이들의 좋은 자질을 찾아 칭찬하는 습관을 기른다.

둘째, 일상적인 대화에서나 대중 앞에서 큰 소리로 연설해야 할 때 힘 있고 자신감 있게 말하는 능력을 개발한다.

셋째, 자기 몸매와 하는 일에 어울리는 스타일로 옷을 입는다.

넷째, 이 장에서 설명한 방식에 따라 긍정적인 성격을 개발한다.

다섯째, 악수하는 법을 배워서 이를 통해 따뜻한 느낌과 열정을 표현한다.

여섯째, 먼저 자신이 매력적인 사람이 되기 위해 노력함으로써 다른 사람들을 끌어당긴다.

일곱째, 자신의 유일한 한계는 자신이 자기 마음속에 설정한 것임을 명심한다.

일곱 가지 요점은 매력적인 성격 개발에 들어가는 가장 중요한 요소들을 포함하고 있다. 하지만 이런 성격이 저절로 개발되지 않는다는 것은 말할 필요도 없을 것이다. 여러분이 되고자 하는 사람으로 변모하겠다는 확고한 결심으로 규칙을 잘 따라야 개발할 수 있다.

매력적인 성격 개발에 필요한 일곱 가지 요소 중 두 번째와 네 번째가 여러분이 관심을 둬야 할 가장 중요한 요소라고 생각한다. 여러분이 힘 있고 자신감 있게 자기 생각을 표현하는 법을 배우고, 더 좋은 생각과 감정, 행동을 개발하며 긍정적인 성격을 형성하면 매력적인 성격을 형성하게 될 것이다. 두 가지 요소를 성취하게 되면 여기 요약된 나머지 자질들은 저절로 따라올 것이다.

성격이 긍정적인 사람에게는 사람을 끌어당기는 큰 힘이 있는데 이 힘은 눈에 보이는 원천뿐만 아니라 보이지 않는 원천에서도 나온다. 이런 사람이 말을 주고받을 수 있는 거리에 들어오면 비록 한마디도 하지 않더라도 '내면의 보이지 않는 힘'이 저절로 느껴지게 된다.

떳떳하지 못한 일을 할 때마다, 부정적인 생각을 할 때마다, 그리고 해로운 행동에 탐닉할 때마다 여러분은 자신의 인격을 파괴하게 된다. 다음은 에머슨의 말이다.

"우리 시선과 미소, 인사, 손아귀에는 완전한 고백이 담겨 있다. 사람의 죄는 그를 더럽히고 좋은 인상을 망친다. 사람들은 이유를 모르지만 그를 믿지 않는다. 그의 악행은 눈을 흐리게 하고, 뺨의 색깔을 천하게 하고, 코를 쪼그라들게 하고, 뒤통수는 마치 야수와 같게 만들며 이마에는 '바보'라고 써 있는 것처럼 느끼게 만든다."

이제 매력적인 성격 개발에 들어가는 일곱 가지 요인 중 첫 번째에 주목하기를 바란다. 나는 다른 사람들에게 호감을 주기 위해 노력하는 것이 매우 중요하다는 것을 누누이 강조했다. 하지만 무엇보다도 가장 큰 장점은 이 습관이 제공하는 금전적 또는 물질적 이득이 아니라, 이를 실천하는 모든 사람의 성격에 미치는 미화 효과beautifying effect에 있다.

다른 사람에게 호감을 주는 습관을 길러라. 그러면 물질적으로나 정신적으로나 이익을 얻을 수 있다. 사람은 자기가 다른 사람들을 행복하게 하고 있다는 것을 알 때만큼 행복할 때가 없기 때문이다. 적대적인 태도를 버리고 사람들을 도발해서 쓸데없는 논쟁에 말려드는 일이 없도록 하라. 거무칙칙한 색안경을 끼고 인생을 비관적으로 보지 말고 빛나는 우정의 햇빛을 보라. 파괴의 망치를 버리고 남을 헐뜯는 일을 그만둬라. 인생의 큰 상은 파괴자가 아니라 건설자에게 돌아간다.

집을 짓는 사람은 예술가, 집을 허무는 사람은 고물상이다. 만약 여러분이 불만에 가득찬 사람이라면 세상은 여러분의 독설에 찬 '헛소리'를 듣고 다시는 여러분을 보려 하지 않을 것이다. 하지만 여러분이 우호적이고 낙관적인 메시지를 전하는 사람이라면 세상은 여러분의 말에 기꺼이 귀 기울일 것이다. **불만에 찬 사람은 매력적인 사람이 될 수 없다.** 사람들에게 호감을 주는 기술, 이 단순한 특성 하나가 성공적인 판매 기술의 근간이다.

나는 내 차고에서 두 블록 이내에 있는 주유소를 두고 8킬로미터나 떨어진 도시 외곽으로 차를 몰고 간다. 왜냐하면 이 주유소를 운영하는 사람이 예술가이기 때문이다. 그는 호감을 주는 사람이다. 내가 이 주유소를 찾는 것은 휘발유 가격이 싸서가 아니라, 그의 매력적인 인성이 활력을 북돋아 주는 효과를 즐기기 때문이다.

나는 뉴욕의 50번가와 브로드웨이의 리갈슈스토어Regal Shoe Store에서 신발을 산다. 같은 가격에 다른 좋은 신발을 찾을 수 없어서가 아니라 이 신발 가게의 매니저인 콥Cobb 씨의 인성이 매력적이기 때문이다. 신발을 맞추는 동안 그는 내가 좋아하는 주제에 관해 나와 이야기를 나눈다.

나는 44번가와 5번가에 있는 해리먼내셔널뱅크_{Harriman National Bank}에서 은행 업무를 본다. 사무실과 훨씬 가까운 곳에 다른 좋은 은행이 없어서가 아니라, 이 은행의 창구 직원, 출납원, 은행 보안요원, 은행 점장인 해리먼_{Harriman}, 그리고 내가 만나는 모든 사람이 호감을 주는 사람들이기 때문이다. 내 계좌는 작지만, 이들은 나를 큰 고객처럼 환대해준다.

나는 존 록펠러 2세를 매우 존경한다. 그가 세계에서 가장 부유한 사람의 아들이기 때문이 아니라, 그 역시 호감을 주는 기술을 터득했기 때문이다.

펜실베이니아주의 소도시 랭커스터에는 가빈_{Garvin}이라는 아주 성공한 상인이 살고 있다. 나는 이 상인을 만나기 위해 수백 킬로미터 거리를 여행하곤 했다. 그가 부유한 상인이어서가 아니라 호감을 주는 사람이었기 때문이다. 하지만 나는 그의 물질적 성공이 그가 얻은 이 고귀한 기술과 밀접한 관련이 있다는 것을 의심하지 않는다.

내 조끼 주머니에는 파커_{Parker} 만년필이 있고, 내 아내와 아이들도 같은 브랜드의 만년필을 가지고 있다. 다른 좋은 만년필이 없어서가 아니라 **호감을 주는 그의 습관 때문에 조지 파커에게 끌리게 된 것이다.**

내 아내는《레이디스홈저널》을 구독한다. 비슷한 성격의 다른 좋은 잡지가 없어서가 아니다. 이 잡지의 편집자였던 에드워드 복이 호감을 주는 사람이어서 이 잡지에 관심을 두게 되었기 때문이다.

호감을 주는 기술을 터득하기 위해 시간과 노력을 들이지 않고도 무자비하고 은밀한 방법으로 잠시 성공할 수도 있고, 물리적인 힘과 빈틈없는 전략으로 여러분이 필요한 것보다 더 많은 세속적인 부를 얻을 수 있다. 하지만 머지않아 인생에서 회한의 고통과 꽉 찬 지갑의 공허함을 느낄 시점에 이르게 될 것이다.

무지개의 끝을 찾아 헤매는 순례자들이여, 장작 패고 물 긷는 사람들이여, 잠깐 길을 멈추고 성공한 사람들로부터 교훈을 배워라. 이들은 사람들에게 호감을 주는 기술을 습득했기 때문에 성공한 것이다.

THE LAW OF
SUCCESS

10

정확한 사고

ACCURATE THOUGHT

" 할 수 있다고 믿으면 "
할 수 있다

듣지 말고 사고하라

이 장에서 다룰 주제는 성공의 법칙 전체에서 가장 중요하고, 가장 흥미롭고, 가장 설명하기 어려운 주제다. 가장 중요한 이유는 전체 강좌를 관통하는 원칙을 다루기 때문이며 흥미로운 것도 같은 이유에서다. 설명하기 어려운 이유는 내용이 일반 독자들의 공통된 경험의 경계를 넘어서는 익숙하지 않은 사고의 영역에 관한 것이기 때문이다. 이 장을 열린 마음으로 공부하지 않으면 가장 중요한 핵심을 놓치게 되고, 따라서 절대 성공의 신전Temple of Success을 완성할 수 없다.

이 장을 읽고 나면 여러분이 과거 진화 과정에서 올라간 수준보다 훨씬 더 높은 수준으로 올라갈 수 있는 사고 개념을 파악하게 될 것이다. 그러므로 처음 읽었을 때 다 이해하지 못하더라도 실망하지 말아야 한다. 대부분의 사람은 이해할 수 없는 것을 믿지 않는다. 사람들의 이런 경향을 알기에 나는 여러분이 처음 읽었을 때 이 장의 내용을 모두 이해하지 못하더라도 마음을 닫아버리지 않기를 당부한다.

수천 년 동안 사람들은 나무 이외의 재료로 배를 만들 생각을 하지 못했다. 나무가 유일하게 물에 뜨는 물질이라고 믿었기 때문에 나무를 사용했다. 이는 강철이 물에 뜨고 배를 건조하는 데 나무보다 훨씬 우수하다는 진리를 이해할 수 있을 만큼 사고 과정이 충분히 발전하지 않았기 때문이다. 이들은 같은 부피의 물보다 더 가벼운 물질은 모두 물에 뜬다는 사실을 몰랐고, 이 위대한 진실을 알기 전까지 계속 나무로 배를 만들었다.

약 25년 전까지만 해도 대부분 사람은 오직 새들만 날 수 있다고 생각했다. 하지만 이제 우리는 인간이 새들의 비행에 필적할 수 있을 뿐만 아니라 능가할 수 있다는 것을 알고 있다.

사람들은 꽤 최근까지 허공으로 알려진 거대한 열린 공간이 지구상의 어떤 곳보다 더 활기 넘치고 더 민감하다는 것을 알지 못했다. 그들은 사람의 전화선이 없어도 음성이 빛의 속도로 에테르를 통과한다는 사실을 알지 못했다. 그들의 마음이 그것을 이해할 수 있을 만큼 충분히 열리지 않았는데 어떻게 알 수 있었겠는가? 따라서 이 장의 목적은 여러분이 정확하게 생각할 수 있도록 마음을 열고 확장하는 것을 돕는 데 있다. 왜냐하면 여러분의 마음이 열리면 성공의 신전을 완성하는 데 필요한 힘으로 이어지는 문이 열릴 것이기 때문이다.

이전 장들에서 우리는 누구나 쉽게 이해하고 적용할 수 있는 원칙을 다루었다. 또한 이런 원칙이 물질적 부로 측정되는 성공으로 이어진다고 설명했다. 대부분의 사람에게 성공이란 금전적 성공을 뜻하기 때문이다. 이전 장들은 분명히 세속적이고 물질적인 부를 성공의 전부로 보는 사람들을 위한 것이었다. 나는 이 문제를 다른 방식으로 설명한다면, 예를 들어 사업이나 금융, 산업 이외의 것으로 성공에 이르는 길을 얘기하면 대다수의 독자가 실망할 것임을 알았기 때문이다.

좋다. 이런 물질적인 성공 기준에 만족하는 사람들은 그것으로 만족할 것이다. 하지만 물질적 기준 이외의 방법으로 측정되는 성공을 찾아 더 높은 경지에 도달하기를 원하는 사람들도 있을 것이다. 특히 이 장, 그리고 이후의 장들은 이런 사람들을 위한 것이다.

정확한 사고를 하는 법

정확한 사고를 하기 위해서는 지켜야 할 두 가지 기본 원칙이 있다. 첫째, 사실과 단순한 정보를 구분해야 한다. 사실에 근거하지 않은 정보가 많기 때문이다. 둘째, 사실을 두 부류로 분류해야 한다. 중요한 사실과 중요하지 않은 사실, 또는 관련성이 있는 것과 없는 것으로 분리해야 한다. 이렇게 해야만 분명하게 생각할 수 있다.

분명한 핵심 목표를 달성하는 데 사용할 수 있는 사실은 모두 중요하고 관련이 있으며, 사용할 수 없는 사실은 모두 중요하지 않고 무관하다. 능력이 비슷하고 같은 기회가 있는 것으로 보이는 사람들 간에 매우 큰 차이가 나는 것은 이런 구분을 소홀히 하기 때문이다. 멀리 갈 것도 없이 여러분이 아는 사람 가운데서도 여러분보다 더 큰 기회가 없었고, 여러분보다 능력이 뛰어나지 않거나 어쩌면 더 못한 것처럼 보이지만 훨씬 더 큰 성공을 거두고 있는 사람이 한 명 이상은 있을 것이다.

그렇다면 여러분은 그 이유가 궁금할 것이다. 부지런히 찾아보면 이런 사람은 모두 자기 일에 영향을 미치는 중요한 사실들을 결합하고 사용하는 습관을 갖게 되었음을 알게 될 것이다. 여러분보다 더 열심히 일하기는커녕 아마도 더 적게, 그리고 더 쉽게 일하고 있을 것이다. 이들은 중요한 사실과 중요하지 않은 사실을 구분하는 비결을 배웠으므로 온몸을 실어도 꼼짝도 할 수 없는 무게를 손가락만으로 움직일 수 있는 지렛대를 가진 것과 같다. 성공의 신전을 짓는 데 필요한 중요한 사실들에 주의를 기울이는 습관을 형성한 사람은 다른 사람이 못 박는 망치를 사용할 때 기계 해머를 사용하는 것으로 비유할 수 있다. 만약 이런 비유가 유치해 보이는 사람이 있다면 아직 더 복잡한 용어를 사용해서 생각할 수 있는 능력을 개발하지 못한 독자들도 있다는 사실을 명심해야 한다.

사실과 단순한 정보를 구별하는 것의 중요성을 이해하려면 자신이 듣는 것에 전적으로 이끌리는 사람들, 모든 바람처럼 떠도는 소문에 영향을 받는 사람들, 신문에서 읽는 모든 내용을 비판 없이 받아들이고 적과 경쟁자들이 말하는 것에 따라 판단하는 사람들을 연구해라.

여러분 지인 중에서 이런 유형의 사람을 한 사람 표본으로 골라 우리가 이 주제에 관해 이야기하는 동안 염두에 두도록 하라. 이런 사람은 보통 "신문에서 읽었는데……"라든가 "누가 그러는데……"와 같은 말로 대화를 시작한다. 정확한 사고를 하는 사람은 신문 보도가 항상 정확하지는 않다는 것을 알고, '누가 하는 말'이 대개 진실보다 거짓

일 때가 많다는 것을 안다. 만약 여러분이 이런 단계를 넘어서지 못했다면 정확한 사고를 하는 사람이 되기까지는 아직 갈 길이 멀다. 물론, 소문과 신문 보도에는 진실과 사실도 많다. 하지만 정확한 사고를 하는 사람은 보고 듣는 것을 모두 곧이곧대로 받아들이지 않는다. 이것이 내가 강조하고 싶은 점이다. 이런 근거 없는 사실은 수많은 사람이 잘못된 결론의 심연에 빠져 헤어나오지 못하게 하는 암초와 같은 것이기 때문이다.

소송 절차에는 증거법Law of Evidence이라는 원칙이 있다. 이 법의 목적은 사실을 파악하는 데 있다. 판사가 사실에 기반을 두고 재판한다면 모든 관계자에게 정의를 구현할 수 있다. 하지만 만약 그가 증거법을 무시하고 소문에 근거한 결론이나 판결에 도달한다면 무고한 사람들을 혼란스럽게 할 수 있다. 증거법은 그것이 적용되는 주제와 상황에 따라 다르게 적용된다. 하지만 만약 여러분이 아는 사실이 없다면, 다른 사람들에게 어떤 피해도 주지 않고 여러분의 이익을 증진하는 증거만이 사실에 기반을 둔 것이라는 가설을 근거로 판단한다면 크게 틀리지 않을 것이다.

이것은 이 장에서 매우 중요한 포인트이다. 절대 가볍게 넘기지 않기를 바란다. 많은 사람이 알게 모르게 편의성을 사실로 착각한다. 자기 행동이 다른 사람들의 권리를 침해하는지에 관한 고려 없이 자기 이익을 증진한다는 단 한 가지 이유로 어떤 일을 하거나, 하지 않는 경우가 허다하다. 유감스럽지만, 오늘날의 생각은 정확하기는커녕 대부분 편의성에만 기반을 두고 있다. 많은 사람이 자신들에게 이익이 될 때는 정직하지만, 부정직한 과정이 더 이익이 되거나 유리해 보일 때는 자신들의 행동을 정당화하기 위해 무수한 거짓 증거를 찾아낸다. 아마 여러분은 이런 사람을 알 것이다.

정확한 사고를 하는 사람들은 자기 행동의 지침이 되는 기준을 채택하고, 그것이 자신에게 유리하든 불리하든 항상 그 기준을 따른다. 또 자기 이익에 어떤 영향을 미치든 간에 사실만을 다룬다. 이 정책이 궁극적으로 자기 인생의 분명한 핵심 목표를 완전히 장악하게 하고 자신을 정상에 올려놓으리라는 것을 알기 때문이다. 이런 사람들은 고대 리디아 최후의 왕이자 철학자 크로이소스Croesus의 다음과 같은 말에 담긴 철학의 타당성을 안다.

"돌고 도는 인간사의 수레바퀴가 있다. 이 메커니즘에서는 어떤 사람도 항상 운이 좋을 수 없다."

정확한 사고를 하는 사람은 다른 사람들과의 교류에서 자신을 규율하는 단 하나의 기준을 정하고 그 기준이 자신에게 유리할 때나 일시적으로 불리할 때나 충실하게 지킨다. 이런 사람은 정확한 사고를 하므로 평균의 법칙Law of Averages에 따라 미래 어느 시점에는 자기 기준을 지킴으로써 일시적으로 잃어버린 것 이상을 되찾게 되리라는 것을 알고 있다. 따라서 정확한 사고를 하기 위해서는 확고부동한 성격이 필요하다. 정확한 사고에는 어느 정도의 일시적 불이익이 따른다. 이 사실을 부정할 수는 없지만, 전체적으로 이에 대한 보상이 워낙 커서 이런 불이익을 기꺼이 감수할 수 있는 것도 사실이다.

사실을 찾을 때는 종종 단일 지식 원천과 다른 사람들의 경험을 통해 수집해야 한다. 그런 다음 제출된 증거와 증거의 출처가 되는 사람을 모두 주의 깊게 조사할 필요가 있다. 그리고 증거의 성질이 증인의 이익에 영향을 미칠 수 있는 경우에는 그 증거를 더욱 주의 깊게 조사해야 한다. 자기가 제출하는 증거에 이해관계가 있는 증인은 종종 그 이해관계를 보호하기 위해 증거를 각색하거나 왜곡하려는 유혹에 빠지기 때문이다.

다른 사람을 비방하는 말은 조심스럽게 받아들여야 한다. 자기가 좋아하지 않는 사람들의 단점만 발견하는 것이 인지상정이기 때문이다. 자기 적의 결점을 과장하지 않고 그 미덕을 과소평가하지 않고 말할 수 있는 정확한 사고의 경지에 도달한 사람은 드물다. 일부 매우 유능한 사람들도 자신들의 적이나 경쟁자를 경시하는 천박하고 자멸적인 습관에서 아직 벗어나지 못했다. 나는 여러분이 이 공통된 경향에 주목하기를 누누이 강조하고 싶다. 이런 습관은 정확한 사고에 매우 치명적이기 때문이다.

정확한 사고를 하기 위해서는 어떤 사람이 어느 분야에서 지도력을 발휘하기 시작하면 그 사람을 비방하는 자들이 그 사람의 성격에 관한 교묘한 소문을 퍼뜨리기 시작한다는 사실을 이해하고 고려해야 한다. 아무리 훌륭한 인격을 지닌 사람이라도, 그리고 세상에 어떤 좋은 일을 하는 사람이라도 건설 대신 파괴를 즐기는 잘못된 인간들의 관심을 피할 수 없다. 링컨 대통령의 정적들은 그가 흑인 여성과 산다는 소문을 퍼뜨렸다. 조지 워싱턴 대통령의 정적들도 그와 관련된 비슷한 소문을 유포했다. 이런 소문을 퍼뜨린 사람들은 링컨과 워싱턴 둘 다 남부 사람이므로 이런 소문이 이들의 품위를 확실하게 떨어뜨릴 것이라고 여겼다.

하지만 이런 인간의 타고난 비방 본성의 증거를 찾기 위해 미국의 초대 대통령까지 거슬러 올라갈 필요는 없다. 이들은 한 걸음 더 나아가 하딩 대통령의 핏줄에 흑인의 피가 흐르고 있다는 소문을 유포했기 때문이다.

우드로 윌슨 대통령이 전쟁을 없애고 국제 분쟁을 해결하기 위한 건전한 계획을 가지고 파리 평화회의에서 돌아왔을 때, 반대파가 퍼뜨린 유언비어의 영향으로 정확한 사고를 하는 사람들을 제외한 모든 사람이 그가 네로Nero 와 가롯 유다Judas Iscariot를 섞어 놓은 사람이라고 믿게 되었을지도 모른다. 그릇이 작고 천박한 정치인들과 자기 주관이 없는 무식한 사람들이 모두 **세계 역사상 유일하게 전쟁 폐지 계획을 제안한 사람을 파괴하기 위해 입을 모았다.** 중상모략가들은 악랄한 거짓말로 하딩과 윌슨 두 대통령을 살해했다. 이들은 링컨 대통령에게도 같은 짓을 했다. 광신도를 선동해서 총알로 그의 죽음을 재촉하게 하는 약간 더 극적인 방식이었다.

유언비어를 경계해야 하는 분야는 정치뿐만이 아니다. 누군가 산업이나 사업 분야에서 인정받기 시작하면 이런 유언비어는 활발해진다. 만약 어떤 사람이 이웃보다 더 나은 장치를 발명하면 세상 사람들이 그의 문전으로 쇄도할 것이 틀림없다. 그리고 이들 중에는 칭찬하기 위해서가 아니라 그의 명성을 비난하고 파괴하기 위해 오는 사람들도 있을 것이다. 존 패터슨 전 내셔널캐시레지스터컴퍼니 사장은 이웃보다 더 나은 금전등록기를 만드는 사람에게 무슨 일이 일어날지 보여주는 유명한 사례다. 하지만 정확하게 사고하는 사람의 마음속에는 패터슨 사장의 경쟁자들이 그에 대해 퍼뜨린 악랄한 소문을 뒷받침할 증거가 단 하나도 없다.

후손들이 월슨과 하딩 대통령을 어떻게 평가할지 알려면 후손들이 링컨과 워싱턴 대통령의 이름을 어떻게 영원히 기리는지를 보면 된다. 진실만이 오래 남는다. 다른 모든 것은 시간과 함께 사라진다.

이런 말을 하는 목적은 특별히 칭송하지 않아도 되는 사람들을 새삼스럽게 칭송하려는 것이 아니다. '유언비어 통신'에 따른 증거는 항상 철저하게 검토해야 하며, 그것이 부정적이거나 파괴적인 성격일 때는 더욱더 그래야 한다는 것을 보여주기 위한 것이다. 건설적인 전문傳聞 증거를 받아들인다고 해서 해가 되지는 않을 것이다. 하지만 부정적이거나 파괴적인 전문 증거는 적용할 수 있는 증거법에 따라 최대한 철저하게 검증해야 한다.

정확한 사고를 하기 위해서는 사실을 알아내기 위해 특별히 노력해야 하지만 사실을 이용하는 것은 여러분의 특권이자 의무다. 들리는 모든 정보에 이리저리 흔들리면 정확한 사고를 할 수 없다. 정확한 사고를 할 수 없으면 인생의 목표 달성을 확신할 수 없다.

많은 사람이 편견과 증오에 눈이 멀어 자기의 적이나 경쟁자의 미덕을 과소평가했기 때문에 실패했다. 정확한 사고를 하는 사람의 눈은 편견과 증오, 질투의 망상이 아니라 사실을 직시한다. 정확한 사고를 하는 사람은 훌륭한 스포츠맨임이 틀림없다. 그는 적어도 자신과 다른 사람의 결점뿐만 아니라 미덕을 찾는 데 공정하다. 모든 사람에게 이런 자질이 있다는 가정에 근거가 없는 것은 아니기 때문이다.

"나는 내가 다른 사람을 속일 수 있으리라 생각하지 않는다. 나는 나 자신을 속일 수 없다는 것을 안다."

이것이 정확한 사고를 하는 사람의 좌우명이다.

어떤 일을 하든 누구든지 다른 사람에게
도움을 주려는 진정한 소망과 위대한 정신을 가져라.
그러면 평범한 일을 하면서도 위대해질 수 있다.

사실을 적극적으로 이용하라

지금까지 설명으로 상당한 확신이 들 때까지 사실을 찾는 것의 중요성이 여러분의 마음속에 충분히 각인되었을 것으로 생각한다. 이제부터는 이런 사실들을 정리하고 분류하고 사용하는 문제를 다룬다.

다시 한번 여러분의 지인 중에 다른 사람들보다 적은 노력으로 더 많은 것을 성취하는 것으로 보이는 사람을 찾아보라. 이 사람을 연구하면 그가 이전 장에서 설명한 수확 체증의 법칙이 자신에게 도움이 되도록 사실을 정리하는 방법을 배운 전략가라는 것을 알 수 있다.

사실을 토대로 일하는 사람은 자기 근거를 확인하기 위해 시간을 끌거나 망설이거나 기다리지 않고 자신감에 차서 일한다. 그는 자기 노력의 결과가 어떻게 될지 미리 알고 있으므로 사실을 토대로 일한다는 확신이 없어서 '어두운 길을 더듬어 가며' 가야 하는 사람보다 더 빨리 움직이고 더 많은 것을 성취한다.

사실을 탐색하는 것을 자기 사고의 바탕으로 삼는 이점을 알게 된 사람은 정확한 사고가 많이 발달한 것이다. 하지만 사실을 중요한 것과 중요하지 않은 것으로 분리하는 방법을 배운 사람은 정확한 사고가 훨씬 더 많이 발달했다고 할 수 있다. 전자는 못 박는 망치를 사용하는 사람에 비유할 수 있다. 후자는 기계 해머를 사용하는 사람에 비유할 수 있으며 전자보다 더 많은 것을 달성할 수 있다.

자기 필생의 일과 관련된 중요하거나 의미 있는 사실들을 다루는 것을 자기 일로 삼은 몇몇 사람을 간단히 분석해 보자. 이 책이 현재 평범한 사람들의 실제적인 필요에 맞춰져 있다는 사실만 아니었다면 우리는 플라톤, 아리스토텔레스, 에픽테토스, 소크라테스, 솔로몬, 모세, 그리스도 등 과거의 위인들이 사실을 다루는 습관에 관심을 기울였을 것이다. 하지만 우리는 우리 세대에 더 가까운 곳에서 우리 목적에 더 도움이 될 예를 찾을 수 있다. 돈을 성공의 가장 구체적인 증거로 여기는 황금만능주의 시대인 만큼 세계 역사상 누구보다 많은 돈을 축적한 사람인 존 록펠러를 연구해 보자.

록펠러에게는 빛나는 별처럼 다른 무엇보다도 눈에 띄는 한 가지 자질이 있었다. 그것은 바로 자기 필생의 일과 관련 있는 사실만을 다루는 습관이다. 젊은 시절 매우 가난했던 록펠러는 큰 부를 축적하는 것을 자신의 분명한 핵심 목표로 정했다. 록펠러의 재산 축적 방법을 사례로 드는 이유는 그의 가장 두드러진 자질이 사실 중시를 자기 사업 철학의 토대로 삼았다는 데 있었기 때문이다. 록펠러가 경쟁자들에게 항상 공정했던 것은 아니라고 말하는 사람들이 있다. 이는 사실일 수도 있고 아닐 수도 있다(정확한 사고를 하는 우리는 이 점에 방해받지 않고 그냥 둘 것이다). 하지만 아무도, 심지어 그의 경쟁자들조차도 록펠러가 '성급한 판단'을 한다거나 그의 경쟁자들의 힘을 과소평가한다고 비난하지 않았다. 그는 언제 어디서나 자기 사업에 영향을 미치는 사실들을 알았을 뿐만 아니라 **사실을 발견했다고 확신할 때까지 사실을 찾는 것을 자기 일로 삼았다.**

토머스 에디슨은 확인된 사실들을 체계화하고 분류, 사용해서 위대해진 사람의 또 다른 예다. 에디슨은 자연법칙을 주요 원칙으로 삼았다. 따라서 그는 자연법칙을 이용하기 전에 자기가 아는 사실을 확신할 수 있어야 했다. 여러분이 전등 스위치를 눌러 전등을 켤 때마다 '이것을 가능하게 한 것은 확인된 사실을 체계화하는 에디슨의 능력이었다'는 사실을 기억하라.

여러분이 축음기를 들을 때마다 사실만을 다루는 끈질긴 습관으로 축음기를 현실로 만든 사람이 에디슨이라는 것을 기억하라. 여러분이 감동적인 영화를 볼 때마다 이것이 중요한 진실을 다루는 에디슨의 습관에서 탄생했다는 것을 기억하라.

과학 분야에서 확실한 사실은 기본이다. 단순한 정보나 불확실한 전문은 에디슨에게 아무런 쓸모가 없었다. 그가 다른 수많은 사람이 하는 것처럼 했다면 그의 인생을 낭비했을지도 모른다. 남에게 들은 사실로는 백열전등이나 축음기, 동영상을 절대 발명할 수 없었을 것이다. 만약 발명할 수 있었다면 그 현상은 '우연'이었을 것이다. 이 장에서 우리는 여러분이 '우연'을 피할 수 있게 한다.

이제 무엇이 중요하고 무엇이 사실인가 하는 의문이 생길 것이다. 이에 대한 답은 전적으로 여러분의 분명한 핵심 목표가 무엇이냐에 달려 있다. 중요하고 확실한 사실이란 여러분이 다른 사람의 권리를 방해하지 않고 그 목표를 달성하는 데 사용할 수 있는 사실이기 때문이다. 다른 모든 사실은 여러분에게 필요 없거나 중요하지 않다.

물론 중요하지 않고 확신 없는 사실들도 중요하고 확실한 사실들을 다룰 때처럼 열심히 정리하고 분류하고 사용할 수도 있다. 하지만 그렇게 많은 것을 성취하지는 못할 것이다.

창의적 사고와 무한 지성

지금까지 우리는 정확한 사고의 한 가지 요소, 즉 연역적 추론에 기초한 것만을 논의해 왔다. 이제부터 할 일은 일부 독자들에게 익숙하지 않을 수 있다. 사실을 모으고 정리하고 종합하는 것 이상의 사고를 논의할 것이기 때문이다.

이를 '창의적인 사고'라고 하자. 이것을 창의적인 사고라고 부르는 이유를 이해하려면 '생각하는 사람thinking man'이 창조된 진화 과정을 간략하게나마 연구할 필요가 있다. 생각하는 사람이 거쳐 온 것으로 생각되는 진화 5단계를 가장 낮은 단계부터 순서대로 추적해 보자.

1. 광물 시대
움직임이 없는 가장 초보적인 형태의 생명체와 움직일 수 없는 광물질이 발견된다.

2. 식물 시대
먹이를 모으고, 자라고, 번식하는 지능을 가진, 그리고 조금 더 활성화된 형태의 생명체가 발견된다. 하지만 여전히 고정된 장소에서 움직일 수 없다.

3. 동물 시대

더 지능이 높고 더 고등한 생명체가 발견된다. 여기저기 옮겨 다니는 능력이 있다.

4. 인류 혹은 생각하는 사람의 시대

최고로 고등한 생명체로 알려진 인간이 발견된다. 인간은 생각할 수 있는데, 사고는 알려진 가장 고등한 체계적 에너지다. 인간의 사고에는 한계가 없으며 인간은 자기 생각을 빛의 속도로 별들에 보낼 수 있다. 인간은 사실을 수집해서 새롭고 다양한 조합으로 조립할 수 있으며 생각을 통해 가설을 만들고 그것을 물리적 현실로 바꿀 수 있다. 인간은 귀납적으로도 연역적으로도 추론할 수 있다.

5. 영적인 시대

이 차원에서는 앞서 언급한 네 시대에 기술된 하등한 생명체의 형태가 수렴해서 사실상 무한하게 된다. 이 시점에서 생각하는 사람은 사고를 펼치고 확장하고 성장해서 무한 지성infinite intelligence으로 자기 사고력을 투영하게 된다. 하지만 생각하는 사람은 다섯 번째 시대에서 갓난아기에 불과하다. 영spirit이라고 불리는 이 무한 지성을 자기 용도로 적절히 사용하는 방법을 배우지 못했기 때문이다. 게다가 일부 예외적인 사람을 제외하고 인간은 아직 사고를 무한 지성의 힘에 다가가는 연결고리로 인식하지 못했다. 예외적인 사람에는 모세, 솔로몬, 그리스도, 플라톤, 아리스토텔레스, 소크라테스, 공자 등이 속한다. 이들이 살던 시대 이후로 이 위대한 진실을 일부 밝혀낸 사람들도 많이 있었다. 하지만 우리가 아는 진리 자체는 그때나 지금이나 변함이 없다.

창의적인 사고를 활용하기 위해서는 신념을 가지기 위해 노력해야 한다. 이것이 대부분의 사람이 창의적인 사고에 빠져들지 못하는 주된 이유다. 아주 무지한 사람들도 순전히 물리적, 물질적 성질의 문제에 관해서는 연역적 추론의 관점에서 생각할 수 있다. 하지만 한 단계 더 올라가 무한 지성의 관점에서 생각하는 것은 별개의 문제다.

보통 사람은 보고, 듣고, 느끼고, 냄새 맡고, 맛보는 오감의 도움을 받아 이해할 수 있는 수준을 넘어서는 순간 혼란스러워서 어쩔 줄을 모른다. 무한 지성은 이런 감각 기관 중 어느 것도 통하지 않아서 오감의 도움을 받을 수 없다. 그렇다면 자연스럽게 '무한 지성의 힘을 어떻게 활용할 수 있을까?'라는 의문이 들 것이다. 이에 대한 답은 '창의적인 사고'에 달려 있다.

창의적인 사고가 정확히 어떻게 진행되는지를 알기 쉽게 설명하기 위해 여러분에게 창의적 사고의 의미를 이해하는 데 도움이 되는 이전 장의 내용을 다시 한번 상기시킨다. 지금까지 여러분은 1장 「분명한 핵심 목표」와 그 뒤에 이어지는 대부분의 장에서 자신에게 하는 암시를 뜻하는 '자기암시'라는 용어가 자주 등장하는 것을 보았다. 우리는 이제 다시 그 용어로 돌아간다. 이를테면 자기암시는 잠재의식 속에 여러분이 창조하거나 얻고자 하는 것의 설명이나 계획을 보내는 통신선에 비유할 수 있기 때문이다. 자기암시를 사용하는 과정은 쉽게 터득할 수 있다.

잠재의식은 의식적인 사고와 무한 지성의 매개체다. 오로지 잠재의식을 매개로 무한 지성의 힘을 빌릴 수 있다. 그리고 원하는 것을 명확하게 지시함으로써 여러분은 분명한 핵심 목표에 다가갈 수 있다. 여러분이 아직 인생의 분명한 핵심 목표를 세우는 중요성을 느끼지 못했다면 이 장이 끝나기 전에 틀림없이 느끼게 될 것이다.

이 주제를 처음 연구할 때를 돌이켜 보면 '잠재의식', '자기암시,' '창의적인 사고'와 같은 용어가 얼마나 이해하기 어려웠는지 잘 알기 때문에, 모든 독자가 빠짐없이 이해할 수 있도록 그 의미와 적용 방법을 명확히 하기 위해 이 책 전반에 걸쳐 가능한 한 많은 비유와 사례를 동원해서 용어들을 설명하려고 노력했다. 이것이 책에서 용어를 반복하여 설명하는 이유다. 이미 발전한 독자들에게는 양해를 구한다.

잠재의식에는 주목해야 할 두드러진 특성이 있다. **잠재의식은 여러분이 자기암시를 통해 보내는 암시를 기록하고, 이것을 자연스럽게 현실(물리적 형태)로 바꿀 때 무한 지성의 도움을 청한다.** 앞 문장의 의미를 정확하게 이해하는 것이 대단히 중요하다. 이를 이해하지 못하면 성공의 법칙의 토대가 되는 무한 지성 원칙의 중요성을 이해하는 데도 실패할 가능성이 크기 때문이다. 무한 지성의 법칙은 서론에서 설명한 '마스터 마인드' 법칙의 힘을 빌려 다가갈 수 있고 자유자재로 사용할 수 있다. 앞 단락 전체를 세심하고 사려 깊게 심사숙고하며 공부하기를 바란다.

잠재의식에는 또 다른 두드러진 특성이 있다. 잠재의식은 들어오는 모든 암시를 받아들이고 그에 따라 행동한다. 그 암시가 건설적이든 파괴적이든, 외부에서 오든, 여러분 내부 의식에서 오든 가리지 않는다. 그러므로 자기암시를 통해 잠재의식에 전달할 것을 선택할 때는 증거법을 준수하고 이 장의 첫머리에 명시된 원칙을 주의 깊게 따르는 것이 매우 중요하다. 또한 사실을 부지런히 찾아야 하고, 추문을 퍼뜨리는 사람들에게 귀 기울여서는 안 된다. 이는 잠재의식에 독이 되는 음식을 먹여 창조적인 사고를 파괴하는 것과 같기 때문이다.

잠재의식은 카메라 앞에 놓인 물체의 이미지가 기록되는 카메라의 감광판에 비유할 수 있다. 카메라의 감광판은 기록할 이미지를 가리지 않고 렌즈를 통해 도달하는 모든 이미지를 기록한다. 의식은 작업자가 원하는 이미지 외에는 어떤 것도 감광판에 도달하지 못하게 빛을 차단하는 셔터에 비유할 수 있다. 카메라 렌즈는 자기암시에 비유할 수 있다. 기록될 물체의 이미지를 감광판에 전달하는 매개체이기 때문이다. 그리고 무한 지성은 감광판에 기록된 이미지를 현상해서 사진이라는 물리적인 현실로 바꾸는 사람에 비유할 수 있다.

카메라로 사진을 찍는 과정은 창의적인 사고의 전체 과정을 설명해 주는 훌륭한 도구가 되기도 한다. 먼저 카메라 앞에 노출할 물체를 선택하는 것은 인생의 분명한 핵심 목표를 설정하는 것과 같다. 다음 작업은 자기암시라는 렌즈를 통해 잠재의식의 감광판에 분명한 핵심 목표의 명확한 개요를 기록하는 것이다. 여기서 무한 지성이 등장해서 목표의 개요를 목표의 본질에 적합한 물리적 형태로 발전시킨다.

여러분이 맡아야 할 역할은 분명하다. 먼저 기록할 이미지(분명한 핵심 목표)를 정한다. 그리고 이 목표를 의식적으로 확고하게 마음에 새겨서 자기암시를 통해 잠재의식에 전달되어 기록되게 한다. 그런 다음

이미지의 대상이 물리적으로 실현되기를 기대하며 기다린다.

마냥 앉아서 기다리거나 자고 일어나면 무한 지성이 여러분의 목표를 이루어 주겠거니 기대하면서 잠들어서는 안 된다는 것을 명심해야 한다. 여러분은 평상시대로 8장 「보수 이상의 일을 하는 습관」에 명시된 지침에 따라 일상 업무를 수행하며 앞으로 나아가야 한다. **자연스러운 방법과 수단으로 여러분의 분명한 목표를 달성하기 위해 노력하면 언젠가는 길이 열릴 것이라고 믿고 확신해야 한다.**

물론 그 길은 처음부터 마지막 단계까지 갑자기 한 번에 열리지 않을 수 있다. 하지만 한 번에 한 단계씩 열릴 수는 있다. 그러므로 여러분의 목표를 달성하기 위한 첫발을 내디딜 기회가 왔다고 생각되면 주저 없이 실행에 옮기고, 두 번째, 세 번째, 그리고 그 이후의 모든 단계에서도 똑같이 하라.

> 당신의 비전과 꿈을 영혼의 자식들처럼
> 소중히 여겨라. 이는 당신의 궁극적인
> 성취의 청사진이기 때문이다.

무한 지성에 다가가는 사람들

무한 지성이 여러분이 들어가 살 집을 지어서 갖다 바치지는 않는다. 하지만 집을 지을 수 있는 길을 열어주고 필요한 수단을 제공할 것이다. 무한 지성이 현재 백악관 주인을 쫓아내고 여러분을 그 대신에 대통령 자리에 앉히지 않는다. 하지만 무한 지성이 여러분에게 영향을 미처 적절한 상황에서 대통령이 될 자질을 갖추게 하고 정해진 절차를 통해 대통령이 되도록 할 가능성은 크다.

분명한 핵심 목표를 달성하는 데 기적을 바라지 마라. 정상적인 경로를 통해 자연법칙의 도움을 받고, 그 목표를 달성하게 여러분을 인도하는 무한 지성의 힘을 믿어라. 무한 지성이 여러분의 분명한 핵심 목표를 이루어 주기를 기대하지 말고, 그 목표를 향하게 인도해 줄 것을 기대하라.

무한 지성이 여러분을 위해 빠르게 움직여줄 것으로 기대하지 마라. 하지만 여러분이 자기암시의 원칙을 사용하는 데 더 능숙해지고 이를 빠르게 실현하게 도와주는 믿음이 생기면 여러분은 분명한 핵심 목표를 세우고 이 목표가 물리적 현실로 즉시 바뀌는 것을 볼 수 있다. 여러분이 태어나서 처음 걸음마를 시도했을 때는 걷지 못했지만, 이제는 걷는 데 능숙한 어른이 되어 힘들이지 않고 걷는다. 여러분은 또한 비틀거리며 걸어 다니는 아이의 모습을 내려다보면서 아이의 노력이 기특해서 웃는다. 창의적 사고를 이제 막 접하게 된 여러분은 걸음마를 배우는 어린아이와 같다.

항상 진화의 원리를 명심하라. 이 진화의 원리를 통해 모든 사물은 영원히 향상을 도모하고 유한 지성과 무한 지성 사이의 순환을 완성하려고 노력한다.

인간은 진화 원리가 작용한 가장 차원이 높고 괄목할 만한 사례다. 맨 처음에는 지구 광물 속에서 생명은 있지만, 지성은 없는 그를 발견했다. 다음으로 우리는 식물의 성장(진화)을 통해 스스로 자양분을 섭취하는 지능을 가진 훨씬 더 고등한 형태의 생명체로 자라난 그를 발견했다. 다음으로 동물 시대에 비교적 지능이 높고 여기저기 돌아다닐 수 있는 그를 발견했다. 마지막으로 우리는 무한 지성을 활용할 수 있는 생각하는 실체로서 동물 왕국의 정점에 오른 그를 발견했다. 그가 한 번에 이 높은 지위에 도달한 것은 아니다. 그는 한 걸음 한 걸음 올라갔으며, 아마도 수많은 환생을 거쳤을 것이다.

이 점을 명심하라. 그러면 인간이 스스로 유한 지성보다 높은 지식과 힘을 사용할 준비가 될 때까지는 무한 지성이 자연법칙을 피해서 인간을 모든 지식과 모든 힘의 보고로 만들 수 없는 이유를 이해하게 될 것이다.

갑자기 권력을 장악하게 된 사람에게 일어날 수 있는 일을 보여주는 사례를 원한다면 신흥부유층이나 재산을 물려받은 사람들을 연구해 보라. 존 록펠러의 돈은 안전한 사람의 손에 맡겨져 있을 뿐만 아니라 무지와 전염병을 퇴치하는 등 일반인들은 모르는 수천 가지 방법으로 전 세계 인류를 위해 봉사하는 데 쓰이고 있다. 하지만 존 록펠러의 재산을 아직 고등학교도 마치지 않은 어떤 젊은이의 손에 맡긴다면 어떻게 될까? 자세한 결말은 여러분의 상상력과 인간 본성에 관한 지식에 맡기겠다. 이 주제에 관해서는 13장 「실패에서 배우는 태도」에서 더 자세하게 다루기로 한다.

만약 여러분이 농사를 지어본 적이 있다면 땅에서 작물을 재배하기 위해서는 어떤 준비가 필요한지 알 것이다. 알다시피 곡식은 숲에서 자라지 않는다. 곡식은 햇빛과 비가 있어야 자랄 수 있다. 또 농부가 땅을 갈고 곡식을 심어야 한다. 농부는 이 모든 일을 마치고 자연의 섭리를 기다린다. 그리고 자연은 적절한 시기가 되면 할 일을 한다. 즉,

자연은 인간이 심은 대로 거두게 한다.

이는 사람이 분명한 핵심 목표를 달성하는 방법을 보여주는 완벽한 비유다. 맨 먼저 씨앗을 심을 토양을 준비한다. 이는 믿음과 무한 지성, 그리고 분명한 목표라는 씨앗을 심을 자기암시와 잠재의식에 대한 이해를 나타낸다. 그런 다음 목표 실현을 위해 노력하고 기다리는 기간이 온다. 이 기간에 햇빛과 비의 역할을 하는 지속적이고 강화된 믿음이 있어야 하며, 이런 믿음이 없으면 씨앗은 땅속에서 시들어 죽고 만다. 그런 다음 목표를 실현하는 수확의 계절이 찾아온다.

한 번 읽어서는 이해되지 않는 부분이 많으리라는 것을 잘 안다. 하지만 구구단 외우기가 그랬던 것처럼 내가 설명하는 원칙들이 차츰 익숙해질 것이다. 더 중요한 것은 이런 원칙들이 구구단 원리와 마찬가지로 변함없이 확실하게 작동한다는 것이다. 독자들이 해야 할 일은 이 지침의 타당성을 믿고 따르는 것뿐이다. 하지만 독자들이 믿지 않으면 이 책 자체가 무용지물이 된다. 여러분은 이 장에서 다루는 네 가지 요소(자기암시, 잠재의식, 창조적인 사고, 무한 지성)에 익숙해져야 한다.

네 가지는 여러분이 지식을 얻기 위해 걸어가야 하는 길이다. 이 중 세 가지 길은 여러분이 통제할 수 있다. 또한, 세 가지 길을 가로지르는 방식에 따라 네 번째 길, 즉 무한 지성으로 수렴되는 시간과 장소가 달라진다.

앞에서 사용했던 비유를 들어 다시 한번 설명한다. 여러분의 잠재의식은 분명한 핵심 목표라는 씨앗을 뿌리는 밭이나 토양이다. 창의적인 사고는 그 흙을 비옥하게 하고 그 씨앗이 자라서 열매를 맺게 하는 도구다. 여러분의 마음을 증오와 질투, 이기심, 탐욕으로 가득 채운다면 잠재의식은 분명한 핵심 목표라는 씨앗을 싹틔우지 않을 것이며 무한 지성은 그 목표를 물리적 현실로 바꾸어 놓지도 않을 것이다. 이런 부정적이거나 파괴적인 생각들은 분명한 목표의 씨앗을 질식시킬 잡초들이다.

창의적인 사고는 여러분의 마음이 여러분의 분명한 주요 핵심 달성에 대한 기대에 차 있으며, 적절한 때에 적절한 절차를 통해 그 목표가 달성될 것으로 확신하고 완전히 믿는다는 것을 전제한다. 만약 이 장을 쓴 의도대로 여러분이 움직인다면 2장 「자기 확신」에 대한 더 충실하고 더 깊은 깨달음을 얻을 수 있을 것이다. 잠재의식의 비옥한 토양에 소망의 씨앗을 심고, 그 씨앗이 생명과 행동으로 싹틀 때까지 비료를 주고 가꾸는 방법을 배우기 시작하면 여러분은 정말로 자기 자신을 믿을 이유가 생기게 될 것이다.

그리고 진화 과정에서 이 지점에 이르면 여러분은 자기 힘의 진정한 근원을 분명하게 알게 되고, 여러분이 이전에 자기 확신에 돌렸던 모든 공을 무한 지성에 돌리게 될 것이다.

자기암시의 위대한 성취들

자기암시는 건설적으로 사용하면 위대한 성취의 경지에 도달할 수 있는 강력한 무기다. 하지만 부정적으로 사용하면 성공 가능성을 모두 파괴할 수 있고, 계속 이렇게 사용하면 실제로 건강도 해치게 된다.

뛰어난 의사들과 정신과 의사들의 임상 경험을 세심하게 비교 분석한 결과, 병원을 찾는 환자의 약 75%가 건강염려증을 앓고 있다는 놀라운 사실이 밝혀졌다. 쉬운 말로 표현하면 건강염려증 환자는 자신이 어떤 상상의 질병을 앓고 있다고 믿는 사람이고, 이름을 들어본 적이 있는 모든 질병을 앓고 있다고 믿는 불행한 사람도 있다.

건강염려증은 일반적으로 자가 중독 혹은 노폐물을 배출하지 못하는 장 기능 장애로 인한 중독에 의해 유발된다. 이런 중독 상태로 고통받는 사람은 정확하게 생각할 수 없을 뿐만 아니라 온갖 비뚤어지고 파괴적인 환상에 시달린다. 건강염려증 환자들의 경우 간단한 장 청소나 제산제 한 병으로 문제를 해결할 수 있는데도 편도선을 제거하거나 이를 뽑거나 맹장을 제거하는 경우가 많다(이 정보를 제공한 내 의사 친구에게 양해를 구한다). 건강염려증은 대부분 정신이상 증세의 시초다.

헨리 로즈Henry Rose 목사는 다음과 같은 자기암시의 영향력을 보여주는 전형적인 사례의 권위자다. 그가 나에게 들려준 이야기를 그대로 여러분에게 전하고자 한다.

암시만으로 병을 극복한 사례

"아내가 죽으면 나는 신의 존재를 믿지 않을 겁니다."

내가 그의 집에 도착했을 때 그는 나에게 이렇게 말했다. 그의 아내는 폐렴을 앓고 있었다. 의사는 그녀가 회복할 수 없다고 말했고 그래서 그는 나를 불렀다(대부분 의사는 환자 앞에서 이런 말을 하지 않는다.) 그녀는 남편과 두 아들을 침대 곁으로 불러서 작별을 고했다. 그러고 나서 그녀는 목사인 나를 불러달라고 했다. 그녀의 남편은 앞방에서 흐느끼고 있었고 아들들은 그녀를 격려하기 위해 애쓰고 있었다. 내가 그녀의 방에 들어갔을 때 그녀는 가쁜 숨을 몰아쉬었고, 숙달된 간호사는 그녀의 상태가 매우 안 좋다고 말했다.

나는 곧 부인이 자기가 세상을 떠난 후 두 아들을 돌봐달라고 나를 불렀다는 사실을 알게 되었다. 그때 나는 그녀에게 이렇게 말했다. "포기하면 안 됩니다. 당신은 죽지 않을 겁니다. 당신은 항상 강하고 건강한 여성이었습니다. 나는 하나님이 당신이 아들들을 나나 다른 사람에게 맡기고 죽기를 바라지 않을 거라고 믿습니다."

나는 그녀와 이런 이야기를 나눈 다음 시편 103편 4절을 읽고 그녀가 천국으로 가기보다는 낫기를 기도했다. 나는 그녀에게 하나님을 믿고 죽는다는 생각을 버리라고 말했다. 그러고 나서 나는 그녀를 떠나며 말했다.

"교회 예배가 끝나면 다시 오겠습니다. 그때는 많이 회복되실 겁니다."

이때가 일요일 아침이었다. 그날 오후에 나는 다시 그 집을 방문했고 그녀의 남편은 웃으며 나를 맞았다. 그는 내가 간 뒤에 그의 아내가 그와 아들들을 방으로 불러 이렇게 말했다고 했다.

"로즈 목사님께서 내가 죽지 않을 거라고 하셨어요. 내가 좋아질 거라고 하셨는데 정말 좋아진 것 같아요."

그녀는 확실히 나아졌다. 하지만 무엇이 그렇게 한 걸까? 두 가지다. 내가 그녀에게 준 암시로 유발된 자기암시와 그녀의 믿음이다. 나는 아슬아슬하게 때를 맞추어 도착했는데, 나에 대한 그녀의 믿음이 너무나 커서 나는 그녀 자신에 대한 믿음을 불러일으킬 수 있었다. 그녀가 자신의 운명을 바꾸고 폐렴을 극복할 수 있었던 것은 바로 그 믿음 덕분이었다. 백약이 무효한 폐렴 사례들이 있다. 슬프게도 이를 인정할 수밖에 없다. 하지만 이 경우처럼 마음을 올바르게 가지면 전세가 역전될 수도 있다.

여기 건설적으로 사용했을 때 인간 정신의 힘을 보여주는 또 다른 주목할 만한 사례가 있다. 한 의사가 H 부인을 만나보라고 했다. 그 부인의 장기에는 아무런 이상이 없지만 아무것도 먹으려고 하지 않는다고 했다. 아무것도 먹을 수 없다고 마음먹은 그녀는 먹는 것을 그만두고 서서히 굶어 죽고 있었다. 그녀를 만나고 나는 우선 그녀가 종교적인 믿음이 없다는 사실을 발견했다. 그녀는 하나님에 대한 믿음을 잃었다. 또한 그녀가 음식을 먹고 소화하는 자기 능력에 자신이 없음을 알았다. 내가 맨 먼저 한 일은 하나님에 대한 믿음을 회복하고 하나님이 그녀와 함께 계시고 그녀에게 힘을 주실 것이라고 믿게 하는 것이었다. 그러고 나서 나는 그녀가 먹고 싶은 것은 무엇이든 먹을 수 있다고 말했다. 사실 나에 대한 그녀의 신뢰가 대단했기 때문에 내 말이 그녀에게 깊은 인상을 주었다. 그녀는 그날부터 먹기 시작했다. 사흘이 지나자 그녀는 몇 주 만에 처음으로 침대에서 나왔다. 오늘날 그녀는 평범하고 건강하고 행복한 여성이 되었다.

무엇이 그녀를 바꿔놓았을까? 앞의 사례에서 설명한 것과 같은 힘이다. 즉, 그녀가 믿음으로 받아들이고 자기암시를 통해 적용한 외부의 암시와 내면의 자기 확신이다.

마음이 아프면 덩달아 몸이 아플 때가 있다. 이럴 때 나갈 방향을 제시하고, 특히 자기 확신과 믿음을 줌으로써 치유할 수 있는 더 강한 마음이 필요하다. 이를 '암시'라고 한다. 이는 여러분의 자신감과 힘을 다른 사람에게 전달하고, 여러분이 원하는 대로 다른 사람이 믿게 하고, 여러분이 원하는 대로 하게 한다. 이는 반드시 최면술일 필요는 없다. 단지 환자가 깨어있고 완전히 이성적이면 훌륭한 결과를 얻을 수 있다. 환자가 여러분을 믿어야 하고 여러분은 인간의 마음 작용을 잘 알고 환자의 주장과 질문에 대응해야 한다. 우리는 모두 이런 치유자가 될 수 있고, 따라서 다른 사람들을 도울 수 있다.

우리는 모두 인간의 정신력에 관한 최고의 책들을 읽고 정신이 사람들의 건강과 행복을 위해 얼마나 놀라운 일을 할 수 있는지 알아야 한다. 우리는 잘못된 생각이 사람들을 완전히 미쳐버리게 하는 끔찍한 일들을 본다. 정신적인 장애뿐만 아니라 신체적인 질병도 치료하기 위해 마음이 할 수 있는 좋은 일을 찾을 때다.

이 문제를 좀 더 깊이 연구해 보자. 나는 마음이 모든 것을 치료할 수 있다고 말하지 않는다. 특정 암이 사고나 믿음 또는 정신적 또는 종교적 과정으로 치유되었다는 믿을 만한 증거는 없다. 암이 완치되려면 처음부터 수술로 치료해야 한다. 다른 방법이 없고, 있다고 하는 것은 사기일 것이다. 하지만 정신이 많은 유형의 인간 질병에 도움이 될 수 있으므로 지금보다 더 자주 의존해야 한다.

이집트 원정 당시 나폴레옹은 흑사병으로 죽어가는 수백 명의 병사 틈으로 들어갔다. 그는 다른 병사들이 두려워하지 않도록 격려하기 위해 한 병사를 만지고 다른 병사를 부축해서 일으켰다. 왜냐하면 이 끔찍한 질병이 무엇보다도 병사들의 상상력으로 인해 더 많이 퍼지는 것처럼 보였기 때문이다. 괴테는 악성 열병이 유행하는 곳에 갔지만 자신의 의지를 내세워서 병에 걸리지 않았다고 말한다. 이런 거인들은 자기암시의 힘을 알고 있었다. 이는 우리가 병에 걸리거나 아플 수 없다고 믿음으로써 우리 자신에게 미치는 영향을 뜻한다. 자기암시나 잠재의식의 작용에는 무언가가 있다. 우리가 병원균을 두려워하지 않겠다고 마음먹을 때 병원균에 굴하지 않고 저항하게 해주며 우리가 환자들, 특히 전염병 환자들 사이를 들락날락할 때도 이런 병원균에 관해 아무런 생각도 하지 않게 해준다.

자기 확신에 상상력을 더하라

'상상력이 고양이를 죽일 수 있다'라는 속담이 있다. 상상력이 확실히 사람도 죽일 수도 있다. 다른 한편으로 상상력을 자기 확신의 토대로 사용하면 놀라운 성취의 경지에 도달할 수도 있다. 사람들이 경정맥을 칼에 베인 것으로 상상해서 사망한 실제 사례가 있다. 얼음이 녹아 떨어지는 물소리를 자신들의 피가 흘러내리는 소리라고 상상한 것이다. 이들은 실험이 시작되기 전에 눈을 가리고 있었다. 아침에 출근할 때 아무리 건강해도 만나는 사람마다 "안색이 너무 안 좋아 보이네요. 병원에 가보세요"라고 말한다면 머지않아 몸이 아프기 시작할 것이고, 이렇게 몇 시간만 계속되면 저녁에 집에 도착할 때쯤이면 정말로 병원에 가야 할 상태가 될 것이다. 이것이 바로 상상력이나 자기암시의 힘이다.

인간의 상상력은 놀라운 정신적 기제다. 하지만 우리가 이를 끊임없이 경계하고 통제하지 않으면 우리에게 이상한 속임수를 쓸 수도 있다. 여러분의 상상력이 '최악을 예상하도록' 내버려 둔다면 큰 낭패를 볼 수 있다. 실제로 젊은 의대생들이 의학 강의를 듣고 교실에서 다양한 질병을 주제로 토론하다가 겁을 먹고 자신이 의학 달력에 있는 모든 질병을 앓고 있다고 믿는 경우가 종종 있다고 한다.

앞서 언급한 바와 같이 건강염려증은 종종 자기 몸 안에서 만들어진 유독성 대사 물질로 인한 중독에 의해 유발될 수 있다. 그리고 이는 잘못된 상상으로 인해 발생할 수도 있다. 다시 말해서 건강염려증은 신체적 근거가 원인일 수도 있지만 전적으로 상상력이 날뛰게 방치한 결과로 발생할 수도 있다. 의사들도 이 점에 대체로 동의한다.

스코필드Schofield 박사는 종양을 앓은 한 여성의 사례를 설명한다. 그녀를 수술대에 눕히고 마취제를 투여했더니 종양이 즉시 사라져서 수술할 필요가 없었다. 하지만 그녀가 의식을 되찾았을 때 종양도 다시 돌아왔다. 의사는 그녀가 진짜 종양을 앓는 친척과 함께 살고 있으며 그녀의 상상력이 너무나 생생해서 자기도 종양을 앓는 것으로 상상했다는 사실을 알게 되었다. 의사는 그녀를 다시 수술대에 눕히고, 마취제를 투여하고, 그녀가 움직이지 못하도록 묶었다. 그녀가 마취에서 깨어났을 때 의사는 그녀에게 수술은 성공적으로 이루어졌지만, 며칠 동안 붕대를 감고 있어야 한다고 했다. 그녀는 의사의 말을 믿었다. 마침내 붕대를 풀었을 때 종양은 다시 돌아오지 않았다. 하지만 실제로 수술은 없었다. 단지 그녀의 잠재의식에서 자신이 종양을 앓고 있다는 생각이 사라졌을 뿐이다. 물론 그녀는 실제로 아픈 적이 없었기 때문에 그녀의 건강 상태는 계속 정상이었다.

우리의 마음은 자기암시를 통해 상상의 병에 걸릴 수 있고 똑같은 방식으로 상상의 질병에서 치유될 수도 있다. 잘못된 상상을 바로잡기에 가장 좋은 시간은 밤에 잠자리에 들기 직전이다. 밤에는 의식의 활동이 둔화하고 잠재의식이 활발해져서 암시를 잘 받아들이기 때문이다. 이는 불가능해 보일 수 있지만 다음 절차를 통해 이 원리를 쉽게 테스트할 수 있다.

여러분은 내일 아침 7시에 일어나기를 원한다. 잠자리에 들기 전에 자신에게 말한다. "나는 반드시 내일 7시에 일어나야 한다." 여러분이 실제로 말한 시각에 정확하게 일어나야 한다는 사실을 마음에 새기면서 이것을 여러 번 반복한다. 여러분이 7시에 깨어날 것이라고 절대적으로 확신하면서 이 생각을 잠재의식에 전달한다. 7시가 되면 잠재의식이 여러분을 깨울 것이다. 이 테스트는 수백 번 성공적으로 이루어졌다. 마치 누군가가 침대로 와서 어깨를 두드리는 것처럼 잠재의식은 여러분이 원하는 어떤 시간에라도 여러분을 깨울 것이다. 하지만 불확실하거나 불분명한 명령을 내려서는 안 된다.

이와 마찬가지로 다른 명령도 잠재의식에 전달할 수 있고, 잠재의식은 정해진 시간에 여러분을 깨우는 것처럼 쉽게 그 명령을 수행할 것이다. 예컨대 매일 밤 잠들기 직전에 잠재의식에 자기 확신과 용기, 주도성 또는 다른 어떤 자질을 개발하라고 명령하면 잠재의식이 여러분의 명령을 따를 것이다.

우리의 포부는 언제나 우리가 실현하는 것보다 크다.
달성하지 못한 목표를 향해 끊임없이 정진하게 하기 때문이다.

정확한 사고와 관련된 원칙들

인간은 화학 물질의 조합으로 그 가치는 약 26달러라고 한다. 물론, 인간 정신이라는 엄청나게 큰 힘은 제외하고 하는 말이다.

전체적으로 인간의 마음은 복잡한 정신적 기제로 보인다. 하지만 실제로 그 사용 방법에 관한 한 마음은 영구 운동에 가장 가까운 것이다. 마음은 우리가 잠들어 있을 때 무의식적으로 작용한다. 우리가 깨어있을 때는 무의식적으로 작용할 때도 있고, 의지에 따라 자발적으로 작용할 때도 있다.

마음은 모든 사고의 원동력이므로 이 장에서 가능한 한 세세한 부분까지 분석할 가치가 있다. 이 장의 유일한 목표인 '정확하게 사고하는 방법'을 배우기 위해서는 다음 사항을 완전히 이해해야 한다.

첫째, 마음은 통제할 수 있고 창의적이고 건설적인 목표를 향하도록 만들 수 있다.

둘째, 마음은 파괴적인 목표를 향할 수 있고, 계획을 세워 신중하게 건설적으로 통제하고 이끌지 않으면 자발적으로 무너질 수 있다.

셋째, 마음은 신체의 모든 세포를 지배한다. 모든 세포가 정상적인 기능을 완벽하게 하도록 하거나 잘못된 명령으로 모든 세포의 정상적인 기능을 파괴할 수도 있다.

넷째, 인간의 모든 성취는 사고의 결과다. 육체의 역할은 부차적이며 마음이 깃드는 장소를 제공하는 것 외에는 중요성이 없다.

다섯째, 문학, 예술, 금융, 산업, 상업, 교통, 종교, 정치 또는 과학적 발견에서 위대한 업적들은 보통 한 사람의 머리에서 잉태된 아이디어의 결과지만 실제로는 다른 사람들이 자신들의 정신과 육체를 함께 사용해서 현실로 바꾼 것이다(이는 아이디어의 구상이 그 아이디어를 더 구체적인 형태로 바꾸는 것보다 더 중요하다는 것을 뜻한다. 왜냐하면 유용한 아이디어를 구상할 수 있는 사람은 상대적으로 적지만, 아이디어를 구상한 후 이를 물질적인 형태로 구체화할 수 있는 사람은 수없이 많기 때문이다).

여섯째, 인간의 마음속에 잉태된 생각은 대부분 정확하지 않으며 '단순한 의견'이나 '성급한 판단'에 더 가깝다.

알렉산더 대왕이 (자기 생각에) 더는 정복할 세계가 없어서 한숨을 내쉬었듯 오늘날 과학, 산업, 발명 등 분야의 '알렉산더'들도 비슷한 심정을 느꼈을 것이다. 현대의 알렉산더들은 '정확한 사고'로 하늘과 바다를 정복했고, 우리가 사는 작은 지구의 거의 모든 땅을 탐험했으며, 몇 세대 전에는 믿기 어려운 기적으로 여겼을 수많은 자연의 비밀을 밝혀냈다.

이 모든 것을 발견하고 단순한 물리적 물질에 관한 지식도 가진 우리가 모든 힘 중 가장 놀라운 힘인 인간의 정신을 무시하고 간과한 것은 이상하지 않은가? 인간의 정신을 연구해 온 모든 과학자는 마치 참나무가 도토리 속에서 잠들어 있는 것처럼 인간의 마음속에 잠재된 이 놀라운 힘에 관한 연구는 아직 수박 겉핥기에도 미치지 못했다는 데 흔쾌히 동의한다. 이 주제에 대해 자신들의 의견을 표명한 사람들은 다음 발견의 큰 주기는 인간 정신의 영역에 있다고 생각한다. 이런 발견의 특성에 관해서는 이 책의 거의 모든 장, 특히 이 장과 이어지는 장들에서 다양한 방식으로 제안한다.

만약 이런 제안들이 독자들을 익숙한 것보다 더 깊은 물속으로 이끄는 것처럼 보인다면 생각과 연구를 통해 더 멀리 갈 준비가 될 때까지 자신이 원하는 깊이에서 잠시 멈출 특권이 있다는 사실을 명심하라. 나는 독자들이 평균적인 인간 사고의 범위보다 적어도 몇 걸음 더 앞서가도록 유도하기 위해 여러분을 이끌어갈 뿐이다. 초보자가 처음부터 모든 내용을 소화하고 활용할 것으로 기대하지 않으며 이 책이 독자들의 마음에 건설적인 사고의 씨앗을 뿌리는 데 그치기만 해도 내가 할 일은 다한 셈이다. 나머지는 시간과 독자 자신의 지식에 대한 열망이 채워줄 것이다.

여기서 여러분에게 솔직하게 말하는 것이 좋을 것 같다. 이 책을 통해 전달된 많은 제안을 정말로 따른다면 일반적으로 사업 철학이라고 불리는 것의 필요 범위를 훨씬 넘어설 수 있다. 달리 말하면, 이 성공 철학은 사업적으로나 재무적으로 성공하기 위한 수단으로 사용할 때 필요한 범위 이상으로 인간 정신이 기능하는 과정에 깊숙이 들어간다. 많은 독자들이 단지 물질적인 성취에 요구되는 것보다 더 깊이 있는 정신력 연구에 들어가기를 원할 것으로 추정되는 바, 이 과정을 구성하고 집필하는 동안 이런 독자들을 염두에 두었다.

우리는 인간의 몸이 단일체가 아니라 수십억 개의 살아있는 지능적인 세포로 구성되어 있다는 것과 이 세포들이 각자 인간의 몸을 만들고 발전시키고 유지하는 매우 확실하고 잘 조직된 작업을 수행한다는 것을 발견했다. 또 인체의 모든 움직임이 의식이나 잠재의식의 통제를 받으며 이 둘 중 한쪽의 명령이 전달될 때까지 근육은 움직일 수 없다는 것을 발견했다.

우리는 이 세포들이 각자의 임무를 수행할 때 잠재의식이나 무의식의 지시를 받는다는 것과 의식이 잠재의식을 통제하고 지시할 수 있다는 사실을 발견했다. 또 우리 마음속의 어떤 발상이나 생각이 반복을 통해 우리 육신이 발상과 생각을 물질적인 등가물로 바꾸도록 지시하는 경향이 있다는 것을 발견했다. 우리는 **자기암시의 법칙을 통해 잠재의식에 제대로 전달된 명령은 다른 더 강력한 명령에 따라 곁길로 새거나 취소되지 않는 한 수행된다는 것을 발견했다.** 그리고 잠재의식이 명령이 나오는 근원이나 받은 명령의 타당성에 의문을 제기하지 않고, 신체 근육 시스템에 받은 모든 명령을 수행하도록 지시한다는 사실도 발견했다. 이는 우리가 암시를 받고, 우리가 암시를 인지하지 못하도록 교묘하고 은밀하게 영향을 받는 환경을 의식적으로 자세히 감시해야 할 필요가 있다는 뜻이다.

이 원리가 완전히 이해될 때 상상력을 통해 창조하는 어떤 발상이나 생각의 강력한 효과를 이해할 수 있다. 우리는 상상력을 통해 이런 생각을 창조하고 잠재의식이 그 생각을 전달받아 물질적 현실로 변형시키는 작업을 시작할 때까지 이 생각을 의식 속에 간직한다. 우리가 어떤 생각이든 먼저 의식에 자리 잡고 잠재의식이 이 생각을 받아 활용할 때까지 의식에 머무는 원리를 이해할 때, 우리는 다음 장에서 다룰 '집중력의 법칙'에 관한 실용적인 지식을 얻게 되고, 더불어 집중력의 법칙이 성공 철학의 일부가 된 필연적 이유를 완전히 이해하게 된다.

상상력과 의식, 잠재의식의 작용 관계를 이해할 때 우리는 어떤 분명한 핵심 목표를 성취하기 위한 첫 번째 단계가 원하는 것을 분명하게 그리는 것임을 알 수 있다. 이 그림은 다음 장에서 설명하는 집중력의 법칙을 통해 의식 속에 자리 잡고, 잠재의식이 이를 받아 궁극적으로 원하는 형태로 바꿀 때까지 의식 속에 머물게 된다.

확실히 이 원칙은 명확해졌다. 나는 이 원칙을 철저히 설명하기 위해서만이 아니라, 이 원칙이 모든 인간의 성취에서 차지하는 역할을 여러분의 마음에 각인시키기 위해서 계속해서 언급하고 반복해 왔다.

핵심 목표를 채택하는 가치

'정확한 사고'에 관한 이 장은 분명한 핵심 목표의 실제 목적을 설명할 뿐만 아니라, 이런 목표나 목적이 실현될 수 있는 원리를 간단한 용어로 설명한다. 먼저 상상력을 통해 우리가 이루기 위해 노력하는 목표를 세운다. 그런 다음 이 목표의 본질을 글로 표현한 개요를 종이에 옮긴다. 이 문장을 매일 봄으로써 목표하는 사상이나 사물이 의식에 새겨지고 이는 다시 잠재의식으로 전달되며, 잠재의식은 결국 이 열망을 신체 에너지가 물질적인 형태로 바꾸도록 지시한다.

열망

강렬하고 뿌리 깊은 열망은 모든 성취의 출발점이다. 전자가 과학자가 식별할 수 있는 물질의 가장 작은 단위인 것처럼 열망은 모든 성취의 씨앗이며 그 뒤에 아무것도 없는 시작점이다.

분명한 핵심 목표는 열망의 다른 이름일 뿐이므로 핵심 목표의 대상에 대한 뿌리 깊은 강한 열망에 기반을 두지 않는 한 무의미하다. 많은 사람이 많은 것을 '소원'한다. 하지만 단순한 소원은 강한 열망과 같은 것이 아니며, 따라서 소원은 더 확실한 열망의 형태로 구체화하지 않는 한 거의 또는 아무런 가치가 없다.

수년간 이 주제를 연구해온 사람들은 우주의 모든 에너지와 물질은 비슷한 성질의 원소와 힘이 특정 구심점으로 모인다는 '끌어당김의 법칙'에 반응한다고 믿는다. 변함없고 뿌리 깊은 강한 열망이 원하는 것의 물리적 등가물 또는 그것을 확보하는 수단을 끌어당기는 것은 이와 같은 보편적인 '끌어당김의 법칙'의 작동을 통해서다.

이 가설이 맞는다면 우리는 인간 성취의 모든 주기가 어느 정도 다음과 같은 방식으로 작동한다는 것을 알 수 있다. 먼저 의식 속에서 강렬한 열망에 바탕을 둔 핵심 목표를 그린다. 그리고 잠재의식이 이 목표의 그림이나 윤곽을 받아 우리가 그림을 현실로 바꾸는 데 필요한 신체적 행동을 하도록 할 때까지 이 목표를 계속 생각하고, 이 목표를 달성할 수 있다고 믿으면서 우리의 의식을 목표에 집중시킨다.

암시와 자기암시

독자들은 주변 환경에서 오거나 다른 사람들의 말이나 행동에서 받는 감각적 인상을 '암시'라고 하며, 이런 감각적 인상을 우리 자신의 마음에 전달하는 것을 '자기암시'라고 한다는 것을 배웠다.

타인이나 외부 환경으로부터 오는 모든 암시는 우리가 그것을 받아들여 잠재의식에 전달한 후에야 우리에게 영향을 미친다. 따라서 암시는 그것을 받는 사람의 마음에 영향을 미치기 전에 자기암시가 되어야 한다. 달리 말하면 영향을 받는 사람의 동의 없이는 영향을 미칠 수 없다는 것이다.

깨어있는 시간 동안 의식은 잠재의식을 지키고, 외부로부터 잠재의식에 도달하려고 하는 모든 암시를 차단하고, 이런 암시를 조사해서 받아들일 때까지 보초를 선다. 이는 어떤 마음도 마음대로 통제할 수 있는 침입자로부터 인간을 보호하는 자연의 방법이며 지혜로운 처리 방식이다.

목표를 달성하기 위한 자기암시의 가치

자기암시의 힘을 가장 잘 사용할 수 있는 방법은 자기 인생의 분명한 핵심 목표를 달성하는 데 쓰는 것이다. 이렇게 하는 절차는 매우 간단하다. 정확한 공식은 1장에서 설명했지만 이 공식의 기초가 되는 원칙은 여기서 다시 설명한다.

향후 일정 기간, 예컨대 5년 동안 여러분이 분명한 핵심 목표로 달성하고자 하는 것을 간단명료하게 서술한다. 이 글을 적어도 두 부 복사해 둔다. 한 부는 일하는 동안 하루에 여러 번 읽을 수 있는 곳에 둔다. 그리고 다른 한 부는 매일 저녁 잠들기 전과 아침에 일어난 직후에 여러 번 읽을 수 있는 침실에 둔다. 이 절차가 비현실적으로 보일지 모른다. 하지만 곧 암시의 영향이 여러분의 목표를 잠재의식에 새기고, 마치 마법처럼 목표 성취에 점점 더 가까이 이끄는 일련의 사건이 일어나는 것을 보게 될 것이다.

여러분이 마음속으로 인생에서 간절히 원하는 물건이나 조건, 지위를 확실히 정하는 바로 그날부터 접하는 책이나 신문, 잡지 등에서 목표에 관련된 중요 뉴스나 데이터가 여러분의 주의를 끌기 시작할 것이다. 그리고 여러분에게 기회가 찾아오기 시작할 것이다. 만약 그 기회를 받아들인다면 여러분이 갈망하는 목표에 더 가까이 가게 될 것이다. 마음 작용을 알지 못하는 사람에게 이것이 얼마나 불가능하고 비현실적으로 보일 수 있는지 나보다 더 잘 아는 사람은 없다. 하지만 지금은 의심하는 사람이나 회의주의자들에게 유리한 시대가 아니다. 지금 할 수 있는 최고의 방법은 실용성이 확립될 때까지 이 원칙을 실험하는 것이다.

현세대에게 기계 발명 분야는 이제 정복할 세계가 없는 것처럼 보일 수 있다. 하지만 모든 사상가들은(정확한 사고를 하지 않는 사람들조차도) 인간 정신의 힘에 관한 한 우리가 진화와 실험, 분석의 새로운 시대로 접어들고 있다는 것을 인정할 것이다. 지금 '불가능'이라는 단어는 인류 역사상 그 어느 때보다도 의미가 없다. 어떤 사람들은 실제로 이 단어를 쓰지 않으며 인간은 상상할 수 있는 모든 것을 할 수 있다고 믿는다.

우리는 우주가 물질과 에너지라는 두 가지 실체로 이루어져 있다는 사실을 확실히 배웠다. 우리는 끈기 있는 과학 연구를 통해 다음 사실을 발견했다. 아주 정밀하게 분석하면 물질이라고 할 만한 모든 것이 에너지의 한 형태인 전자로 거슬러 올라간다는 사실이다. 다른 한편으로 인간이 창조한 모든 물질적인 것은 인간의 상상력에서 나온 아이디어의 씨앗을 통해 에너지 형태로 시작되었다. 즉, 모든 물질적인 것의 시작은 에너지고 그 끝도 에너지다.

모든 물질은 어떤 형태의 에너지가 내리는 명령에 따른다. 알려진 최고의 에너지 형태는 인간 정신이다. 그러므로 인간 정신은 인간이 창조하는 모든 것을 지시하는 유일한 힘이다. 그리고 인간 정신이 미래에 창조할 수 있는 것에 비하면 인간의 과거 성취는 하찮고 보잘것 없어 보일 것이다. 그러나 인간 정신이 인류가 아는 가장 위대한 힘이라는 증거를 찾기 위해 미래의 발견을 기다릴 필요는 없다. 우리는 이미 우리 마음속에 확고하게 자리 잡고, 그 물질적 등가물을 성취하거나 달성하려는 의지로 우리 마음속에 머무는 어떤 생각이나 목표 또는 목적이 불굴의 추진력을 발휘한다는 사실을 알고 있기 때문이다. 인간 정신에 관한 여러 사람의 말을 인용한다.

벅스턴Buxton은 다음과 같이 말했다. "나는 오래 살수록 약자와 강자, 위대한 사람과 하찮은 사람 사이의 큰 차이는 바로 에너지이며, 목표를 정하면 죽음 아니면 승리라는 불굴의 투지를 일깨우게 된다는 사실을 더욱 확신하게 된다. 이 자질이 있으면 세상에서 할 수 없는 일은 없을 것이다. 그리고 이 자질이 없으면 어떤 재능도, 어떤 상황도, 어떤 기회도 두 발로 걷는 생명체를 인간으로 만들 수 없다."

도널드 미첼Donald Mitchell은 이렇게 적절히 표현했다. "사람을 두드러지게 만드는 것은 그 사람의 의지다. 한겨울의 동토를 밟는 소년이 곤경과 위험을 극복할 수 있게 하는 것은 이글거리는 눈과 두뇌, 자랑스러움으로 뛰는 가슴으로 도달할 수 없을 것만 같은 목표를 향해 나아갈 수 있게 하는 것은 나약한 결심도, 대충 하는 결단도, 그릇된 목표도 아닌 강인한 의지다. 의지가 인간을 위대하게 만든다."

위대한 벤저민 디즈레일리Benjamin Disraeli도 말했다. "나는 오랜 명상을 통해 목표가 분명한 사람은 그 목표를 반드시 성취할 것이며, 그 목표를 성취하는 데 목숨까지 걸 수 있는 의지를 이길 수 있는 것은 없다고 확신하게 되었다."

존 심프슨John Simpson 경은 말했다. "열정과 불굴의 의지는 냉정하고 소심하고 허약한 사람들에게 불가능해 보이는 일을 해낼 수 있다."

그리고 존 포스터John Foster는 이렇게 증언했다. "뜻하지 않는 재난도 이에 굴하지 않는 사람에게는 고개를 숙이고, 그 명백한 성향으로 보아 얼마든지 위협해서 좌절시킬 수 있는 계획도 오히려 거들어주는 것처럼 보이는 것은 놀라운 일이다. 확고하고 결단력 있는 정신이 알려질 때 어떻게 그 사람의 주변 공간이 맑아지고 그 사람에게 여유와 자유가 생기는지를 보면 신기하다."

에이브러햄 링컨 대통령은 그랜트 장군을 이렇게 평가했다. "그랜트의 위대한 점은 목표에 대한 냉철한 집요함이다. 그는 쉽게 흥분하지 않고 불도그와 같은 근성이 있다. 그가 한번 물면 그 무엇도 그를 떨쳐버릴 수 없다."

강한 열망이 현실로 바뀌기 위해서는 열망이 잠재의식에 전달될 때까지 끈질기게 뒷받침되어야 한다. 몇 시간 혹은 며칠 동안 목표 달성에 대한 열망을 매우 깊이 느끼고 나서 그 열망을 모두 잊어버리는 것으로는 부족하다. 잠재의식이 열망을 받아들일 때까지 마음속에 간직하고 패배를 모르는 끈기로 뒷받침해야 한다. 잠재의식이 열망을 받아들이는 시점까지는 여러분이 뒤에서 열망을 밀어줘야 한다. 이 시점을 넘어서면 열망이 여러분 뒤에서 여러분을 성취 쪽으로 밀어줄 것이다. 끈기는 결국 단단한 바위를 뚫는 낙숫물에 비유할 수 있다. 여러분 인생의 마지막 장이 완성될 때 여러분의 끈기가, 혹은 이 훌륭한 자질의 부족이 여러분의 성공이나 실패에 중요한 역할을 했음을 알게 될 것이다.

> 가장 성공적인 의사는 자신이 처방하는 약에
> 희망과 믿음을 섞어주는 의사다.

한번은 시카고에서 터니Tunny와 뎀프시Dempsey의 권투 시합을 지켜보았다. 그리고 이들의 시합이 이루어진 배경과 이를 둘러싼 심리학을 연구했다. 뎀프시는 많은 사람이 믿는 것처럼 더 강한 투사였으나 두 경기 모두 터니에게 패배했는데 여기에는 두 가지 요인이 작용했다.

뎀프시에게 불운을 가져다준 첫 번째 요인은 뎀프시의 자기 확신 부족과 터니가 자기를 이길지도 모른다는 두려움이었다. 두 번째 요인은 터니의 충만한 자신감과 자신이 뎀프시를 이길 것이라는 믿음이었다.

터니는 턱을 치켜들고 링에 올랐고 그의 모든 동작에서 자신감과 확신의 분위기가 느껴졌다. 뎀프시는 "나한테 무슨 짓을 할 거지?"라고 대놓고 묻는 것처럼 터니를 바라보며 불안정한 걸음걸이로 걸어 들어왔다. 뎀프시는 링에 들어가기 전에 자기 마음속에서 이미 패배했다.

상금을 놓고 싸우는 가장 잔인한 직업에서 최고로 인정받는 직업까지 이야기는 똑같다. 결국 사고력을 사용할 줄 아는 사람이 이긴다.

이 장에서는 내내 인간 정신의 '바퀴'를 돌아가게 하는 자극을 주는 환경과 습관의 중요성을 누누이 강조했다. 자신들의 마음을 자극해서 그 마음의 힘이 건설적으로 작용하도록 하는 방법을 찾아야 한다. 정확한 사고는 인간 정신의 모든 힘을 지능적으로 이용하는 사고이며, 단순히 아이디어를 검토하고 분류하는 데에서 그치지 않는다. 정확한 사고는 아이디어를 창출하고 이런 아이디어를 가장 유익하고 건설적인 형태로 바꾸는 것이다.

여기에 열거된 결론과 가설이 나만의 것만이 아니라는 사실을 염두에 둔다면 독자들은 의문을 품거나 의심하는 마음 없이 이 장에서 제시하는 원칙을 받아들이고 분석할 수 있을 것이다. 나는 정신 현상 분야의 선도적인 몇몇 연구자와 긴밀하게 협력하는 혜택을 받았으며, 여기서 도달한 결론은 많은 다른 사람의 결론이기도 하다.

나는 이 책에서 규정한 지침을 충실히 따르고 나서야 여기에 적는 지식을 명확히 이해하게 되었다. 내가 이 지식을 적절하게 묘사할 만한 실례나 비유, 단어가 없다고 말하는 것은 경험에서 나온 말이다. 이 지식은 자기 내부에서만 얻을 수 있기 때문이다.

지금부터 여러분을 가능한 한 높은 곳에 도달하게 해줄 정확한 사고의 단계를 살펴본다. 지식으로 가는 비밀 통로를 성실하고 현명하게 찾는 사람들을 위한 보상이 될 것이다.

'생각이 곧 사물이다.'

모든 완성된 생각은 끝없는 진동을 시작하며, 이런 생각의 진동을 내보내는 사람은 무한 지성에 따라 움직이는 사고의 물리적 반영일 뿐이라는 것이 많은 사람의 믿음이다. 무엇보다도 분명한 한 가지는 사고가 모든 물질적인 사물의 시작이라는 사실이다.

> 말씀이 육신이 되어 우리 가운데 거하시매
> 우리가 그의 영광을 보니 아버지 독생자의 영광이요,
> 은혜와 진리가 충만하더라(요한복음 1장 14절).

할 수 있다고 '믿으면' 할 수 있다

여러분은 이 책의 모든 장에서 위 제목과 같은 좌우명이 적혀 있는 것을 봤을 것이다. 이 문장은 사실상 모든 성경 가르침의 주요 전제가 되는 위대한 진리에 바탕을 두고 있다. '믿는다'라는 단어를 강조하고 있음을 보라. '믿는다'라는 단어에는 마스터 마인드 법칙의 도움을 받아 자기암시 원리를 통해 잠재의식에 전달하는 암시에 활력을 불어넣고 생명을 주는 힘이 있다. 이 점을 놓치지 마라. 절대 놓치면 안 된다. 여러분이 가지게 될 모든 힘의 시작이자 중간이자 끝이기 때문이다.

모든 생각은 창의적이다. 하지만 모든 생각이 건설적이거나 긍정적인 것만은 아니다. 만약 여러분이 불행과 가난을 생각하면서 이런 상황을 벗어날 방법을 보지 못한다면 여러분의 생각이 바로 이런 부정적인 상황을 만들고 여러분을 부정적인 상황에 빠지게 할 것이다. 하지만 역으로 긍정적이고 기대되는 생각을 하면 여러분의 생각이 긍정적인 상황을 만들어낼 것이다.

생각은 여러분의 인성을 자석으로 만들어서 여러분의 생각과 본질

적으로 조화를 이루는 것으로 보이는 물질을 여러분에게 끌어당긴다. 이 사실은 이전의 거의 모든 장에서 분명히 밝혔다. 이처럼 끊임없이 반복하는 이유는 마음 작용을 연구하는 거의 모든 초보자가 이 근본적이고 영원한 진리의 중요성을 간과하기 때문이다.

여러분이 잠재의식 속에 분명한 핵심 목표를 심을 때 여러분은 무한 지성이 여러분을 도와서 이 목표를 정확히 목표의 본질에 따라 현실로 만들 것이라는 완전한 믿음을 가져야 한다. 이런 믿음이 없으면 실망만 안겨주게 될 것이다.

여러분이 어떤 분명한 열망을 담은 분명한 핵심 목표를 잠재의식에 암시할 때, 여러분은 그 목표를 실제로 달성한 자기의 모습을 볼 수 있을 만큼 그 목표의 궁극적인 실현에 대한 신념과 믿음을 가져야 한다. 여러분이 분명한 핵심 목표를 잠재의식에 암시하는 순간부터 여러분이 이미 그 목표를 이미 달성한 것과 똑같이 행동하라. 의심하지 마라. 자기암시의 원칙이 과연 효과가 있을까 궁금해하지 마라. 의심하지 말고 믿어라.

확실히 이 점은 여러분의 마음에 그 중요성이 새겨질 만큼 강조해왔다. 분명한 목표 달성에 대한 긍정적인 믿음은 바로 '생각의 알'을 수정시키는 것과 같다. 믿음 없이 목표 달성을 기대하는 것은 수정되지 않은 달걀이 병아리가 되기를 기대하는 것과 같다.

생각이 증오를 가져다줄지 사랑을 가져다줄지
어떤 역할을 할지 당신은 알 수 없다.
생각은 사물이고, 생각의 가벼운 나래는

전서구(傳書鳩)보다 빠르다.

생각은 우주의 법칙을 따른다.

모든 생각은 같은 것을 만들어낸다.

그리고 생각은 당신의 마음속에서 무엇이 나오든지

그것을 당신에게 돌려주기 위해 질주한다.

'생각은 사물이다.' 이는 위대한 진리다. 이 진리를 깨우칠 때 여러분은 이 지식으로 가는 비밀 통로의 문에 최대한 가까이 다가가게 될 것이다. 이 근본적인 진리를 파악하면 곧 그 문을 찾아서 열게 될 것이다. 생각하는 힘은 여러분이 완벽하게 통제할 수 있는 유일한 힘이다.

앞의 문장을 이해할 때까지 읽고 공부하기를 바란다. 여러분이 자기 생각을 통제할 수 있다면, 여러분의 생각이 긍정적일지 부정적일지도 여러분에게 달렸다. 이와 관련해서 세계에서 가장 유명한 시가 머릿속에 떠오른다.

캄캄한 구덩이 같은 어둠이

나를 덮고 있는 밤,

나는 어떤 신에게든 감사한다.

내게 불굴의 정신을 준 것을.

환경의 포악한 손아귀에서도

나는 놀라거나 소리 내어 울지 않았다.

운명의 몽둥이에 맞아

내 머리는 피투성이지만, 굽히지 않는다.

분노와 눈물로 가득한 이승 너머로
저승의 공포가 어렴풋이 보인다.
하지만 세월의 위협에도 나는
지금도 앞으로도 두려워하지 않으리.

문이 아무리 좁아도 상관없다.
두루마리에 어떤 벌이 적혀있을지라도
나는 내 운명의 주인이요,
나는 내 영혼의 선장이다.

　　　　　　　　　　　　　　—헨리(HENLEY)

헨리는 내가 언급한 비밀 통로의 문을 발견한 후에야 이 시를 썼다. 여러분은 '자기 운명의 주인'이고 '자기 영혼의 선장'이다. 여러분은 자기 생각을 통제하고, 자기 생각의 도움으로 자신이 원하는 것은 무엇이든 할 수 있기 때문이다.

당신의 생각이 곧 당신의 세계다

드디어 장의 막바지에 다가가고 있다. 이제 죽음이라는 문 위에 걸려 있는 커튼을 젖히고 저 너머 내세를 들여다보자. 육신 없이 기능하는 존재들로 가득 찬 세상을 보라. 잘 살펴보면 여러분이 죽기 전에 표현했던 자기 생각과 정확히 일치하는, 자신이 창조한 존재로 가득 찬 세상을 바라보고 있음을 알 것이다. 거기에 있는 그들은 여러분 생각을 거울로 삼아 만들어진, 여러분 마음과 정신이 낳은 아이들이다.

여러분의 증오와 질투, 이기심, 다른 사람들에 대한 부당한 대우에서 배태된 아이들은 그렇게 바람직한 이웃이 되지 못할 것이다. 하지만 여러분은 그들과 같이 살아야 한다. 그들은 여러분의 아이들이고 그들을 쫓아낼 수 없기 때문이다. 사랑과 정의, 진실, 다른 사람들에 대한 친절에서 잉태된 아이들이 없다면 여러분은 정말 불행할 것이다.

이런 우화적 제안에 비추어 보면 '정확한 사고'라는 주제가 새롭고 훨씬 더 중요한 양상을 띤다. 그렇지 않은가? 만약 여러분이 살아 있는 동안 내보내는 모든 생각이 사후에 살아 있는 존재의 형태로 여러분을 맞이하러 나올 가능성이 있다면 육체를 먹여 살리는 음식을 지키는 것보다 여러분의 모든 생각을 더 조심스럽게 지켜야 할 것이다.

내가 이 제안을 '우화적'이라고 하는 이유는 내가 앞에서 말한 지식으로 가는 비밀 통로의 문을 통과해야만 이해할 수 있기 때문이다. 여러분이 그 문을 통과하기 전에 내가 어떻게 이런 것들을 아는지 물어보는 것은 선천적 시각장애인이 내게 빨간색이 어떤 색이냐고 물어보는 것만큼 쓸모없을 것이다.

여러분에게 이 관점을 받아들이라고 강요하는 것이 아니다. 심지어 이 관점이 타당하다고 주장하는 것도 아니다. 단지 여러분에게 제안함으로써 내 의무와 책임을 다하는 것이다. 여러분은 자기 나름의 방식대로 자기 의지로 이를 받아들이거나 거부할 수 있는 수준까지 노력해야 한다.

이 장에서 사용하는 '정확한 사고'라는 용어는 자신이 창조한 생각을 말한다. 다른 사람이 암시나 직접적인 말로 여러분에게 전달한 생각은 비록 사실을 토대로 한 것이더라도 이 장에서 말하는 정확한 사고는 아니다.

나는 이제 여러분을 '정확한 사고'의 피라미드 꼭대기로 데려왔다. 이제 더는 데려갈 수 없다. 하지만 여러분은 다 온 것이 아니라 단지 이제 시작일 뿐이다. 지금부터는 스스로 자기 길잡이가 되어야 한다. 이 장에서 보여준 위대한 진실을 놓치지 않았다면 자신의 길을 찾는 데 어려움을 겪지 않을 것이다. 이 장의 근본적인 진실이 처음 읽어서 이해되지 않는다고 해서 낙담하지 말기를 바란다. 여러분이 이 진실을 완전히 이해하려면 몇 주 또는 심지어 몇 달간의 명상이 필요할 수도 있지만 노력할 가치가 있다.

이 장의 첫머리에 제시된 원칙들은 가장 기본적인 것이기 때문에 쉽게 이해하고 받아들일 수 있다. 하지만 이 장의 종반부로 향해 가면서 생각의 사슬을 따라가기 시작했을 때 여러분은 아마도 헤아릴 수 없을 정도로 깊은 물에 휩쓸려 있는 자신을 발견했을 것이다. 어쩌면 내가 이 주제에 마지막 한 줄기 빛을 던져줄 수 있을 것 같다. 여러분이 이 부분을 읽을 때 나오는 모든 목소리와 음악, 그리고 다른 모든 소리가 여러분이 있는 바로 그곳에서 에테르를 통해 떠다니고 있다는 사실을 떠올리게 함으로써 말이다. 이 소리를 듣기 위해서는 현대적인 라디오 장치의 도움이 필요하다. 여러분의 청각을 보완해주는 이 장치가 없으면 여러분은 이 소리를 들을 수 없다.

만약 (라디오 장치가 발명되기 전인) 20년 전에 이런 말을 한 사람이 있었다면 여러분은 그를 제정신이 아니거나 바보로 생각했을 것이다. 하지만 이제 여러분은 이 말을 의심 없이 받아들인다. 이 말이 사실이라는 것을 알기 때문이다.

생각은 단순한 소리보다 훨씬 차원이 높은 체계적인 에너지 형태이다. 그러므로 지금 방출되는 모든 생각과 과거에 방출된 모든 생각이 에테르 또는 다른 곳에 존재하며, 이를 해석하는 장비를 가진 사람들이 해석할 수 있다고 가정하는 것은 이성의 범위를 벗어나지 않는다. 그렇다면 '어떤 장비가 필요할까?'라는 의문이 들 것이다.

이에 대한 해답은 여러분이 지식의 비밀 통로로 통하는 문을 통과할 때 얻게 될 것이다. 그 이전에는 알 수 없다. 이 비밀 통로는 오직 생각이라는 매개체를 통해서만 도달할 수 있다. 이것이 과거의 위대한 철학자들이 모두 사람들에게 '너 자신을 알라'고 훈계한 이유다. 동서고금을 막론한 시대의 외침이었다. 그리스도의 삶은 자기 존재 안에서 진리를 찾는 모든 사람이 발견할 수 있는 지식에 전적으로 기반을 둔 희망과 가능성의 중단 없는 약속이었다.

하나님의 역사에 관한 풀 수 없는 수수께끼 중 하나는 이 위대한 발견이 항상 자기 발견이라는 사실이다. 인간이 영원히 찾아 헤매는 진리는 자기 존재 안에 있다. 그러므로 진리를 삶의 광야나 다른 사람의 마음에서 찾으려 하는 것은 무의미하다. 그렇게 하면 여러분이 찾는 것에 더 가까이 가지 못하고 더 멀어지게 된다.

아마도 이 장을 마치는 지금, 여러분은 그 어느 때보다도 지식의 비밀 통로로 통하는 문에 더 가까워졌을지도 모른다. 또 이 장을 익히면

서론에서 '마스터 마인드'라고 부르는 원리를 더 잘 이해할 수 있다. 두 사람 이상의 우호적인 협력 동맹의 이유를 이제 분명히 이해했을 것이다. 이 동맹은 참여하는 사람들의 마음을 '강화'하고, 이들의 사고력이 무한 지성에 이르도록 해준다.

이 설명으로 여러분은 서론의 의미가 완전히 새롭게 느껴질 것이다. 이 장에서는 여러분에게 이 법칙을 이해하고 사용하는 사람들이 도달할 수 있는 높은 경지를 보여줌으로써 마스터 마인드의 법칙을 사용해야 하는 이유를 잘 알게 했다.

지금쯤 여러분은 왜 소수의 사람은 권력과 재산을 가진 높은 지위에 올랐고, 그들 주변의 다른 사람들은 가난하고 궁핍한 상황에 머물러 있는지 이해했을 것이다. 지금 그 원인을 이해하지 못한다면 이 책의 나머지 장을 마칠 때쯤이면 이해하게 된다.

이 장을 처음 읽고 이런 원칙들을 완벽히 이해하지 못하더라도 낙담하지 마라. 여러분은 생각과 성찰, 명상을 통해서만 이 장에서 제공하는 풍부한 지식의 보물을 얻을 수 있다. 그러므로 이 장을 일주일 간격으로 네 번 이상 읽도록 권유한다. 또한 마스터 마인드 법칙을 더 정확하고 확실하게 이해하고 마스터 마인드 법칙과 정확한 사고의 관계를 이해할 수 있도록 서론을 다시 읽기를 권한다. 마스터 마인드는 여러분이 정확하게 사고하는 사람이 될 수 있는 원리다.

THE LAW OF
SUCCESS

11

집중력

CONCENTRATION

" 할수있다고 믿으면 "
할수있다

열망하는 습관을 만들어라

이 장은 책에서 핵심적인 위치를 차지한다. 이 장의 기초가 되는 심리 법칙이 모든 장에서 매우 중요한 역할을 하기 때문이다. 여기서 사용하는 '정신 집중'이라는 단어는 다음과 같이 정의한다.

정신 집중은 특정 열망을 실현하는 방법과 수단이 마련되고 성공적으로 실행될 때까지 그 열망에 정신을 집중하는 행위를 말한다.

열망에 정신을 집중하는 행위에는 두 가지 중요한 법칙이 들어간다. 하나는 자기암시의 법칙이고 다른 하나는 습관의 법칙이다. 자기암시는 이전 장에서 충분히 설명했으므로 여기서는 습관의 법칙에 대해 간략하게 설명한다.

습관은 같은 방식으로 같은 일을 반복하거나 같은 생각을 반복하는 데서 형성된다. 그리고 습관이 한번 형성되면 틀에서 굳어진 시멘트

블록과 같아서 깨기 어렵다. 또 습관은 모든 기억력 훈련의 기본이다. 이는 여러분이 방금 만난 사람의 이름을 분명히 외울 때까지 그 이름을 되뇜으로써 기억하게 되는 데서 쉽게 증명할 수 있는 사실이다.

습관의 본질

정신이 환경을 초월하는 드문 경우를 제외하면 인간의 정신은 생각의 재료를 주변 환경으로부터 가져온다. 그리고 습관은 이런 생각을 영구적인 것으로 만들어 잠재의식에 새긴다. 잠재의식에 새겨진 습관은 인성의 주요한 부분이 되어 조용히 행동에 영향을 미치고 성향과 편견을 형성해 우리의 의견을 통제한다.

한 위대한 철학자는 정직한 사람들이 범죄에 빠져드는 방식을 말하면서 습관의 힘을 염두에 두고 이렇게 말했다.

"우리는 먼저 참아내고, 그다음에는 연민을 느끼다가 마침내 포용한다."

습관은 레코드 홈에, 마음은 그 홈에 맞는 바늘에 비유할 수 있다. 생각이나 행동을 반복함으로써 어떤 습관이 잘 형성되면 마음은 그 습관의 본질과 상관없이 레코드 바늘이 레코드 홈을 따라가는 것처럼 그 습관을 따라가게 된다.

그러므로 우리는 우리 환경을 최대한 신중하게 선택해야 한다. 환경은 우리 마음으로 가는 자양분을 공급하는 정신적 공급원이기 때문이다. 환경은 우리가 생각을 창조하는 자양분과 재료를 공급하고, 습관은 이것들을 영구적인 것으로 만든다. 물론 여러분은 '환경'이 보고, 듣고, 냄새 맡고, 맛보고, 느끼는 오감을 통해 우리에게 영향을 주는 모든 원천이라는 것을 안다.

습관은 보통 사람이 일반적으로 인식하는 힘이지만, 흔히 유리한 국면은 배제하고 부정적인 측면으로만 보이는 힘이기도 하다. '모든 사람은 습관의 피조물'이라거나 '습관은 굵은 철제 밧줄이다. 매일 이 밧줄을 엮어나가면 끊을 수 없을 정도로 튼튼해진다'라는 말은 이를 잘 반영한 말이다.

습관이 잔인한 폭군이 되어 의지와 열망, 성향에 반해 사람들을 지배하고 강요하는 것이 사실이라면(많은 경우 사실이다), 자연의 다른 힘처럼 이 강력한 힘을 인간을 위해 이용하고 통제할 수 없는지에 대해 자연스럽게 의문이 생긴다. 만약 이를 이용할 수 있다면 우리 인간은 불평하면서도 습관의 노예가 되어 충실히 섬기는 대신 습관을 잘 길들여 인간에게 유익하게 작동하게 할 수 있을 것이다. 현대 심리학자들도 습관이 우리 행동과 성격을 지배하게 하는 대신 우리가 습관을 이용하고 통제해서 우리에게 유리하게 작동하게 할 수 있다고 분명히 말한다. 그리고 수많은 사람이 실제로 이 새로운 지식을 적용해서 습관의 힘을 새로운 방향으로 돌려 자신들에게 유리하게 작동하도록 했다.

습관은 시간이 지남에 따라 우리의 행동이 이동하는 '정신의 통로'라고 할 수 있다. 이 통로는 우리가 지나다닐 때마다 조금씩 더 깊고 더 넓어진다. 들판이나 숲을 지나갈 때, 사람들이 많이 밟지 않아서 아직 분명하지 않은 길을 걸으며 새로운 길을 개척하는 것보다는 사람들이 많이 다녀서 확실하게 드러난 길을 선택하는 것이 얼마나 자연스러운 일인지 알 것이다. 정신의 동선도 이와 똑같다. 가장 저항이 적은 동선을 따라 움직인다. 즉, 많이 다녀서 잘 닦인 길을 따라간다. 습관은 반복을 통해 생기고 자연법칙에 따라 형성된다. 습관은 모든 동물에서 관찰되며 일부 무생물에서도 볼 수 있다. 한 번 접은 종이가 다음번에도 같은 선을 따라 접히는 것이 그 예다. 재봉틀과 같은 섬세한 기계를 사용하는 사람들은 이런 기계가 한 번 길이 들면 그 후 길이 든 대로 작동하는 경향이 있다는 것을 안다. 악기에서도 같은 원리를 발견할 수 있다. 옷이나 장갑은 사용하는 사람에 따라 구김살이 생기고, 한 번 생긴 구김살은 여러 번 다림질해도 그대로 남기 마련이다. 강이나 개천은 땅에 물길을 만들고 그 물길을 따라 흐른다. 이 법칙이 적용되는 사례는 곳곳에서 찾아볼 수 있다.

이런 사례는 여러분이 습관의 본질을 이해하고, 새로운 정신의 통로 혹은 새로운 정신적 주름을 형성하는 데 도움을 줄 것이다. 그리고 항상 이것을 기억하라. 오래된 습관을 없애는 최고의, 그리고 유일한 방법은 **바람직하지 않은 습관을 대체할 새로운 습관을 만드는 것**이다. 지나다닐 새로운 정신의 통로를 만들어라. 그러면 오래된 통로는 곧 희미해지고 시간이 지나면 사실상 메워져 없어질 것이다. 여러분이 바람직한 정신적 습관의 길을 지나다닐 때마다 여러분은 그 길을 더 깊고 넓어지게 하고, 그 길을 지나다니기 훨씬 더 쉬운 길로 만든다. 정신의 통로를 만드는 것은 매우 중요한 일이어서 여러분이 지나다닐 바람직한 정신의 통로를 만드는 일을 빨리 시작하라고 강하게 권유한다. 연습에 연습을 거듭해서 좋은 길을 개척하는 사람이 되기를 바란다.

습관 형성의 규칙 5가지

다음은 바람직한 습관을 형성하기 위해 따라야 할 규칙이다.

첫째, 새로운 습관을 형성하기 시작할 때 여러분의 표현에 힘과 열정을 불어넣는다. 여러분의 생각을 느껴보는 것이다. 여러분이 새로운 정신의 통로를 만들기 위한 첫걸음을 내딛고 있다는 것, 그리고 처음이 나중보다 훨씬 더 힘들다는 것을 기억하라. 가능하다면 처음부터 분명하고 깊은 길을 만들어서 다음번에 여러분이 그 길을 따라가고 싶을 때 쉽게 찾을 수 있도록 한다.

둘째, 새로운 길을 만드는 데 단단히 정신을 집중하고 오래된 길에 마음이 기울어지지 않도록 멀리한다. 따라서 오래된 길은 전부 잊어버리고 여러분이 만드는 새로운 길에만 관심을 둔다. 운 좋게 새로운 길이 만들어지기를 기다리지 말고 그런 기회를 적극적으로 만든다.

셋째, 가능하면 새로 만든 길로 다닌다. 여러분이 새로운 길을 더 자주 지나다닐수록 그 길은 더 빨리 생기고 쉽게 다닐 수 있게 된다. 처음부터 새로운 습관의 통로를 통과하는 계획을 만든다.

넷째, 과거에 사용하던 더 오래되고 쉬운 길로 다니고 싶은 유혹을 뿌리친다. 유혹에 저항할 때마다 여러분은 더 강해지고 다음번에는 유혹을 뿌리치기가 더 쉬워질 것이다. 하지만 유혹에 굴복할 때는 다시 굴복하기 쉬워지고, 다음번에는 저항하기가 더 어려워진다. 유혹과의 싸움은 처음부터 시작되므로 이때가 중요하다. 여러분의 결단력과 끈기, 의지력을 처음부터 보여줘야 한다.

다섯째, 분명한 핵심 목표와 일치하는 올바른 길을 계획했는지 확인하고, 두려움이나 의심을 버리고 밀고 나간다. '쟁기 위에 손을 얹고,

뒤돌아보지 마라(누가복음 9장 62절).' 여러분의 목표를 선택하고, 그 목표를 향해 곧장 나아가는 좋고 깊고 넓은 정신의 통로를 만든다.

이미 살펴본 것처럼 습관과 자기암시 사이에는 밀접한 관계가 있다. 습관을 통해 같은 방식으로 반복되는 행위는 영구적인 것이 되고, 우리는 그 행위를 무의식적으로 행하게 된다. 예컨대 피아노를 연주할 때 예술가는 딴생각을 하면서도 익숙한 곡을 연주할 수 있다.

자기암시는 우리가 정신의 통로를 파는 도구이고, 집중력은 그 도구를 잡는 손이며, 습관은 정신의 통로가 그려진 지도나 청사진이다. 어떤 아이디어나 열망이 행동이나 물리적 현실로 바뀌려면 이런 아이디어나 열망이 습관에 의해 영구적인 형태를 띨 때까지 충실하고 끈질기게 의식 속에 남아있어야 한다.

정신과 환경의 밀접한 관계

이제 관심을 환경으로 돌려보자. 이미 보았듯 우리는 주변 환경에서 생각의 재료를 흡수한다. '환경'이라는 용어는 매우 폭넓은 범위를 포괄한다. 여기에는 우리가 읽는 책, 우리가 사귀는 사람, 우리가 사는 공동체, 우리가 하는 일의 성격, 우리가 사는 나라, 우리가 입는 옷, 우리가 부르는 노래, 그리고 (무엇보다도 중요한) 14세 이전에 받는 종교적, 지적 훈련이 포함된다.

환경이라는 주제를 분석하는 목적은 우리가 개발하는 인성과 환경의 직접적인 관계를 보여주고, 우리 인생의 분명한 핵심 목표를 달성하는 재료를 제공하는 환경을 보호하는 것이 얼마나 중요한지를 보여 주는 데 있다.

정신은 우리가 환경을 통해 받아들이는 재료를 토대로 사고한다. 그러므로 분명한 핵심 목표를 달성하는 데 적절한 재료를 우리 정신에 공급하는 것을 목표로 가능한 한 좋은 환경을 선택해야 한다. 만약 환경이 마음에 들지 않으면 바꿔야 한다.

맨 처음 해야 할 일은 분명한 핵심 목표를 가장 잘 달성할 것으로 믿는 환경의 정확하고 명확한 그림을 마음속에 그리고, 이 그림을 현실로 바꿀 때까지 정신을 집중하는 것이다.

여러분의 일상에서 매일 만나는 동료들은 여러분의 환경에서 가장 중요하고 영향력 있는 요소다. 동료들이 어떤 사람이냐에 따라 발전할 수도 퇴보할 수도 있다. 따라서 가능한 한 여러분의 목표와 이상, 특히 분명한 핵심 목표에 공감하고, 여러분에게 열정과 자기 확신, 결단력, 야망을 불어넣어 주는 사람들을 가장 친한 동료로 선택해야 한다.

여러분의 귀에 들리는 모든 말, 눈에 보이는 모든 광경, 그리고 오감을 통해서 받는 모든 감각적 인상은 해가 동쪽에서 뜨고 서쪽으로 지는 것처럼 명백하게 여러분의 생각에 영향을 미친다는 것을 기억하라. 이것이 사실이라면 여러분이 살고 일하는 환경을 통제하는 것이 얼마나 중요한지 알 것이다. 여러분의 분명한 목표와 직접적으로 관련된 주제를 다루는 책을 읽는 것이 얼마나 중요한지 알 것이다. 그리고 여러분의 목표에 공감하고, 여러분이 목표를 성취하도록 격려해 줄 사람들과 대화하는 것이 얼마나 중요한지 알 것이다.

우리는 이른바 '20세기 문명'에 살고 있다. 세계의 선도적인 과학자들은 자연이 진화 과정을 통해 현재 문명화된 환경을 창조하는 데 수백만 년이 걸렸다는 데 의견이 일치한다.

인디언이라고 불리는 사람들이 현대 문명으로의 어떤 주목할 만한 진보도 없이 북미 대륙에서 얼마나 오랫동안 살아왔는지 우리는 확인할 방법이 없다. 이들의 환경은 황무지였고, 이런 환경을 바꾸거나 개선하려는 어떠한 시도도 하지 않았다. 변화는 먼 곳에서 새로운 인종들이 와서 오늘날 우리가 사는 진보적인 문명 환경을 이들에게 강요한 후에야 일어났다.

300년이라는 짧은 기간에 무슨 일이 일어났는지 보라. 사냥터는 큰 도시로 변했고, 대부분 인디언은 백인들의 업적에 필적하는 교육과 문화를 받아들였다(14장에서 전 세계적인 관점에서 환경의 영향을 논의하고, 환경의 영향이 젊은이들의 마음에 미치는 사회적 유전의 원리를 자세히 설명한다).

여러분이 입는 옷도 영향을 끼친다. 그러므로 옷도 여러분 환경의 일부다. 때 묻은 옷이나 허름한 옷은 우울하고 자신감을 떨어뜨리지만 깨끗한 옷이나 적절한 스타일의 옷은 정반대의 효과를 낸다. 관찰력이 뛰어난 사람은 작업대나 책상 등 어떤 사람이 일하는 곳을 보고 그 사람을 정확하게 분석할 수 있다. 잘 정돈된 책상은 두뇌가 체계적이라는 것을 나타낸다. 어떤 상인의 재고 상태를 보면 그의 두뇌가 체계적인지 그렇지 못한지 알 수 있다. 정신적인 자세와 물리적인 환경 사이에 밀접한 관계가 있기 때문이다.

환경의 영향은 공장, 상점, 사무실에서 일하는 사람들에게 지대한 영향을 미치므로 고용주들은 노동자들에게 영감을 주고 격려하는 환경을 만드는 것이 중요함을 점차 깨닫고 있다.

시카고의 한 유난히 진보적인 세탁업자는 작업실에 자동 피아노를 설치하고, 말쑥하게 차려입은 젊은 여성이 근무 시간 동안 계속 연주하도록 함으로써 경쟁자들을 확실히 따돌렸다. 이 세탁소의 종업원들은 하얀 유니폼을 입고 있으며 이곳의 일이 단조롭고 고되다는 증거는 어디에서도 찾아볼 수 없다. 이런 쾌적한 환경 덕분에 이 세탁업자의 사업은 날로 번창해서 더 많은 이익을 얻었으며 직원들의 월급도 경쟁자들보다 더 많이 줄 수 있었다.

> 현자라면 "가장 원하는 것이 무엇이냐"는 질문에
> '더 많은 지혜'라고 대답할 것이다.

실패를 성공으로 바꿔주는 마법의 열쇠

지금부터는 집중력과 이에 직간접적으로 관련된 원칙을 적용하는 방법을 설명한다. 이 방법을 '성공으로 가는 문을 여는 마법의 열쇠'라고 부르자. 여러분에게 마법의 열쇠를 소개하기 전에 이것은 내가 발명하거나 발견한 것이 아니라는 점을 밝혀둔다. 이것은 긍정적인 낙관주의 철학에 기반을 둔 신사상(인간의 신성을 강조하여 올바른 사상이 병과 과실을 억제할 수 있다고 여기는 19세기에 생겨난 일종의 종교 철학 - 옮긴이) 추종자들과 다른 모든 종파가 여러 형태로 사용해온 것과 같은 방법이다.

이 마법의 열쇠는 누구나 사용할 수 있는 거부할 수 없는 힘으로 여겨진다.

이 마법의 열쇠는 부자가 되는 문을 열어줄 것이다.

이 마법의 열쇠는 명성을 얻는 문을 열어줄 것이다.

이 마법의 열쇠는 육체적 건강으로 가는 문을 열어줄 것이다.

이 마법의 열쇠는 교육의 문을 열어주고, 여러분을 모든 잠재 능력의 보고寶庫로 안내할 것이다. 이 열쇠는 여러분에게 알맞은 삶의 모든 자리로 가는 문을 여는 마스터키 역할을 할 것이다.

이 마법의 열쇠 덕분에 우리는 세계의 모든 위대한 발명품으로 가는 비밀의 문을 열었다. 이 마법의 힘을 통해 과거 우리의 위대한 재능이 모두 계발되었다.

여러분이 하찮은 위치에 있는 노동자로서 인생에서 더 나은 지위를 원한다고 가정해 보자. 마법의 열쇠가 여러분의 소망이 이루어지도록 도와줄 것이다. 카네기, 록펠러, 힐, 해리먼, 모건과 그 밖의 다른 많은 사람은 마법의 열쇠를 사용해서 막대한 물질적 부를 축적했다. 마법의 열쇠는 감옥 문을 열어 부랑자들을 유용하고 신뢰할 수 있는 인간으로 바꿀 것이다. 실패는 성공으로 불행은 행복으로 바꿀 것이다. 여러분은 물을 것이다.

"이 마법의 열쇠가 도대체 무엇입니까?"

그리고 나는 한 마디로 대답한다.

"집중력입니다."

이제 여기서 사용하는 의미의 집중력을 정의한다. 비록 세계 과학자들이 모두 집중력의 도움으로 일어난 이상한 현상을 설명하는 데 실패했지만, 나는 신비주의와 아무런 관계가 없다는 것을 분명히 한다.

여기서의 집중력은 '굳어진 습관과 연습을 통해 그 주제에 완전히 익숙해지고 숙달될 때까지 한 대상에 몰두하는 능력'을 의미한다. 즉, 여러분이 문제를 해결할 때까지 주의를 통제하고 특정 문제에 집중하는 능력을 뜻한다.

여기서 말하는 집중력은 여러분이 버리고 싶은 습관의 영향을 떨쳐 버리는 능력, 그리고 여러분의 성향에 더 맞는 새로운 습관을 형성하는 힘을 의미한다. 이는 완전한 자기 지배력을 뜻한다. 달리 말하면, 집중력은 여러분이 생각하고 싶은 대로 생각하는 능력, 여러분의 생각을 통제해서 분명한 목표로 이끄는 능력, 그리고 여러분의 지식을 건전하고 실행할 수 있는 행동 계획으로 체계화하는 능력이다.

인생의 분명한 핵심 목표에 정신을 집중할 때 여러분은 서로 융합해서 집중하고 있는 주요 주제를 완성하는, 서로 밀접하게 관련된 많은 주제를 다루어야 한다는 사실을 쉽게 알 수 있다.

야망과 열망은 성공적인 집중력의 주요 요소다. 이런 요소들이 없다면 마법의 열쇠는 쓸모없다. 마법의 열쇠를 사용하는 사람이 드문 주된 이유는 대부분 사람이 야망이 부족하고 특별히 열망하는 것이 없기 때문이다.

여러분이 무엇을 열망하든 여러분의 열망이 타당하고 아주 강하다면 집중력이라는 마법의 열쇠가 그 열망을 성취하는 데 도움이 될 것이다. 기도의 놀라운 힘이 집중력의 원리를 통해 깊이 자리 잡은 열망을 성취하는 데 작용한다고 믿게 해준 학식 있는 과학자들이 있다. 지금까지 인간이 창조한 것은 모두 처음에 열망을 통해 상상 속에서 창조되고 집중력을 통해 현실로 바뀌었다.

이제 확실한 공식에 따라 마법의 열쇠를 시험해 보자. 먼저 회의와 의심이 발 디딜 틈이 없게 해야 한다. 믿지 않는 사람은 아무도 마법 열쇠의 혜택을 누리지 못했다. 따라서 이 시험을 믿어야만 한다.

여러분이 영향력 있는 작가나 대중 연설가, 성공적인 기업 경영자, 유능한 금융가가 되는 등의 열망이 있다고 가정하겠다. 우리는 대중 연설을 이 시험의 주제로 삼을 것이다. 하지만 여러분은 지시에 정확히 따라야 한다는 것을 잊지 마라.

이제 보통 편지지 크기의 종이 위에 다음과 같이 써라.

> 나는 영향력 있는 대중 연설가가 될 것이다. 이 일이 내가 세상에 필요한 유익한 일을 할 수 있게 해줄 것이고, 내가 생활하는 데 필요한 물질적인 것들을 마련할 금전적인 보상을 줄 것이기 때문이다.
>
> 나는 매일 밤에 잠자리에 들기 전과 아침에 일어난 후 10분 동안 내 열망을 현실로 바꾸기 위해 어떻게 해야 할지 결정하기 위해 이 열망에 집중할 것이다.
>
> 나는 내가 영향력 있고 사람들을 끌어당기는 힘이 있는 연설가가 될 수 있다는 것을 안다. 따라서 어떤 것도 내 목표를 방해하지 못하게 할 것이다.
>
> 서명 _____

이 서약서에 서명하고 약속대로 실천하라. 원하는 결과가 실현될 때까지 계속하라. 집중할 때는 이렇게 해야 한다. 1년 또는 3년, 5년, 심지어 10년 앞을 내다보는 것이다. 그리고 자신을 당대의 가장 영향력 있는 연설가로 생각한다. 자신이 벌어들이는 엄청난 수입을 상상한다. 연설가나 강사 일로 번 수입으로 산 집에서 사는 자신을 떠올린다. 은행에 상당한 노후 자금을 저축하고 있는 자신을 생각한다. 대중 연설가로서의 뛰어난 능력으로 인해 영향력 있는 사람이 된 자신을 생각한다. 지위를 잃는 것을 두려워하지 않고 구명 운동에 참여하는 자신의 모습을 상상한다.

상상력을 발휘해서 이 그림을 선명하게 그려보라. 그러면 그것은 곧 깊이 자리 잡은 열망의 아름다운 그림으로 바뀔 것이다. 이 열망을 집중력의 목표로 삼고 무슨 일이 일어나는지 보라. 이제 여러분은 마법 열쇠의 비밀을 알게 되었다. 신비주의의 옷을 입고 찾아오지 않았다고 해서, 누구나 이해할 수 있는 언어로 묘사되었다고 해서 마법의 열쇠를 과소평가하지 마라. 모든 위대한 진리는 궁극적으로 단순하고 쉽게 이해할 수 있는 것이다. 그렇지 않다면 위대한 진실이 아니다.

마법의 열쇠를 오직 가치 있는 목적을 달성하기 위해 지혜롭게 사용하라. 그러면 지속적인 행복과 성공을 얻을 수 있다. 여러분이 저지른 실수와 실패는 잊어버려라. 과거에 사는 일을 그만둬라. 과거는 다시 돌아오지 않는다는 것을 모르는가? 만약 이전 노력의 결과가 좋지 않았다면 처음부터 다시 시작하라. 그리고 앞으로 5년 혹은 10년 동안 가장 고매한 야망을 실현할 성공 이야기를 하도록 하라. 야망과 욕망, 그리고 집중적인 노력을 통해 여러분의 명성을 드높이고 세상에 도움이 되는 일을 하라.

할 수 있다고 믿으면 할 수 있다.

이것으로 마법의 열쇠에 관한 설명을 마친다.

끌어당김이라는 초인적인 힘

우리 의식 속에 존재하는 어떤 발상이나 생각은 이와 '관련된' 감정을 불러일으켜 이에 상응하는 적절한 행동을 하도록 하는 경향이 있다. 집중력의 원리를 통해 의식 깊숙이 어떤 열망을 품고, 이 열망이 실현될 것으로 강하게 믿어라. 비록 과학계 전체가 여러분의 행동을 이해하거나 합리적인 가설로 설명하는 데는 실패했지만, 여러분을 도와주는 어떤 미지의 힘을 끌어당기게 된다.

여러분이 집중력의 힘을 잘 알게 되면 지속적인 성공을 달성하는 첫 번째 단계로 분명한 목표를 정하는 이유를 이해하게 될 것이다. 깊이 자리 잡은 열망의 목표를 달성하는 데 정신을 집중하라. 그러면 곧 아무도 설명할 수 없는 힘의 도움을 받아 그 열망에 상응하는 물질을 끌어당기는 자석이 될 것이다. "두 명 이상의 사람이 완벽한 화합의 정신으로 분명한 목표를 달성하기 위해 동맹을 맺고, 그 동맹의 구성원 모두가 그 동맹을 충실히 지킨다면 그 동맹은 구성원 각자에게 초인적이고 본질적으로 저항할 수 없는 힘을 가져다준다."

앞서 한 말의 배경에는 아직 과학적으로 밝혀지지 않은 법칙이 있다. 내가 체계적인 노력의 힘을 반복해서 말할 때 염두에 둔 것이 바로 이 법칙이다.

화학에서 우리는 둘 이상의 원소가 결합해서 개별 원소와 완전히 다른 성질의 합성물이 생성될 수 있다는 것을 배운다. 예컨대 H_2O라는 화학방정식으로 알려진 물은 수소 원자 2개와 산소 원자 1개로 구성된 화합물이지만, 물은 수소도 산소도 아니다. 이런 요소들의 '결합'은 각각의 구성 요소와는 완전히 다른 물질을 생성한다. 이런 물리적 요소의 변환이 일어나는 것과 같은 법칙이 특정 목표 달성을 위해 서로를 완벽하게 이해하고 조화를 이루는 두 명 이상의 연합에서 비롯되는 초인적인 힘의 원인일 수 있다.

지구와 다른 행성들을 구성하는 모든 물질은 분해 가능한 최소 단위이며 본질적으로 전기와 유사한 에너지인 전자로 구성되어 있다. 다른 한편으로 우리가 '마음'이라고 부르는 생각도 에너지의 한 형태이며 사실 가장 높은 형태의 에너지다. 다시 말해 생각은 체계적인 에너지이며, 비록 훨씬 더 고도로 체계화된 형태의 에너지이긴 하지만 본질적으로는 발전기로 생성하는 전기와 같은 에너지라고 말할 수 있다.

궁극적으로 모든 물질이 전기라는 에너지의 한 형태에 지나지 않는 전자로 구성되어 있고 마음이 고도로 체계화된 전기의 한 형태에 지나지 않는다면 물질에 영향을 미치는 법칙이 마음을 지배할 수도 있지 않을까?

그리고 물$_{H_2O}$처럼 둘 이상의 원소를 적절한 비율과 조건으로 결합해 원래의 각 원소와는 완전히 다른 물질이 생성될 수 있다면 두 사람 이상의 마음 에너지를 결합하면 각 개인의 마음과는 완전히 다른 일종의 혼합된 마음이 탄생하는 것도 가능하지 않을까?

여러분은 분명히 다른 사람들과 함께 있을 때 자신이 어떻게 영향을 받는지 알 것이다. 어떤 사람들은 여러분에게 낙관주의와 열정을 불어넣어 준다. 이들의 존재 자체는 여러분의 마음을 자극해서 더 큰 행동을 하도록 만들 뿐만 아니라 실제로 그렇게 한다. 여러분은 또한 다른 사람들의 존재가 여러분의 활력을 떨어뜨리고 우울하게 하는 경향이 있다는 사실도 알 것이다.

우리가 다른 사람들의 특정 범위 안에 들어갈 때 우리에게 닥칠 변화의 원인이 무엇이라고 생각하는가? 그들의 마음이 우리의 마음과 섞이거나 결합한 데서 오는 변화가 아니라면 이는 잘 이해할 수 없는 법칙의 작용에 의한 것이다. 이는 두 개의 수소 원자와 하나의 산소 원자가 결합해 물을 생성하는 법칙과 유사하다(사실 정확히 같은 법칙은 아니다).

이 가설의 과학적 근거는 없을 뿐더러 아직 개연성 있는 가설로 증명할 방법은 없다. 하지만 나는 수년간 진지하게 생각하면서 이것이 적어도 타당성 있는 가설이라는 결론에 도달했다.

여러분은 어떤 사람의 존재가 여러분에게 영감을 주는 반면, 다른 어떤 사람의 존재는 여러분을 우울하게 한다는 사실을 굳이 증명할 필요는 없다. 사실이라는 것을 알고 있기 때문이다. 가설의 도움 없이, 여러분이 여러 번 겪었던 경험으로도 이해할 수 있다.

이제 다시 원래의 진술로 돌아가 보자.

"두 명 이상의 사람이 **완벽한 화합의 정신으로** 분명한 목표를 달성하기 위해 동맹을 맺고, 그 동맹의 **구성원 모두가 그 동맹을 충실히 지킨다면**, 그 동맹은 구성원 각자에게 초인적이고 본질적으로 저항할 수 없는 힘을 가져다준다."

앞 문장에서 강조된 부분을 자세히 살펴보라. 충실하게 지키지 않으면 전체가 무효가 되는 '정신의 공식'을 발견하게 될 것이다. 예컨대 1개의 산소 원자와 1개의 수소 원자가 결합하면 물이 생성되지 않을 것이며, 동맹을 형성하는 사람들 사이에 '완벽한 조화의 정신'을 동반하지 않는 명목상의 동맹만으로는 '초인적이고 본질적으로 저항할 수 없어 보이는 힘'이 나오지 않을 것이다.

나는 켄터키주의 산악 지대에서 6대 이상 걸쳐 살았던 한 산악인 가족을 안다. 이 가문은 대대로 정신적인 본성이 눈에 띄게 향상되지 않았고, 각 세대는 조상들의 발자취를 그대로 따랐다. 이들은 농사로 생계를 꾸렸고, 이들이 알거나 관심을 두는 우주는 레처 카운티라는 좁은 지역이었다. 이들의 결혼은 엄격하게 공동체 내에서만 이루졌다.

마침내 이 가족의 구성원 중 한 명이 무리를 떠나서 이웃 버지니아 주 출신의 교육받고 매우 교양 있는 여성과 결혼했다. 이 여성은 야심 찬 사람으로 우주가 레처 카운티 경계선 너머로 뻗어 있으며, 적어도 미국의 남부 주들을 포함한다는 사실을 알았다. 그녀는 화학, 식물학, 생물학, 병리학, 심리학 등 교육 분야에서 중요한 과목을 공부했고 그녀의 아이들이 철이 들기 시작했을 때 이런 과목들에 관해 이야기했다. 아이들은 하나둘 여기에 깊은 관심을 보이기 시작했다.

그녀의 아이 중 한 명은 현재 이런 과목들과 다른 중요한 과목들을 가르치는 훌륭한 교육기관의 총장이 되었다. 한 아이는 저명한 변호사가 되었고, 또 다른 아이는 의사로 성공했다. 그녀의 남편은 그녀의 영향 덕분에 유명한 치과 의사가 되었으며, 그의 가족은 6대째 내려온 가문의 전통에서 벗어난 첫 번째 가족이 되었다. 그녀의 마음이 그의 마음과 융합함으로써 그에게 원동력이 되는 자극을 주었고, 그녀의 영향이 없었더라면 알지 못했을 영감과 야망을 불어넣어 주었다.

여러 해 동안 나는 세상이 위인이라고 부르는 사람들의 전기를 연구해 왔다. 그리고 사실을 확인할 수 있는 모든 사례에서 이런 위인들 뒤에는 이들을 위대하게 만든 진정으로 위대한 사람들이 있었고, 이들은 영웅을 숭배하는 대중들에게는 거의 알려지지 않았다. 이러한 사실은 단순한 우연이 아닌 것 같다. 이 '숨은 힘'을 지닌 사람은 내가 방금 든 사례에서 그랬던 것처럼 남편에게 영감을 주고 큰 성취를 하도록 격려한 인내심 있는 아내였다.

헨리 포드는 현대의 기적 중 하나이며, 미국이나 다른 어떤 나라도 그와 필적하는 산업 천재를 배출한 적이 있는지 의심스러울 정도다. 만약 앞에서 말한 사실들이 알려졌더라면 사람들은 헨리 포드의 경이적인 성취의 원인이 대중들이 이름을 거의 들어보지 못한 한 여성, 즉 그의 아내라는 사실을 알게 되었을 것이다.

우리는 포드의 업적과 엄청난 수입에 관한 이야기를 읽고 그가 비길 데 없는 능력을 갖췄다고 상상한다. 하지만 그의 능력은 그의 아내의 영향력이 없었다면 세상 사람들은 결코 들을 수 없었을 것이다. 그녀는 포드가 고군분투하는 모든 기간에 '분명한 목표를 달성하기 위한 완벽한 조화의 정신으로' 그와 협력했다.

내 마음속에는 문명 세계에 잘 알려진 또 다른 천재가 있다. 바로 토머스 에디슨이다. 그의 발명품들은 말할 필요가 없을 정도로 잘 알려져 있다. 이 위대한 일을 가능하게 한 것은 다른 사람이 아닌 에디슨의 천재성이었다. 하지만 헨리 포드의 경우처럼 에디슨의 뒤에도 역시 그의 아내가 있다. 에디슨 가족과 아주 소수의 친한 친구 이외의 누구도 그녀가 에디슨의 업적에 얼마나 큰 영향을 미쳤는지 모른다.

에디슨 부인은 나에게 에디슨의 뛰어난 자질, 무엇보다도 큰 자산은 바로 집중력이라고 말했다. 에디슨이 일련의 실험이나 연구, 조사를 할 때, 그는 자신이 찾는 것을 발견하거나 할 수 있는 노력을 다하기 전에는 결코 포기하지 않았다. 매일 밤 에디슨은 단지 서너 시간밖에 자지 않고도 견딜 수 있을 정도로 열정적으로 일했다. 이처럼 에디슨의 뒤에는 두 가지 큰 힘의 원천이 있었다. 하나는 그의 아내이고 다른 하나는 집중력이었다.

> 성공의 사다리 꼭대기에 오른 사람은 결코 혼자가 아니다.
> 다른 사람의 도움 없이 진정한 성공을
> 거둘 수 있는 사람은 없기 때문이다.

일 년 중 적당한 시기에 적당한 토양에 작은 사과 씨앗을 심어라. 그러면 작은 씨앗이 작은 가지가 되고 커다란 사과나무로 자랄 것이다. 이 나무는 흙에서 나오는 것도 아니고, 공기 속의 요소에서 나오는 것도 아니다. 이 두 가지 원천에서 나오는 것이다.

두 사람 이상이 '분명한 목표를 달성하기 위해 완벽한 화합의 정신으로' 연합할 때, 그 목표 또는 목표 뒤의 열망은 사과 씨앗에 비유할 수 있고, 두 사람 이상의 마음 에너지가 결합하는 것은 열망의 대상이 되는 물질을 형성하는 요소가 나오는 공기와 토양에 비유할 수 있다.

이렇게 두 사람 이상의 마음이 서로 끌어당기고 결합하게 하는 배후의 힘은 공기와 토양에서 필요한 요소를 끌어당겨 사과나무가 '자라게' 하는 배후의 힘을 설명하는 것과 마찬가지로 설명하기 어렵다. 하지만 가장 중요한 것은 이렇게 잘 심은 씨앗에서 사과나무가 자랄 것이고, 분명한 목표를 위해 체계적으로 결합한 두 사람 이상의 마음에서 훌륭한 업적이 달성되리라는 것이다.

이미 여러 차례 다양한 방식으로 언급했지만 강조하기 위해 다시 한번 반복한다. 어떤 사람이 특정 대상에 정신을 집중할 때, 그 대상과 밀접한 관련이 있는 사실들이 생각할 수 있는 모든 원천에서 '봇물 터지듯 쏟아질' 것이라는 근거가 충분한 가설이 있다. 우리의 열망이 일단 올바른 '정신적 토양'에 뿌리를 내리면 그 욕망의 본질과 조화를 이루는 모든 것을 끌어당기는 구심점 또는 자석의 역할을 한다는 것이다.

워싱턴 DC의 엘머 게이츠 박사는 아마도 세계에서 가장 뛰어난 심리학자 중 한 사람일 것이다. 그는 심리학 분야와 직간접적으로 관련된 과학 분야에서 세계에서 가장 높은 과학적 권위를 지닌 사람으로 인정받고 있다. 잠시 게이츠 박사의 방법을 연구해 보자.

게이츠 박사는 통상적인 연구 경로를 통해 최대한 많이 조사해서 특정 주제에 관해 기록된 모든 사실을 수집한 다음, 연필과 메모지를 들고 그 주제와 관련된 생각이 머릿속에 쇄도하기 시작할 때까지 추가 정보를 얻기 위해 그 주제에 정신을 집중하면서 꼼짝도 하지 않고 앉아 있는다. 그리고 자신도 어디서 오는지 모르는 생각들을 적어 둔다. 그는 나에게 그의 중요한 발견 중 많은 것이 이 방법을 통해 나왔다고 했다. 내가 이 주제에 관해 게이츠 박사와 처음 대화를 나눈 것은 20여 년 전의 일이다. 그 이후로 라디오 원리의 발견을 통해 이런 '앉아서 버티기'의 성과를 설명할 수 있는 합리적인 가설이 등장했다.

우리가 현대 라디오 장치를 통해 발견한 바와 같이 에테르는 끊임없이 진동한다. 음파는 항상 에테르 속을 떠다니지만 이런 파동은 근원에서 멀어지면 적절하게 조정된 기기의 도움 없이는 감지할 수 없다. 가장 고도로 체계화된 에너지 형태인 생각 또한 끊임없이 에테르를 통해 파동을 보내지만 이런 파동은 음파처럼 적절하게 조정된 마음만 감지하고 정확하게 해석할 수 있다. 따라서 게이츠 박사가 방에 앉아 침잠한 상태로 있을 때 그의 마음속 지배적인 생각이 그의 주위 에테르를 지나가는 다른 사람들의 관련된 혹은 비슷한 심파를 끌어당기는 자석으로 작용했음이 틀림없다.

현대 라디오 원리의 발견 이후 나는 여러 번 다음과 같은 생각을 하게 되었다. 사람들의 마음에서 체계적인 형태로 방출된 모든 생각이 여전히 에테르에 파동의 형태로 존재하면서 끊임없이 거대한 원을 끝없이 그리며 돌아다니고 있다는 생각이다. 그리고 특정 주제나 대상에 강렬하게 정신을 집중하면 심파가 나오고, 이 심파는 이와 관련이 있거나 비슷한 성질의 심파에 도달해서 서로 혼합되고, 이를 통해 집중하는 사람과 이전에 움직이기 시작한 비슷한 성질의 생각 사이에 직통선이 개설된다는 생각이다.

여기서 한 걸음 더 나아가면 누구나 자기 마음을 조율하고 자기 사고의 진동수를 에테르의 진동수에 맞춰 과거의 체계화된 생각을 통해 에테르에 축적된 모든 지식을 이용하는 것도 가능하지 않을까? 이런 가설을 염두에 두고 1장으로 돌아가서 카네기가 큰 재산을 축적한 '마스터 마인드'에 관해 했던 설명을 공부하라.

카네기가 엄선된 수십 명의 사람 사이에 동맹을 맺었을 때 그는 마음을 결합하는 방법을 통해 세계에서 가장 강력한 산업체를 만들었다. 몇 가지 유명한 (그리고 형편없는) 예외를 제외하고, 카네기가 만든 '마스터 마인드'의 구성원은 일심동체가 되어 생각하고 행동했다.

그리고 그 '마스터 마인드'는 하나의 목표에 집중되어 있었다. 카네기를 아는 모든 사람, 특히 철강 업계에서 그와 경쟁하고 있던 사람들은 그 목표의 본질을 잘 알고 있었다.

기억력을 높이는 방법

여러분이 헨리 포드의 기록을 조금이라도 살펴봤다면 집중력이 그의 뛰어난 특징 중 하나였음을 발견했을 것이다. 거의 30년 전에 그는 자신이 만들 일반적인 차종에 대한 표준화 정책을 채택했고, 1927년 대중의 수요 변화로 정책을 변경할 때까지 그 정책을 일관되게 유지했다.

몇 년 전 나는 포드 공장의 전 수석 엔지니어를 만났다. 그는 포드가 자동차 사업 경험이 부족했던 초기 단계에 일어난 사건을 이야기했다. 이 사건은 집중력이 그의 경제 철학의 두드러진 핵심 중 하나라는 사실을 잘 보여준다.

당시 포드 공장 기술자들은 포드 자동차 뒤 차축 구조 설계 변경을 논의하기 위해 사무실에 모였다. 포드는 우두커니 서서 모두가 의견을 말할 때까지 토론을 듣고 나서 탁자로 걸어가 제안된 차축 설계도를 손가락으로 두드리며 말했다.

"자, 들어보세요. 우리가 사용하는 차축은 원래 설계 의도대로 잘 기능하고 있습니다. 따라서 그 차축의 추가 설계 변경은 없습니다."

이 말을 남기고 그는 돌아서 가버렸고 그날부터 지금까지 포드 자동차의 뒤 차축 구조는 거의 그대로 유지되었다. 자동차 제조와 마케팅에서 포드의 성공이 한 번에 하나의 분명한 목표를 염두에 두고 한 가지 계획에 일관되게 노력을 집중하는 그의 정책 덕분일 수 있다.

우리는 집중력이라는 주제와 관련하여 환경과 습관이 얼마나 중요한 역할을 하는지 보았다. 이제 우리는 다른 두 가지 못지않게 집중력과 관련이 있는 세 번째 주제, 즉 기억에 대해 간략하게 논의할 것이다. 정확하고 흔들리지 않는 기억을 훈련할 수 있는 원리는 비교적 간단하다.

기억 훈련 원리 - 1. 유지

오감을 통해 감각적 인상을 받아들이고, 이를 질서정연하게 마음속에 기록하는 것. 이 과정은 카메라 필름에 사진을 기록하는 것에 비유할 수 있다.

기억 훈련 원리 - 2. 상기

잠재의식 속에 기록된 감각적 인상을 의식 속으로 불러오는 것. 이 과정은 카드를 검색해서 이전에 정보가 기록된 카드를 꺼내는 행위에 비유할 수 있다.

기억 훈련 원리 - 3. 인식

의식 속으로 불러온 감각적 인상을 인식하고, 이것이 원래 인상의 복제인 것을 알아보고, 처음 기록된 원래의 근원과 연관 짓는 능력. 이 과정을 통해 우리는 '기억'과 '상상'을 구별할 수 있다.

이것이 기억 행위에 들어가는 세 가지 원리다. 이제 이런 원리를 적용하고, 이를 효과적으로 사용하는 방법을 알아보자.

첫째, 이름, 날짜 또는 장소와 같은 감각적인 인상을 기억하는 능력을 확실히 하고 싶을 때 아주 세부적인 사항까지 주의를 집중해서 인상을 생생하게 만든다. 이를 위한 효과적인 방법은 기억하고 싶은 것을 여러 번 반복하는 것이다. 사진사가 카메라의 감광판에 사진을 기록하기 위해서 적절한 시간 동안 '노출'을 주어야 하는 것처럼 우리가 쉽게 기억할 수 있기를 원하는 모든 감각적 인상이 잠재의식에 적절하고 명확하게 기록될 수 있는 시간을 주어야 한다.

둘째, 기억하고 싶은 것을 고향, 친한 친구, 생년월일 등 익숙하고 원할 때 쉽게 기억할 수 있는 다른 사물, 이름, 장소 또는 날짜와 연관시킨다. 그러면 여러분의 마음은 기억하고 싶은 감각적 인상을 쉽게 기억할 수 있는 것과 함께 보관하게 된다. 나중에 기억하기 쉬운 정보를 의식 속으로 불러오면 감각적 인상도 함께 떠오르게 된다.

셋째, 기억하고 싶은 것을 여러 번 반복하면서 그것에 정신을 집중한다. 이는 아침에 일어나기를 원하는 시간에 정신을 집중하면 정확한 시간에 깨는 것과 같은 원리다. 우리가 다른 사람들의 이름을 기억하지 못하는 이유는 애초에 이름을 제대로 기록하지 않기 때문이다. 이름을 기억하기를 원하는 사람을 소개받았을 때 그 이름을 네다섯 번 반복하고, 먼저 여러분이 그 이름을 정확히 이해했는지 확인한다. 만약 그 이름이 여러분이 잘 아는 사람의 이름과 비슷하다면, 여러분이 기억하고 싶은 이름을 반복할 때 두 이름을 모두 생각하면서 그 두 이름을 각각의 얼굴과 연관 짓는다.

만약 누군가 여러분에게 편지를 주며 부쳐달라고 한다면 상상 속에서 편지의 크기를 늘리고 그것이 우체통에 걸려 있는 모습을 본다. 마음속에서 대문짝만한 크기의 편지를 상상하고 그것을 우체통과 연관 짓는다. 그러면 여러분이 길거리에서 처음으로 지나가는 우체통이 여러분이 주머니에 가지고 있는 크고 이상하게 생긴 편지를 떠올리게 한다는 것을 알게 될 것이다.

여러분이 엘리자베스 시어러Elizabeth Shearer라는 여성을 소개받았고, 그녀의 이름을 자유자재로 떠올리고 싶어 한다고 가정하자. 여러분이 그녀의 이름을 반복할 때, 길이가 3m인 큰 가위와 엘리자베스 여왕을 연상한다. 그러면 큰 가위나 엘리자베스 여왕의 이름을 떠올리면 엘리자베스 시어러라는 이름도 떠오른다는 것을 알게 될 것이다.

로이드 키스Lloyd Keith라는 이름을 기억하고 싶다면 그 이름을 여러 번 반복하면서 여러분이 마음대로 떠올릴 수 있는 로이드 조지Lloyd George와 키스 극장Keith's Theater을 연상하면 된다.

연상의 법칙Law of Association은 잘 훈련된 기억의 가장 중요한 특징이지만 매우 간단한 법칙이다. 이 법칙을 활용하기 위해 여러분이 해야 할 일은 기억하고 싶은 것과 쉽게 기억할 수 있는 것의 이름을 마음속에 기록하는 것뿐이다.

거의 10년 전에 한 친구가 위스콘신주 밀워키에 있는 자기 집 전화번호를 알려줬는데 나는 그 번호를 적어 놓지 않았지만 오늘날까지도 기억한다. 내가 기억한 방법을 소개한다.

전화 교환국 이름과 전화번호는 '레이크뷰 2651'이었다. 친구는 우리가 미시간 호수가 보이는 기차역에 서 있을 때 그 전화번호를 알려주었다. 그래서 나는 미시간 호수를 전화 교환국 이름을 기억하는 연상 대상으로 사용했다. 마침 전화번호는 당시 동생과 아버지의 나이가 26세와 51세였기 때문에 이를 전화번호와 연관 지어 기억했다. 그러므로 전화 교환국 이름과 전화번호를 기억하기 위해서 나는 단지 미시간 호수와 내 형제와 아버지만 생각하면 됐다.

내 지인 중 한 사람은 보통 '건망증'이라고 하는 증세에 시달리고 있었다. 그는 점점 건망증이 심해져서 기억할 수 없었다. 그가 이 장애를 극복한 방법을 직접 그의 말로 소개한다.

"제 나이 50입니다. 10년 동안 저는 큰 공장의 부서장으로 일했습니다. 처음에는 제 일이 쉬웠는데, 그 후 회사가 빠르게 사업을 확장해서 제가 져야 할 책임도 커지게 되었습니다. 우리 부서의 몇몇 젊은 직원들은 에너지가 넘쳤고 능력도 출중했습니다. 이들 중 적어도 한 명은 제 자리를 노리고 있었습니다.

그러나 저는 사람이 편안해지고 싶어 하는 나이에 이르렀고 오랫동안 회사 생활을 했기 때문에 별일 없이 안락한 생활로 돌아갈 수 있다고 느꼈습니다. 이런 정신 자세는 제 위치에 거의 재앙에 가까운 영향을 미쳤습니다. 약 2년 전부터는 집중력이 약해지고 제 임무가 귀찮아지고 있다는 것을 깨달았습니다. 저는 제게 오는 우편물도 방치해서 급기야 어마어마하게 쌓인 편지 더미를 두려워하며 바라보게 되었습니다. 보고서는 쌓이고 부하들은 결재 지연으로 인해 불편을 겪었습니다. 나는 마음이 딴 데로 쏠린 채 책상에 앉아 있었습니다.

다른 상황들도 분명히 제 마음이 일에서 떠났다는 것을 보여주었습니다. 중요한 임원 회의에 참석하는 것을 잊어버리기도 했습니다. 부하 직원 한 명이 차 한 대 분의 상품 견적에서 큰 실수를 저질렀고 당연히 사장도 이 사건을 알게 되었습니다.

이런 상황에 너무나 놀라서 생각을 정리하기 위해 일주일간의 휴가를 신청했습니다. 그리고 사임하거나 문제를 찾아서 해결하기로 결심했습니다. 외딴 산장에서 며칠 동안 진지하게 성찰한 결과, 저는 가벼운 치매를 앓고 있다는 것을 확신하게 되었습니다. 집중력이 부족했고, 책상에서 육체적, 정신적 활동이 두서가 없었습니다. 부주의하고 의욕도 없고 태만했습니다. 이 모든 것은 제가 제 일에 정신을 집중하지 않았기 때문입니다. 저는 스스로 만족스러운 진단을 내리고 치료법을 찾았습니다. 완전히 새로운 업무 습관이 필요하다 생각했고, 이 습관을 들이기로 결심했습니다. 종이에 연필로 근무일의 일정 계획을 짰습니다. 우편물 확인으로 아침 업무를 시작하고 주문서 작성, 업무 지시하기, 부하들과의 회의 및 기타 업무를 이어가다 퇴근하기 전 책상 정리로 끝나는 계획입니다.

저는 마음속으로 자문자답했습니다.

'습관은 어떻게 형성되는가?'

'반복을 통해.'

'하지만 나는 이런 일을 수천 번 반복해 왔는 걸.'

'맞아. 하지만 질서정연하게 집중력 있는 방식은 아니었어.'

이렇게 마음을 다잡기는 했지만, 여전히 불안한 마음으로 사무실로 돌아와서 새로운 업무 일정을 즉시 시행했습니다. 저는 매일 같은 열정으로 거의 같은 시간에 같은 임무를 수행했습니다. 정신 집중력이 떨어지려고 할 때마다 재빨리 정신을 되찾았습니다. 의지력으로 만든 정신적인 자극으로 저는 습관 형성에 진전을 보았습니다. 매일 저는 사고를 집중하는 훈련을 했습니다. 반복 훈련이 편안해졌을 때 제가 해냈다는 것을 알았습니다."

기억력 향상 훈련이나 원하는 습관을 기르는 능력은 오로지 그 대상이 마음의 '감광판'에 강하게 남을 때까지 특정 주제에 주의를 집중하는 문제다. 집중력 그 자체는 단지 주의력을 통제하는 것일 뿐이다.

여러분이 익숙하지 않은, 그리고 전에 본 적이 없는 인쇄물 한 줄을 읽고 나서 눈을 감아보라. 인쇄물에서 보는 것처럼 방금 읽은 줄이 분명히 보일 것이다. 하지만 실제로는 인쇄물이 아니라 자기 마음의 감광판 위에서 보는 것이다. 만약 여러분이 처음 이 실험을 시도했는데 효과가 없다면 주의력을 집중하지 않았기 때문이다. 몇 번 반복하면 마침내 성공할 것이다. 예컨대 여러분이 시를 외우고 싶다면 눈을 감고도 마음속으로 인쇄물에서 보는 것처럼 선명하게 볼 수 있도록 그 줄에 주의를 집중하는 훈련을 함으로써 매우 빠르게 외울 수 있다.

주의력을 통제하는 문제는 너무나 중요하므로 가벼이 넘겨서는 안 된다. 나는 이 중요한 주제에 대한 언급을 이 장의 마지막 절정까지 미됐다. 그 이유는 이것이 이 장에서 단연코 가장 중요한 부분이라고 생각하기 때문이다.

수정 구슬을 보고 미래를 예언하는 점쟁이들의 놀라운 결과는 전적으로 보통 수준을 훨씬 넘어서는 기간 동안 끊임없이 특정 대상에 주의를 집중하는 이들의 능력 덕분이다. '수정점crystal-gazing'은 단지 **주의를 집중하는 능력**일 뿐이다.

앞에서 이미 지금 말하는 내용을 암시한 적이 있다. 주의를 집중하면 우리 마음을 에테르의 진동에 맞출 수 있고, 헤아릴 수 없는 미지의 정신 현상 세계의 모든 비밀을 마음대로 읽을 수 있게 된다. 이 얼마나 생각해 볼 가치가 있는 생각인가?

내 생각을 뒷받침할 실제적인 증거는 없지만 주의를 집중하는 능력을 고도로 키우면 어떤 사람의 마음속에 있는 것에 '파장을 맞춰' 이해할 수 있다고 생각한다. 하지만 이것이 전부가 아니며 내가 수년 동안 주의 깊게 연구하여 도달한 가설의 가장 중요한 부분도 아니다. 나는 우리가 한 걸음 더 나아가 모든 지식이 보편적인 마음universal mind에 저장되어 있고, 그 지식을 추구하는 기술을 터득한 사람은 누구나 그 마음에 주파수를 맞춰 지식을 이용할 수 있다는 것에 만족한다.

매우 보수적인 사람들에게는 이런 말이 비합리적으로 들릴 수 있다. 하지만 이 주제를 어느 정도 이해하면서 공부한 독자들에게는 이런 가설이 있을 수 있는 정도가 아니라 절대적으로 개연성이 있어 보일 것이다. 이 가설을 여러분이 직접 시험해 보기를 바란다. 실험할 주제로는 여러분이 선택한 인생의 분명한 핵심 목표가 가장 적합할 것이다. 종이에 쓴 여러분의 분명한 핵심 목표를 보지 않고 반복할 수 있도록 외우고, 하루에 두 번 이상 그것에 주의를 기울이는 연습을 하고 다음과 같이 진행해 보라.

방해받지 않을 조용한 장소로 들어간다. 앉아서 몸과 마음의 긴장을 완전히 푼다. 그런 다음 눈을 감고 손가락을 귀에 대어 모든 소리와 빛을 차단한다. 이 상태에서 인생의 분명한 핵심 목표를 반복하면서 상상 속에서 그 목표의 대상을 손에 넣은 여러분 자신을 본다. 목표가 돈을 모으는 것이라면 그 돈을 가진 자신을 본다. 목표가 집을 사는 것이라면 실제로 원하는 집을 상상 속에서 그려본다. 강력하고 영향력 있는 대중 연설가가 되는 것이 목표라면 엄청난 청중들 앞에서 훌륭한 바이올리니스트가 바이올린을 연주하듯 청중들의 감정을 쥐락펴락하는 자신을 느껴보라.

이 장이 끝나가는 지금 여러분이 선택할 수 있는 두 가지 선택지가 있다.

첫째, 여러분은 이제 자유자재로 주의를 집중하는 능력을 기르기 시작했고, 이 능력을 완전히 길렀을 때 여러분 인생의 분명한 핵심 목표를 달성할 수 있으리라고 느낄 수 있다.

둘째, 여러분은 오만하게 냉소를 지으며 속으로 '허튼소리'라고 생각하며 자신을 바보로 만들 수도 있다.

자, 여러분이 선택해야 할 시간이다. 이 장은 논쟁이나 토론의 주제로 쓴 것이 아니다. 원하는 대로 전부 또는 일부를 받아들이거나 거절하는 것은 여러분의 특권이다.

여기서 나는 지금이 냉소주의나 의심의 시대가 아니라고 말하고 싶다. 하늘과 바다를 정복하고, 공기를 메신저로 이용해서 우리 음성을

1초 이내에 지구 반대편까지 전달할 수 있는 이 시대는 확실히 '의심 많은 사람'이나 '믿지 않는 사람'에게 용기를 주는 시대는 아니다.

인류는 석기 시대와 철기 시대, 그리고 강철 시대를 거쳐 '정신력의 시대'로 접어들고 있다. 이 시대의 놀라운 업적은 다른 모든 시대를 합친 업적을 무색하게 만들 것이다. 특정 주제에 여러분의 주의를 자유자재로 집중하는 법을 배워라. 그러면 권력과 풍요로 가는 비밀 통로를 알게 될 것이다. 이것이 집중력이다.

이 장을 통해 여러분은 두 사람 이상의 사람들이 동맹을 맺고 그에 따라 '마스터 마인드'를 형성하는 목적이 한 사람의 노력으로 할 수 있는 것보다 더 효과적으로 집중력의 법칙을 적용하는 것임을 알게 될 것이다. '마스터 마인드'로 불리는 원칙은 특정한 목표 달성에 대한 집단적 정신 집중 그 이상도 그 이하도 아니다. 집단적 정신 집중을 통해 더 큰 힘이 나온다. 이는 마음과 마음이 서로 반응하면서 일어나는 '강화' 과정 때문이다.

설득 vs. 강요

이 책 내내 다양한 방법으로 언급했듯이 성공은 주로 다른 사람들과 어떻게 재치 있고 조화롭게 협상하느냐의 문제다. 일반적으로 자기가 원하는 일을 '사람들에게 시키는' 방법을 이해하는 사람은 어떤 일에서도 성공할 수 있다. 집중력의 법칙에 관한 이 장에 알맞은 클라이맥스로 우리는 사람들에게 영향을 주고, 협력을 얻어내고, 반목을 없애고 우정을 돈독하게 하는 원리를 설명한다.

강요는 때때로 만족스러운 결과를 얻는 것으로 보이지만 강요만으로는 오래가는 성공을 얻지 못했고 앞으로도 그럴 것이다. 세계대전은 역사상 어떤 일보다도 인간 정신에 영향을 미치는 수단으로서 무력이 얼마나 무익한가를 우리에게 가장 잘 보여주었다. 자세히 설명하거나 인용할 수 있는 사례를 들지 않더라도 우리는 모두 무력이 지난 40년 동안 독일 철학의 기반이었다는 사실을 알고 있다.

인간의 신체는 물리적인 힘으로 감금하거나 통제할 수 있다. 하지만 인간의 정신은 그렇지 않다. 정상적이고 건전한 사람이 자기 마음을 통제하는 천부적인 권리를 행사하기로 선택하면 지구상의 어떤 사람도 그 사람의 마음을 통제할 수 없다. 하지만 대다수 사람은 이 권리를 행사하지 않는다. 이들은 우리의 잘못된 교육 시스템 탓에 자신들의 마음속에 잠자고 있는 힘을 발견하지 못한 채 세상을 살아간다. 가끔 아주 우연히 어떤 일이 일어나기도 한다. 그 일이 한 사람을 깨우고, 그의 진짜 힘이 어디에 있는지, 그리고 그 힘을 산업이나 직업 발전에 어떻게 사용하는지 발견하게 한다. 그 결과 천재가 탄생한다.

인간 정신은 비범한 무언가가 장애물을 넘어서도록 '밀어'주지 않으면 상승 작용이나 탐험을 멈추는 지점이 있다. 사람에 따라 이 지점은 매우 높을 수도, 매우 낮을 수도, 그 중간 어디쯤일 수도 있다. 자기 마음을 인위적으로 자극하고 분발하게 해서 이런 평균적인 정지 지점을 넘어서게 하는 방법을 발견하는 사람은 그 노력이 건설적이라면 분명히 명성과 부로 보상받을 것이다.

사람의 마음을 자극하여 나쁜 역효과 없이 평균적인 정지 지점을 높이는 방법을 발견하는 교육자는 세계 역사상 누구에게도 뒤지지 않는 축복을 인류에게 내리는 것이다. 흥분제나 마약을 말하는 것이 아니다. 이것들은 잠깐 마음을 자극하겠지만 결국 우리 정신을 완전히 망치게 된다. 예컨대 강렬한 호기심, 열망, 열정, 사랑 등 '마스터 마인드'를 형성하는 요인에서 오는 순수한 정신적인 자극제만을 말한다.

이런 발견을 하는 사람은 범죄 문제 해결에도 많은 도움을 줄 것이다. 어떤 사람의 마음에 영향을 미치는 방법을 알면 그 사람에게 거의 모든 것을 할 수 있다. 마음은 대지에 비유할 수 있다. 마음은 항상 그 안에 뿌린 씨앗 종류와 같은 작물을 생산하는 매우 비옥한 땅이다. 그렇다면 문제는 올바른 씨앗을 선택하는 방법과 씨앗이 빨리 뿌리를 내리고 자라도록 하는 방법을 배우는 것이다. 우리는 매일, 매시간, 아니 매초 마음속에 씨앗을 뿌리고 있다. 하지만 되는 대로 거의 무의식적으로 하고 있으므로 잘 설계한 계획에 따라 신중하게 씨앗을 뿌리는 방법을 배워야 한다. 심은 대로 거둔다. 이는 만고불변의 진리다.

역사는 법을 준수하는 평화롭고 건설적인 시민에서 방랑하는 악랄한 범죄자로 변모한 사람들의 유명한 사례로 가득 차 있다. 또한 저급하고 악랄한 이른바 범죄형인 사람들이 건설적이고, 법을 준수하는 시민으로 변모한 수많은 사례도 있다. 이 모든 경우에서 변화는 인간의 마음속에서 일어났다. 이들은 이런저런 이유로 마음속에 자신이 원하는 것을 담은 그림을 그리고 나서 그 그림을 현실로 바꾸려고 했다. 사실 사람이 어떤 환경이나 조건, 사물의 그림을 자기 마음속에 그리고, 강한 열망으로 이 그림에 오랫동안 끈질기게 정신을 집중하면 이 그림을 물리적 또는 정신적인 형태로 실현하는 것은 지극히 간단하다.

세계대전은 인간의 정신 작용에 관한 심리학자들의 연구 결과를 증명하는 많은 놀라운 인간 정신의 경향을 끌어냈다. 거칠고, 상스럽고, 학교 교육도 받지 않았고, 버릇없는 한 젊은 산악인에 관한 다음 이야기가 그 좋은 예이다.

종교적 신념을 위해 싸운 위대한 전쟁 영웅

테네시주에는 글을 못 읽는 다람쥐 사냥꾼 앨빈 요크Alvin York가 살았다. 그가 프랑스 주둔 미국 원정군의 가장 중요한 영웅이 된 경위는 세계대전 역사에 낭만적인 장을 장식한다.

앨빈 요크는 펜트레스 카운티 출신이다. 그는 테네시 숲의 강인한 산사람들 사이에서 태어나고 자랐다. 펜트레스 카운티에는 철도조차 없다. 그는 젊을 때부터 극단적인 인물로 평판이 나 있었으며, 총잡이로 알려져 있었다. 그는 리볼버 권총의 명사수였고, 그의 라이플총 솜씨는 테네시 산악 지방 주민들 사이에서 널리 알려져 있었다.

어느 날 한 종교 단체가 앨빈 요크와 그의 부모님이 사는 공동체에 장막을 쳤다. 개종자를 찾아 산으로 찾아오는 낯선 종파였지만, 이 새로운 종교 단체의 복음 전도자들의 방식은 열정으로 가득했다. 이들은 죄인, 비열한 사람, 그리고 이웃을 이용하는 사람을 비난했다. 이들은 모두가 따라야 할 본보기로 마스터의 종교를 지목했다.

앨빈 요크, 종교를 가지다

앨빈 요크는 어느 날 밤 교회 맨 앞줄 회개자석에 앉아서 이웃들을 놀라게 했다. 앨빈 요크가 테네시의 산맥 그늘에서 그의 죄를 고백하는 동안 노인들은 자리에서 동요하고 여자들은 목을 길게 빼고 쳐다보았다. 앨빈 요크는 새로운 종교의 열렬한 사도가 되었다. 그는 공동체의 종교적 삶을 이끄는 평신도 설교자가 되었고, 그의 사격술은 여전했지만, 옳은 길을 걷는 그를 두려워하는 사람은 아무도 없었다.

전쟁 소식이 테네시의 외딴 지역에 전해지고 산사람들이 '징집'될 것이라는 말을 들었을 때, 앨빈 요크는 시무룩하고 기분이 불쾌해졌다. 그는 심지어 전쟁에서도 인간을 죽이면 안 된다고 믿었다. 그의 성경은 그에게 '살인하지 말라'고 가르쳤다. 그는 이 가르침을 문자 그대로 궁극적인 것으로 믿었다. 그는 '양심적 병역 거부자'로 몰렸다.

신성한 대의명분의 전쟁

징병관들은 문제가 생길 것으로 생각했다. 또 앨빈 요크의 마음이 확고하다는 것을 알았으므로 처벌의 위협이 아닌 다른 방식으로 그에게 다가가야 했다.

이들은 성경을 들고 앨빈 요크에게 가서 이 전쟁은 인간의 자유라는 신성한 대의명분을 위한 것이라고 그를 설득했다. 이들은 그와 같은 사람들이 무고한 여성과 어린이를 폭력으로부터 보호하고, 가난하고 억압받는 사람들을 위해 삶을 가치 있게 만들고, 성경에서 말하는 '야수'를 이기고, 기독교적 이상과 기독교인의 발전을 위해 세상을 구하라는 하나님의 부름을 받았다고 설득했다. 이것은 의로운 자들과 사탄의 무리 사이의 싸움이었다. 악마는 자신이 선택한 대리인인 독일의 카이저 황제와 그의 장군들을 통해 세계를 정복하려 하고 있었다.

앨빈 요크의 눈이 분노의 불길로 이글거렸다. 그는 큰 손을 불끈 쥐고 이를 악물며 말했다. "카이저, 이 짐승 같은 놈! 여자와 아이들을 죽이는 살인마! 내 사정거리에 들어오기만 해봐라. 본때를 보여주겠다."

그는 라이플총을 품에 안고 어머니에게 작별 키스를 하고, 카이저를 죽이고 돌아오겠노라고 했다.

훈련소에서 그의 사격 연습 실력은 눈길을 끌었다. 그의 동료들은 그의 높은 점수에 어리둥절했다. 그들은 오지의 다람쥐 사냥꾼이 최전방 참호에서 저격수가 될 훌륭한 재목이라고는 예상하지 못했다.

전쟁에서 앨빈 요크의 역할은 이제 역사가 되었다. 퍼싱Pershing 장군은 그를 전쟁의 가장 중요한 영웅으로 지명했다. 그는 의회에서 수여하는 최고 무공 훈장인 명예훈장, 프랑스 무공 십자훈장, 레지옹 도뇌르 훈장 등 수많은 훈장을 받았다. 그는 죽음을 두려워하지 않고 독일군과 맞섰다. 그는 자기 종교의 정당성을 증명하기 위해, 가정의 존엄성, 여성과 아동에 대한 사랑, 기독교의 이상과 가난하고 억압받는 사람들의 자유를 위해 싸우고 있었다. 그의 사전에는 두려움이 없었다. 그의 냉철하고 대담한 태도는 수많은 사람을 열광하게 했고 세계는 테네시의 산골에서 온, 이 기이하고 글자도 모르는 영웅에 대해 이야기하기 시작했다.

조지 딕슨George Dixon이 전해온 이 젊은 산사람의 사례에서 징병관들이 조금 다른 각도에서 접근했다면 어떻게 됐을까? 그는 의심할 여지없이 징집에 저항했을 것이고, 아마도 자기 조국에 적의를 품고 호시탐탐 반격할 기회를 노리는 무법자가 되었을 것이다.

그에게 접근한 사람들은 인간의 마음이 작용하는 원리를 어느 정도 알고 있었다. 그들은 먼저 마음속에서 일으킨 저항을 없앰으로써 앨빈 요크를 관리하는 방법을 알고 있었다. 이런 원칙을 잘못 이해하면 수많은 사람이 범죄자로 분류되고 위험하고 악랄한 사람으로 취급된다. 이것이 포인트다. 이 사람들은 암시를 통해 앨빈 요크를 효과적으로 다룰 수 있었고, 유용하고 생산적인 인간으로 발전시킬 수 있었다.

여러분이 자기 마음을 이해하고 조종하는 방법과 수단을 찾아 마음이 원하는 것을 창조하도록 설득하는 과정에서 기억해야 할 것은 여러분을 짜증 나게 하고 분노나 증오, 혐오, 냉소의 감정을 불러일으키는 것은 단 하나의 예외 없이 매우 해롭다는 것이다. 분노와 두려움이라는 이 두 가지 부정적인 감정은 여러분의 마음에 확실히 해롭다. 이런 감정이 남아있는 한 결과는 만족스럽지 않을 것이며 여러분이 달성할 수 있는 수준을 훨씬 밑돌게 될 것이다. 따라서 **마음을 통제하고, 마음이 분노나 두려움에 자극받지 않는 법을 배우기 전에는 여러분의 마음에서 건설적인 행동을 최대한, 심지어는 평균치도 끌어낼 수 없다.**

환경과 습관에 관한 논의에서 우리는 개인의 마음이 환경의 암시를 잘 받아들인다는 것, 그리고 군중 속 개개인의 마음이 리더나 지배적인 인물의 영향력 있는 암시에 따라 서로 섞이게 된다는 것을 배웠다. 피스크Fisk는 군중의 마음이 하나로 융합된다는 말을 뒷받침하는 부흥회의 정신적 암시에 관한 흥미진진한 이야기를 다음과 같이 들려준다.

> 무엇을 해야 할지, 어느 쪽으로 가야 할지 모를 때는
> 미소를 지어라. 그러면 마음이 편안해지고
> 마음속에 행복의 햇살이 가득히 비칠 것이다.

부흥회의 정신적 암시

현대 심리학에서는 종교적 '부흥회' 현상 대부분이 본질적으로 영적이라기보다는 심리적이며, 그것도 비정상적인 심리 현상이라는 사실을 확고히 했다. 유력한 권위자들은 '종교 부흥 운동가'의 정서적 호소에 대해 참가자들이 정신적으로 흥분하는 것은 진정한 종교적 경험이 아닌 최면 암시 현상으로 분류해야 한다는 사실을 인정하고 있다. 그리고 이 주제를 자세히 연구한 사람들은 이런 흥분이 개인의 정신을 고양하는 것이 아니라 인간의 마음을 비정상적인 심령의 광란 상태와 감정 과잉 속으로 끌어넣음으로써 정신을 약하게 만든다고 믿는다. 실제로 각각의 현상에 익숙한 일부 관찰자들은 종교적 부흥회를 심령적 도취와 히스테리 과잉의 전형적인 예로서 대중 최면 '오락'으로 분류한다.

릴랜드 스탠퍼드대Leland Stanford University 명예 총장 데이비드 조던David Jordan은 "위스키와 코카인, 술은 일시적인 광기를 일으키는데, 종교적 부흥회도 마찬가지다"라고 말한다. 저명한 심리학자 윌리엄 제임스William James 하버드대 교수는 "종교적 부흥 운동은 알코올 중독보다 사회에 더 위험하다"라고 말한다.

이 장에서 '부흥회'라는 용어는 해당 용어로 알려진 전형적인 종교적, 정서적 흥분을 나타내는 좁은 의미로 사용된다. 과거에 청교도나 루터교 등 다른 종교 단체에서 같은 용어로 진행되었던 더 오래되고 존경받는 종교적 경험을 말하는 것이 아니다. 표준 참고 문헌에서는 '부흥회'라는 주제에 관한 일반적인 해석을 다음과 같이 하고 있다.

"부흥회는 모든 종교에 있다. 부흥회가 일어나면 영적인 것에 상대적으로 무관심했던 많은 사람이 동시에 또는 연달아 영적인 것의 중요성을 깨닫고 영적, 도덕적으로 변하며 매우 열정적으로 다른 사람들을 자신들의 견해대로 바꾸려 한다. 이슬람교 부흥회는 코란의 엄격한 교리로 돌아가고, 칼로 그 교리를 전파하려는 열망의 형태를 취한다. 이슬람교 지역에 사는 기독교 소수자는 이슬람 종교 부흥 운동가들에게 학살당할 위험에 처해 있다. 성령의 힘을 강조하는 기독교 교파인 펜테코스트Pentecost파가 초기 기독교 교회 안에서 부흥회를 일으킨 후 수많은 개종이 이어졌다.

비록 같은 이름으로 불리지는 않았지만, 부흥회는 열두 사도 시대부터 종교 개혁 때까지 간헐적으로 일어났다. 때로는 교회로부터 냉대받은 종교 부흥 운동가들이 교회를 떠나 종파를 형성하기도 했다. 다른 경우, 특히 수도원 규율을 정립한 사람들의 경우 부흥회는 유지되었고 교회 전체에 영향을 미쳤다. 종교 개혁으로 이어진 영적 충동과 예수회Society of Jesus(1534년 이그나티우스 로욜라가 창시한 수도회 - 옮긴이)의 발흥을 낳은 적대적인 충동은 둘 다 종교 부흥 운동이었다. 하지만 '부흥회'라는 용어는 주로 개신교 교회 내에서 갑작스럽게 증가하는 영적 활동에 국한한다. 1738년부터 미국과 영국에서 찰스 웨슬리Charles Wesley, 존 웨슬리John Wesley 형제와 조지 화이트필드George Whitefield가 벌인 대규모 사업도 전적으로 종교 부흥 운동이었다.

그 이후 다양한 부흥회가 때때로 일어났고, 거의 모든 교단이 자체 부흥회를 개최하고 있다. 이런 부흥회에서 채택하는 수단은 성령에 바치는 기도, 밤마다 종종 늦은 시간까지 계속되는 모임, 주로 부흥주의 평신도들의 감동적인 연설, 감명받은 사람들을 위한 뒤풀이 모임 등이다. 때때로 부흥회에서 흥분을 잘하는 사람들이 날카로운 비명을 지르거나 심지어 실신하기도 한다. 그러나 이런 병적인 징후는 이제 만류하고 있어서 보기 드물게 되었다."

부흥회에서 정신적 암시가 작동하는 원리를 이해하기 위해서는 먼저 군중의 심리를 이해해야 한다. 심리학자들은 전체로서 군중의 심리가 군중을 이루는 개개인의 심리와 실질적으로 다르다는 것을 안다. 군중에는 독립된 개개인의 집합으로서 군중과 구성원들의 정서적 본성이 혼합되고 융합되는 것처럼 보이는 복합 군중composite crowd이 있다. 첫 번째 군중에서 두 번째 군중으로의 변화는 진지한 관심이나 감정을 깊이 자극하는 호소 또는 공통 관심사의 영향에서 일어난다. 이런 변화가 일어날 때 군중은 복합적인 개인composite individual이 되고, 그 지성과 감정 조절력은 가장 약한 구성원을 약간 웃도는 수준이다.

이는 일반 독자들에게는 놀라운 사실이겠지만 오늘날 심리학자들에게는 잘 알려져 있고 인정되는 사실이며 이에 관한 많은 중요한 논문과 책이 나와 있다.

군중의 이런 '복합적 마음가짐composite mindedness'의 특징은 극단적인 피암시성, 감정적 호소에 대한 반응, 생생한 상상력, 모방 행동 등을 보인다는 데 있다. 이는 모두 원시인이 보편적으로 드러내는 정신적 특성이다. 즉, 군중은 원시 상태로 되돌아가는 행태를 보인다.

군중 속의 원시인

심리학자이자 저술가인 기드온 다이얼Gideon Diall 교수는 그의 저서

『청중의 집합 정신의 심리학Psychology of the Aggregate Mind of an Audience』에서 영향력 있는 연설가의 말을 듣는 청중의 마음은 '융합'이라는 특이한 과정을 거친다고 주장한다. 이 과정을 통해 청중 속의 개인은 당분간 개성을 다소 잃어버리게 되고 이를테면 '혼연일체'가 되며, 이들의 특징은 일반적으로 높은 이상에 젖어 있지만, 추론 능력과 의지력이 약한 20대의 충동적인 젊은이들과 같다고 한다. 프랑스 심리학자 가브리엘 타르드Gabriel Tarde 교수도 비슷한 견해를 내놓았다.

미국 심리학자 조지프 재스트로Joseph Jastrow 교수는 그의 저서 『심리학의 사실과 우화Fact and Fable in Psychology』에서 다음과 같이 말한다.

"이런 정신 상태를 연출하는 데는 아직 언급되지 않은 요소가 주연 역할을 한다. 즉, 정신적 전염의 힘이다. 군중 속에서는 진실과 마찬가지로 오류도 잘 자란다. 각 개인은 공감대를 형성하는 데서 편안함을 느낀다.

정신적인 전염처럼 처음에 은밀하게 퍼지기 시작하고, 사전에 확인하기 어려우며, 언제라도 치명적인 힘을 드러낼 수 있는 세균을 확실히 남기는 것은 없다. 정신적 전염은 공포, 공황, 광신, 무법, 미신, 오류 등을 퍼트린다.

마술사는 많은 청중 앞에서 공연하는 것이 쉽다는 것을 안다. 무엇보다도 이들의 감탄과 공감을 불러일으키기가 더 쉽고, 이들이 무아지경에 빠지고 무비판적인 정신 상태가 되게 하기 더 쉽기 때문이다. 체인의 힘을 가장 약한 고리가 결정하듯이 군중의 비판 능력은 가장 약한 구성원의 비판 능력으로 볼 수 있다."

구스타브 르 봉Gustave Le Bon 교수는 그의 저서 『군중심리The Crowd』에서 다음과 같이 말한다.

"모임에 참가한 모든 사람의 정서와 생각이 같은 방향을 향하고, 이들의 개성은 사라진다. 집단정신이 매우 명확한 특성을 나타내면서 거의 틀림없이 일시적으로 형성된다. 이 모임은 더 나은 표현이 없어서 내가 '조직된 군중' 또는 '심리학적 군중'으로 부르게 될 군중이 된다. 이 군중은 혼연일체가 되며, 군중의 정신적 통일 법칙_{Law of the Mental Unity of Crowds}을 따른다.

심리학적 군중이 나타내는 가장 두드러진 특징은 다음과 같다. 군중을 형성하는 개개인이 누구인지, 이들의 생활방식, 직업, 성격 또는 지능이 같은지 다른지 상관없이 이들이 군중으로 바뀌었다는 사실만으로 이들은 일종의 집단정신을 공유한다. 그리고 이런 집단정신은 이들 개개인이 독립적인 상태에 있을 때 느끼고 생각하고 행동하는 방식과는 상당히 다른 방식으로 느끼고 생각하고 행동하게 만든다. 개인이 군중을 형성하는 경우를 제외하고는 탄생하지 않거나, 행동으로 옮겨지지 않는 특정 생각과 감정이 있다.

군중 속에서 축적되는 것은 어리석음이지 타고난 지혜가 아니다. 집단정신에서는 개인의 지적 소질과 개성은 약해진다. 아주 세심하게 관찰하면 한 개인이 한동안 군중 속에 뛰어들면 곧 마치 최면에 걸린 것과 거의 흡사한 황홀한 상태에 빠진다는 것을 알 수 있다. 그의 개성은 완전히 사라지고 의지와 분별력도 잃어버린다. 모든 감정과 생각은 최면을 거는 사람이 정하는 방향으로 기울어지게 된다. 특정 암시의 영향을 받은 그는 거부할 수 없는 충동에 휩싸여 특정한 행위를 하게 된다.

이런 암시는 군중 속의 모든 개인에게 똑같이 주어지기 때문에 상호작용에 따라 그 영향력이 더 커진다. 게다가 그는 조직된 군중의 일부라는 사실만으로 문명의 사다리에서 몇 단계 강등된다. 독립된 그는 교양 있는 사람일 수도 있지만 군중 속에서는 야만인이다. 본능에 따라 행동하는 존재다. 그는 원시인의 즉흥성, 폭력성, 흉포성, 열정과 용맹성 등의 특성을 보이며, 자신의 가장 명백한 이익과 가장 잘 알려진 습관에 반하는 행동을 하도록 자신을 유도하는 경향이 있다. 군중 속의 개인은 바람에 휘날리는 다른 모래 알갱이들 속 한 알의 모래 알갱이와 같다."

데이븐포트Davenport 교수는 그의 저서 『종교적인 부흥회의 원시적 특징Primitive Traits in Religious Revivals』에서 다음과 같이 말한다.

"군중의 마음은 이상하게도 원시인의 마음과 비슷하다. 군중 속의 대부분 사람은 감정과 사고, 성격이 원시적이지 않을 수 있다. 그런데도 결과는 항상 같은 경향이 있다. 자극은 즉시 행동을 일으키고 이성은 마비된다. 냉정하고 이성적인 연설가는 노련한 감정적 웅변가보다 기회가 거의 없다.

군중들은 이미지로 생각하므로 이들에게 다가가기 위해서는 연설도 이런 형태를 취해야 한다. 상상력에 호소하는 것이 가장 큰 영향을 미치는 것도 이 때문이다. 군중은 이성보다 감정으로 뭉치고 감정의 지배를 받는다. 감정은 자연스러운 유대감이다. 사람들은 지성보다 감정 면에서 차이가 훨씬 덜하기 때문이다. 또한 1000명의 군중 속에서 실제로 발생하고 존재하는 감정의 양이 각 개인의 감정을 합한 것보다 훨씬 크다는 것도 사실이다. 종교 모임에서 군중의 주의는 항상 그때 상황이나 연사에 의해 '구원'과 같은 공통된 특정 생각에 쏠리게 되고 모임의 각 개인은 감정에 휘둘리게 된다. 이는 자신이 그 생각에 감동했기 때문만이 아니라 그 모임의 다른 사람들도 모두 그 생각에 감동하고 그 생각을 믿는다는 것을 알기 때문이다. 그리고 이는 개개인의 감정 양을 엄청나게 늘리고, 결과적으로 군중 속의 감정의 총량을 늘린다. 그래서 상상력이 감정의 물꼬를 터트리고, 이것이 때로는 격정이나 흉포한 광풍이 될 수 있다."

권위의 암시와 모방의 암시

암시에 관심이 많은 독자는 감정적인 부흥회의 청중들이 군중 심리에서 발생하는 '복합적인 마음가짐'에 영향을 받고 그로 인해 저항력이 약해질 뿐만 아니라 다른 두 가지 매우 강력한 정신적 암시의 영향도 받는 것을 보게 될 것이다. 전문적인 최면술사가 하는 암시와 매우 비슷하게 종교 부흥 운동가가 행사하는 '권위의 암시'와 군중이 결합한 힘이 각 개인에게 가하는 '모방의 암시'다.

프랑스 심리학자 에밀 뒤르켐Emile Durkheim의 심리 조사에서 관찰된 바와 같이 일반적인 개인은 자기 주변이나 자기 앞에 있는 군중의 '위세'에 위협을 느끼며, 자신의 자아와 반대되는 소수의 사람이 발휘하는 독특한 심리적 영향을 경험한다. 다른 사람의 영향을 받기 쉬운 사람은 설교자의 권위 있는 암시와 조력자의 권고에 쉽게 순응할 뿐만 아니라 곳곳에서 정서적 활동을 경험하고 있고 이를 겉으로 드러내고 있는 사람들의 모방 암시의 직접적인 영향을 받게 된다. 비유하자면 양 떼에게는 양치기가 재촉하는 소리뿐만 아니라 목에 방울을 달고 앞장서 양 떼를 인도하는 길잡이 양의 방울 소리도 들린다. 앞서가는 양이 뛰면 뒤따르던 양도 덩달아 뛰고 결국 모든 양이 뛰게 되는 것처럼 리더가 모범을 보이면 전체 무리가 움직이기 시작한다. 이는 과장이 아니다. 인간도 공황 상태나 두려움 또는 어떤 깊은 감정을 느낄 때 양이나 소가 우르르 몰리는 것과 같은 모방 경향을 나타낸다.

심리학 실험 경험이 있는 사람들은 부흥회와 최면 암시에서 나타나는 현상에는 매우 유사한 점이 있다는 것을 안다. 두 경우 모두 특이한 절차에 따라 관심과 흥미를 불러일으킨다. 사람들에게 영감을 주기 위해 계산된 말과 행동으로 신비감과 경외감을 유도하며, 인상적이고 권위적인 어조의 단조로운 대화로 감각을 피로하게 한다. 또 최면 암시를 연구하는 사람들에게 친숙한, 위엄 있는 어조로 암시를 준다.

두 경우 모두 미리 가벼운 암시를 줌으로써 피험자가 최종 암시와 명령을 받아들이기 쉽게 준비시킨다. 최면술사의 경우 "일어나세요" 또는 "이쪽을 보세요"와 같은 암시를 주고, 종교 부흥 운동가의 경우 "이렇게 생각하는 사람은 모두 일어서세요"라든가 "더 나아지기를 원하는 사람은 모두 일어서세요" 등의 암시를 준다. 쉽게 외부의 영향을 받는 피험자들은 암시를 받아들이는 데 익숙해진다. "똑바로 오세요. 이쪽으로. 내가 말합니다. 오세요, 오세요"와 같은 위엄 있는 암시는 감명받은 사람들을 바로 앞으로 돌진하게 한다. 최면술 실험이나 교령회(산 사람들이 죽은 이의 혼령과 교류를 시도하는 모임 - 옮긴이), 그리고 부흥회의 경우 그 성격이 거의 정확하게 일치한다. 따라서 마음만 먹으면 훌륭한 종교 부흥 운동가는 훌륭한 최면술사가 될 수 있고, 훌륭한 최면술사는 훌륭한 종교 부흥 운동가가 될 수 있다.

부흥회에서 암시하는 사람은 청중의 정서와 감정을 자극해서 청중의 저항을 무너뜨릴 수 있는 장점이 있다. 어머니와 집, 천국의 영향을 묘사한 이야기들, 「어머니에게 말해 주세요. 내가 곧 간다고Tell Mother, I'll Be There」와 같은 노래들, 그리고 한 사람의 과거와 어린 시절의 존경하는 사람의 기억에 대한 개인적인 호소는 사람을 감정적인 순응 상태로 만들고 가장 강력하고 반복적인 암시에 취약하게 하는 경향이 있다. 젊은이들과 지나치게 감정적인 여성들이 특히 이런 정서적 암시에 취약하다. 이들의 감정은 흔들리기 쉽고, 이들의 의지는 설교와 노래, 그리고 종교 부흥 운동가의 개인적인 호소에 영향을 받기 쉽다.

그 순간 가장 거룩한 감상적인 추억이 되살아나고, 다시 옛 마음 상태로 돌아가게 만든다. 「오늘 밤 방황하는 내 어린양은 어디에 있느냐?Where Is My Wandering Boy Tonight?」와 같은 찬송가는 끝없는 어머니의 은혜를 떠올리는 많은 이들에게 눈물을 자아내며, 그 어머니가 회개하지 않은 아들은 신앙을 고백하지 않으면 갈 수 없는 하늘나라에서 행복하게 살고 있다는 설교는 많은 사람의 마음을 흔들어 놓는다.

부흥회에서는 두려움을 자아내는 요소도 들먹인다. 예전만큼은 아니지만 여전히 상당하게, 그리고 교묘하게 언급한다. 회개하지 않은 상태에서 갑작스럽게 죽는 데 대한 두려움이 청중들 사이에서 감돌고, 오늘 당장 회개하라는 말과 함께 「사랑하는 형제여, 왜 기다리는가?Oh, Why Do You Wait, Dear Brother?」라는 찬송가가 이어진다.

이와 관련해서 데이븐포트 교수는 이렇게 말한다.

"상징적 이미지를 채택하면 관객의 감정을 엄청나게 고양한다는 것은 잘 알려져 있다. 부흥회에서 많이 사용되는 어휘는 십자가, 왕관,

천사, 지옥, 천국 등이다. 생생한 상상력, 강한 느낌과 믿음은 충동적인 행동뿐만 아니라 암시에도 유리한 마음 상태다. 암시된 생각에 크게 공감하는 군중의 영향이 개개의 죄인에게 대단히 강압적이거나 위협적인 것도 사실이다. 이런 사회적 압력에서 비롯된 개종 사례가 상당히 있지만 그 이상 발전하지 못한다.

마지막으로 부흥회에서는 기도와 설교를 통해 모든 외부 사상을 억제하도록 한다. 그러므로 암시에 극도로 민감해진다. 청중의 이런 부정적인 의식 상태에 웨슬리나 피니 같이 강력한 최면 능력을 지니거나 화이트필드와 같이 매우 설득력 있고 사람을 끌어당기는 성격의 회의 진행자가 추가되면, 군중 속의 특정 개인들에게 쉽게 영향력을 행사해서 비정상적이거나 완전히 최면에 가까운 상태에 빠지게 할 수 있다."

영향을 받는 징후를 보이는 사람들은 종교 부흥 운동가나 그의 동료들이 공을 들인다. 이들은 사람들에게 자기 의지를 버리고 '모든 것을 주님께 맡기라'고 설득한다. 이들은 '지금 당장 하나님께 몸을 바치라'고 하거나 '믿으라, 그러면 너는 구원받을 것이다' 또는 '예수님께 몸을 바치지 않겠느냐'는 등의 말을 한다. 이들은 열심히 권유하며 포섭 대상을 위해 기도한다. 어깨에 팔을 두르고 감정을 자극하는 설득력 있는 모든 암시 기술을 동원한다.

미국 교육 심리학자 에드윈 스타벅Edwin Starbuck은 그의 저서 『종교의 심리학The Psychology of Religion』에서 부흥회에서 개종한 사람들의 많은 경험 사례를 다루고 있다. 한 사람은 다음과 같이 썼다.

"내 의지는 전적으로 다른 사람들, 특히 종교 부흥 운동가 M에게 달린 것 같았다. 지적인 요소는 찾아볼 수 없었다. 순수한 느낌이었다. 황홀한 시기가 이어졌다. 나는 선행을 베푸는 데 열심이었고 다른 사람들에게 호소하는 데 능했다. 도덕적으로 고양된 상태는 계속되지 않았다. 그 후 정통 종교로 완전히 되돌아갔다."

데이븐포트 교수는 부흥회에서 개종자들에게 영향을 미쳤던 낡은 방법들이 과거의 조잡한 신학 체계와 함께 사라졌다는 주장에 대해 다음과 같이 말한다.

"여기서 내가 특히 이 문제를 강조하는 이유는 부흥회에서 비이성적인 두려움을 이용하는 방법은 대부분 사라졌지만 최면술을 이용하는 방법은 사라지지 않았기 때문이다. 두려움이라는 오래된 버팀목이 사라졌기 때문에 오히려 최면술의 재연과 의식적인 강화가 있었다. 그리고 이런 힘이 '영적인' 힘이 아니라 기묘하고 초자연적이고 모호하다는 것은 아무리 강조해도 지나치지 않다. 그것은 완전히 원시적이고 동물적이고 본능적인 매혹 수단에 속한다. 이런 노골적이고 조잡한 형태로 고양이는 속수무책인 새에게 사용하고, 인디언 치료 주술사는 교령춤ghost-dance(북미 인디언들이 죽은 사람의 혼과 교통하기 위해 추는 종교적 춤 - 옮긴이) 신봉자들에게 사용한다. 종종 그래왔듯이, 이런 최면술을 다른 사람의 영향을 가장 받기 쉬운 어린이들에게 사용하는 것은 어떠한 정당성도 없으며 정신적으로나 도덕적으로 가장 해롭다. 나는 극심한 정신적 고통과 조잡한 암시를 사용하는 것이 어떤 도움이 될 수 있을지 알지 못한다. 확실한 것은 여러 계층의 사람들에게 이 수단을 사용하는 것은 심리적 위법행위라는 것이다. 우리는 생리적인 조산술 분야에서 돌팔이의 의료행위를 금지한다. 종교적 신생 과정을 훨씬 더 섬세하게 안내하는 역할을 하는 영적 산파에 대해서도 더 엄격한 훈련을 요구하고 돌팔이의 영적 의료행위를 금지함으로써 위험을 회피할 수 있으면 좋을 것이다."

부흥회의 방법들에 호의적이지만 부흥회에서 일어나는 현상에서 정신적인 암시가 가장 중요한 역할을 한다는 사실까지 인식하는 사람들은 여기서 내놓은 의견이 타당하지 않다고 주장한다. 정신적인 암시는 나쁜 목적뿐만 아니라 좋은 목적, 즉 사람들의 이익과 정신적 고양을 위해서도 사용될 수 있기 때문이라는 것이다. 하지만 그 효과와 결과를 살펴보면 이 주장은 결함이 있는 것으로 밝혀졌다. 우선 이 주장은 부흥회의 방법이 유도하는 지나치게 감정적이고 신경증적인 정신 상태를 진정한 종교적 체험에 따르는 정신적 고양과 도덕적 회생을 동일시하는 것으로 보인다. 이들은 가짜를 진짜와 같은 반열에 두려고 한다. 초자연적인 달의 사악한 빛을 영적인 태양의 기운을 북돋우고 생기를 불어넣어 주는 빛과 같은 것이라고 우기는 것이다. 이들은 최면 상태를 인간의 '영적 마음가짐spiritual-mindedness' 상태로 격상하려고 한다. 두 종류의 현상을 잘 아는 사람들은 이 두 현상 사이에는 극과 극의 차이가 있음을 안다.

현대 종교 사상의 흐름을 보여주는 풍향계로서 보스턴 뉴 올드 사우스 교회New Old South Church 명예 목사인 조지 고든George Gordon 박사가 쓴 책 『종교와 기적Religion and Miracle』에서 다음 글을 발췌해서 소개한다.

"이 때문에 종교 부흥 운동과 그 조직, 선량한 사람들의 희망에 부합하는 수치를 조작하는 직원들, 광고 시스템, 모든 건전한 비판을 배제하거나 억제하는 태도, 감정에 호소하고 하나님의 은총과 아무런 관련 없이 하나님의 영광으로 이끌 가능성이 없는 수단을 사용하는 것 등 모든 것이 완전히 부적절하다. 세상은 히브리 선지자의 비전과 열정, 소박함과 엄격한 정직함을 기다린다. 세상은 기독교 사도의 도덕적 에너지가 널리 퍼지기를 기다린다. 그리스도와 같이 위대한 마음과 위대한 인품을 가지고 교리를 행할 스승을 기다린다."

처음에 부흥회의 감정적 흥분에 이끌려 그 후에 높은 영적 본성에 따라 가치 있는 종교 생활을 영위하는 사람들의 사례가 많은 것은 틀림없다. 하지만 너무나 많은 경우에 부흥회는 감정적 흥분 상태에 빠진 사람들에게 선을 위한 일시적인 효과를 발휘할 뿐이며, 이런 긴장감이 지나간 후에는 무관심이나 심지어 진정한 종교적 감정에 대한 혐오감을 불러일으키는 결과를 초래했다. 활발한 부흥회 뒤에 '이전 상태로 되돌아가는' 결과는 모든 교회에 잘 알려져 있다. 단지 감정적 흥분에 대한 감수성만 깨울 뿐이므로 사람들은 부흥회 때마다 '개종' 단계를 반복하고 부흥회의 영향이 사라지면 다시 '이전 상태로 되돌아가기'를 반복한다.

게다가 전형적인 부흥회의 지나친 감정적 흥분 상태를 경험한 사람들은 그 후 이전보다 훨씬 더 어떤 '주의ism'와 유행, 거짓 종교에 개방적이고 영향을 받기 쉽게 된다는 것은 심리학자들에게 알려진 사실이다. 당대의 다양한 사이비 종교 사기꾼들을 지지하기 위해 몰려드는 사람들은 일반적으로 이전에 부흥회에서 가장 열정적이고 흥분을 잘하는 개종자이던 바로 그 사람들인 것으로 밝혀졌다. 지난 반세기 동안 미국과 영국에서 대거 등장한 이른바 '메시아Messiah,' '엘리아Elijah,' '새벽의 예언자Prophets of the Dawn' 계급은 이전에 정통교회에서 부흥회의 열기를 경험한 사람들이었다. 이는 최면술 훈련의 오래된 이야기다. 이러한 형태의 정서적 중독은 특히 젊은이들과 여성들에게 해롭다. 청소년기는 개인의 정신적 본질이 큰 변화를 겪는 시기임을 기억해야 한다. 이 시기는 정서적 본성과 성적 본성, 종교적 본성의 특이한 발달로 유명하다. 부흥회, 교령회 또는 최면술 시연의 초자연적인 유혹이 특히 해롭다. 인생의 이 시기에 신비와 두려움, 경외감이 결합한 지나친 감정적 흥분은 종종 병적이고 비정상적인 상태를 초래한다. 데이븐포트 교수는 이렇게 이야기하고 있다. "지금은 두려움의 충격이나 회한의 고통을 받을 때가 아니다. 이런 그릇된 종교적 열성이 가져오는 유일한 결과는 특히 여성들에게서 병적 상태와 과잉 반응, 어둠과 의심으로 향하는 경향을 강화할 가능성이 크다."

비정상적인 종교적 흥분과 성적 본성의 지나친 자극 사이에 밀접한 관계가 있다는 다른 사실들이 있다. 이 주제를 연구하는 사람들에게는 잘 알려진 사실이지만 여기서는 말할 수 없다. 하지만 데이븐포트 교수의 말이 적절한 힌트가 될 것이다. "사춘기 나이에는 성적인 활동과 영적인 활동이 거의 동시에 일어나는 유기적인 과정이 있다. 하지만 두 활동 간의 인과관계에 대한 증거는 없다. 그러나 두 활동은 신체적 과정에서 서로 다른 방향으로 분기하는 지점에서 서로 밀접하게 연관되며, **그 변화가 일어나는 결정적인 시기인 임계기**critical period**에 한쪽의 급격한 흥분 상태가 다른 쪽에 영향을 미친다는 것은 사실인 것으로 보인다."** 이 말을 잘 생각해 보면 부흥회와 전도 집회 등이 선량한 사람들을 몹시 당황하게 했던 많은 과거의 일들을 설명하는 데 도움이 될 것이다. 우리 선조들이 그토록 걱정했던 악마의 영향력은 단지 자연적인 심리적, 생리학적 법칙의 작용으로 보인다. 문제를 잘 이해하는 것은 최상의 해결책이다.

권위자들은 미래의 부흥회, 새로운 부흥회, 진정한 부흥회에 대해 뭐라고 할까? 다시 데이븐포트 교수 이야기를 들어보자. "나는 부흥회를 개인의 의지를 무시하고 개인의 이성을 압도하는 비열한 강압적인 도구로 사용하는 경우가 훨씬 적을 것으로 믿는다. 대중 종교 집회의 영향은 더 간접적이며 지나치게 야단스럽지 않을 것이다. 최면과 강요된 선택이 영혼을 약하게 만든다는 것을 인식하게 될 것이고, 흥분과 전염과 암시의 주문을 걸어놓고 중대한 문제의 결정을 강요하려는 시도는 없을 것이다. 개종자는 적을 수도 있고 많을 수도 있다. 이는 설교자의 최면술 능력이 아니라 모든 기독교인의 사심 없는 친선 능력으로 측정될 것이다.

우리가 확신할 수 있는 것은 이런 것이다. 종교적 흥분과 격정에 사로잡힌 방종의 시대는 사라지고 있다. 지적이고, 감정을 잘 드러내지 않고, 헌신적인 경건함의 시대가 열리고 있다. 공정하게 행하고, 자비를 사랑하고, 겸손하게 하나님과 함께 걷는 것 등이 인간에 대한 신의 중요한 시험으로 남아있다. 종교적 체험은 진화한다. 우리는 초보적이고 원시적인 단계에서 이성적이고 영적인 단계로 나아간다. 성령의 열매는 이성적인 사랑과 기쁨, 평화, 인내, 친절, 선함, 성실, 온유함, 자제력이다."

집중력의 법칙은 이 책에서 '마스터 마인드'라고 하는 원리를 성공적으로 실험하고자 하는 사람들은 모두 이해하고 지혜롭게 적용해야 하는 주요 원칙 중 하나다.

앞서 언급한 세계 주요 권위자들의 말은 집중력의 법칙을 더 잘 이해하게 해줄 것이다. 군중의 마음을 '융합'해서 혼연일체가 되게 하려는 사람들이 종종 사용하는 말이기 때문이다.

이제 여러분은 다음 장으로 넘어가 '협력'에 대해 배울 준비가 되었다. '협력'은 성공 철학의 기초가 되는 심리 법칙들을 적용하는 방법 속으로 여러분을 더 깊숙이 안내해 줄 것이다.

먼저 인내심과 끈기를 얻고
그다음에 당신이 원하는 것을 결정하라.
그러면 여러분은 거의 확실하게 그것을 얻게 될 것이다.

THE LAW OF
SUCCESS

12

협력

COOPERATION

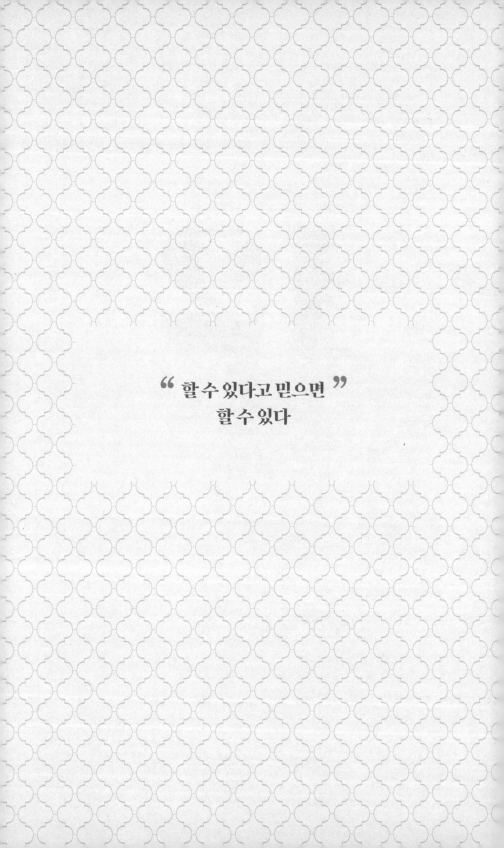

" 할 수 있다고 믿으면 "
할 수 있다

구성원의 조화가 가장 강력한 힘이다

협력은 모든 체계적인 노력의 시작이다. 1장에서 언급했듯이 앤드루 카네기는 스무 명도 안 되는 사람의 협력적인 노력 덕분에 엄청난 부를 축적했다. 여러분도 이 원리를 사용하는 방법을 배울 수 있다. 이 과정에서 주목할 협력에는 다음 두 가지 형태가 있다.

첫째, 마스터 마인드의 법칙으로 알려진 원칙에 따라 특정 목적을 달성하기 위해 함께 뭉치거나 동맹을 맺는 사람들 간의 협력이다.

둘째, 인간의 의식과 잠재의식 간의 협력이다. 이는 무한 지성과 접촉하고 소통하고 이로부터 지혜를 끌어낼 수 있는 인간 능력에 관한 합리적인 가설을 형성한다.

이 주제를 진지하게 생각해 보지 않은 사람에게는 앞서 말한 가설이 터무니없어 보일 수 있다. 하지만 그 타당성을 보여주는 증거를 따라가며 가설의 기초가 되는 사실들을 연구한 다음 자신의 결론을 도출해 보기를 바란다.

교감신경계와 수의신경계의 역할

우선 우리 신체의 물리적 구조부터 간략하게 살펴보자. 우리는 우리가 마음이라고 부르는 내재된 영적 자아와 신체 기관 사이에서 소통 통로 역할을 하는 신경망이 전신을 가로지른다는 것을 안다.

그리고 신경계는 두 부분으로 이루어져 있다. 교감신경계라고 알려진 한 시스템은 소화 기관을 움직이거나 매일 마모되는 세포 조직을 복구하는 등 우리 자유 의지가 의식적으로 지시하지 않는 모든 활동을 위한 통로다. 교감신경계의 중심은 위 뒤쪽의 복강신경총으로 알려진 신경절에 있으며 '복부의 뇌'라고도 한다.

수의신경계 또는 뇌척수신경계로 알려진 다른 시스템은 우리가 신체 감각으로부터 의식적인 인식을 받아들이고 신체 움직임을 통제하는 통로다. 수의신경계의 중심은 뇌에 있다.

교감신경계는 무의식적으로 신체의 중요한 기능을 지원하는 정신 작용의 통로고, 수의신경계는 우리의 자유 의지나 의식적인 정신 작용의 통로다. 따라서 교감신경계는 잠재의식의 기관이고 수의신경계는 의식의 기관이다.

하지만 의식과 잠재의식의 상호 작용을 위해서는 상응하는 신경계 사이의 비슷한 상호 작용이 필요한데, 양 신경계를 연결하는 것이 '미주신경'이다. 이 미주신경은 수의신경계의 일부로 발성기관을 통제하는 대뇌 영역을 통과한다. 그런 다음 흉부로 가서 심장과 폐로 갈라진다. 그리고 마지막으로 횡격막을 통과할 때 수의신경계로 분류되는 외피를 잃고 교감신경계가 된다. 미주 신경은 이렇게 양 신경계의 연결고리를 형성하고 사람을 하나의 물리적 실체로 만든다.

마찬가지로 뇌의 서로 다른 영역은 각각 마음의 실재하는 물질과 관련된 객관적인 활동과 마음속에 존재하는 주관적인 활동과의 연관성을 나타낸다. 일반적으로 우리 뇌의 앞부분은 객관적인 활동을, 뒷부분은 주관적인 활동을 담당하고, 중간 부분은 두 가지 모두를 담당한다.

직관적인 능력을 담당하는 부위는 뇌의 앞부분과 뒷부분 사이의 윗부분에 있으며 생리학적으로 직관적인 생각이 떠오르는 곳이 바로 여기다. 이런 생각들은 처음에는 구체적으로 형성되지 않고 다소 모호하지만 우리 의식은 이를 인식한다. 그렇지 않았다면 우리는 이런 생각들을 알 수 없었을 것이다. 자연의 섭리에 따라 이런 생각들은 더 확실하고 쓸 수 있는 형태로 발전하게 된다. 의식이 이런 생각들을 포착해서 수의신경계와 교감신경계에서 차례로 그에 상응하는 진동 전류를 유도하고, 이런 생각들을 주관적인 마음에 넘겨주는 것이다. 처음에 뇌의 정수리 부분에서 뇌의 앞부분으로 내려와 수의신경계를 거쳐 복강신경총으로 내려갔던 진동 전류가 이제 거꾸로 복강신경총에서 교감신경계를 거쳐 뇌의 뒷부분으로 올라가는데 이 역류는 주관적인 정신 작용을 나타낸다.

뇌의 정수리 부분 표면을 제거하면 그 바로 아래에 좌우 대뇌반구 사이에서 두 반구를 연결하는 '뇌들보'라는 반짝이는 뇌 물질의 띠가 보일 것이다. 이곳은 뇌의 주관적인 부분과 객관적인 부분이 만나는 지점이며, 전류가 복강신경총에서 이 지점으로 돌아오면서 주관적인 마음의 신비한 힘으로 얻은 것을 뇌의 객관적인 부분에 생생한 형태로 복원한다. 이렇게 해서 처음에는 모호하게만 인식되던 개념이 명확하고 실행할 수 있는 형태로 객관적인 마음으로 복원된다. 객관적인 마음이 비교와 분석을 담당하는 영역인 뇌의 앞부분을 통해 명확하게 인식된 아이디어에 작용해서 그 안에 잠재된 잠재력을 끌어내게 된다(출처: 트로워드Troward 판사의 『정신과학에 관한 에든버러 강의The Edinburgh Lectures on Mental Science』).

여기서 '주관적인 마음'이라는 용어는 '잠재의식'이라는 용어와 같으며, '객관적인 마음'이라는 용어는 '의식'이라는 용어와 같다. 이 두 가지 서로 다른 용어를 잘 이해하기를 바란다.

몸이 에너지를 전달하는 이중 시스템을 연구함으로써 우리는 두 시스템이 연결된 정확한 지점과 의식에서 잠재의식으로 생각을 전달하는 방법을 발견한다. 이 협력적인 이중 신경계는 인간에게 알려진 가장 중요한 협력 형태다. 10장에서 기술한 바와 같이 진화의 원리가 정확한 사고를 계속 개발하는 것은 바로 이 시스템 덕분이다.

자기암시의 원리를 통해 잠재의식에 어떤 생각을 강하게 남길 때 이 이중 신경계의 도움을 받는다. 그리고 잠재의식에 새긴 어떤 열망을 실현하기 위한 확실한 계획을 만들어낼 때 그 계획은 이중 신경계를 통해 의식으로 다시 전달된다. 이 협력적 신경계는 말 그대로 일상적인 의식과 무한 지성 사이에 의사소통을 위한 직통선을 구성한다.

이 주제를 처음 연구할 때 나는 여기서 설명하는 가설을 받아들이기가 어려웠다. 따라서 여러분이 스스로 이해하고 증명할 수 있는 간단한 방법으로 가설의 건전성을 설명할 것이다.

밤에 잠들기 전에 다음 날 아침 특정 시간, 예컨대 새벽 4시에 일어나겠다는 생각을 마음에 새겨라. 그 시간에 일어나겠다는 확고한 결심이 따른다면 잠재의식은 정확히 그 시간에 여러분을 깨울 것이다. 당연히 다음과 같은 질문이 나올 것이다.

"만약 내가 잠재의식에 특정 시간에 일어나겠다는 생각을 새길 수 있고 잠재의식이 그 시각에 나를 깨울 수 있다면 왜 나는 다른 더 중요한 열망을 잠재의식에 새기는 습관을 형성하지 않을까?"

여러분이 스스로 이 질문을 하고 답을 얻고자 한다면 여러분이 이 답에 매우 가까이 있다는 것을 알게 될 것이다.

> 우리의 의심은 배신자다. 우리가 시도하기를
> 두려워하게 함으로써 우리가 얻을 수 있는
> 좋은 친구를 잃게 만들기 때문이다.
> —셰익스피어

우리는 이제 특정 목적을 달성하기 위해 단결하거나 집단으로 뭉치는 사람들 사이의 협력이라는 주제를 다룰 것이다. 1장에서 우리는 이런 협력을 '체계적인 노력'이라고 불렀다.

이 책의 거의 모든 장에서 협력이라는 주제를 다룬다. 이는 독자들이 힘을 키울 수 있게 돕는 것이 이 책의 목적이고, 힘은 오직 체계적인 노력으로만 키울 수 있기 때문이다.

우리는 협력적인 노력의 시대에 살고 있다. 거의 모든 성공적인 사업은 어떤 형태의 협력으로 이루어진다. 전문 분야는 물론 산업과 금융 분야에서도 마찬가지다. 의사들과 변호사들은 변호사협회와 의사협회 등의 형태로 상호부조와 보호를 위한 동맹을 맺고 있다. 은행가들은 상호 원조와 발전을 위한 지역 협회와 전국 협회가 있다. 소매상들은 같은 목적으로 자신들의 협회를 결성하고 있다. 자동차 소유주들은 클럽과 협회로 모인다. 인쇄업자들, 배관공들, 석탄 딜러들도 자신들의 협회가 있다. 협력이 이 모든 협회의 목적이다.

노동자들은 자신들의 노동조합이 있고, 운전 자본을 공급하고 노동자들을 관리 감독하는 사람들은 다양한 이름으로 자신들의 동맹을 결성하고 있다. 아직 '협력'의 완전한 의미를 발견하지 못한 것으로 보이지만 국가 간에도 협력 동맹이 있다. 국제연맹League of Nations을 완성하려는 윌슨 대통령의 시도에 이어 국제사법재판소World Court라는 이름으로 같은 구상을 완성하려는 하딩 대통령의 노력이 협력을 향한 시대 흐름을 보여준다.

협력적 노력의 원칙을 효율적으로 적용하는 사람들이 가장 오래 살아남는다. 이 원칙이 최하등 동물에서 가장 고등 동물인 인간에게까지 적용된다는 사실은 우리 인간에게 서서히 명백해지고 있다.

카네기와 록펠러, 포드는 사업가에게 협력적 노력의 가치를 가르쳤다. 이들은 배우는 데 관심 있는 모든 사람에게 자신들이 막대한 부를 축적한 원칙을 가르쳤다는 뜻이다.

협력은 모든 성공적인 리더십의 근간이다. 헨리 포드의 가장 확실한 자산은 그가 설립한 잘 조직된 대리점이다. 이 조직은 그가 생산하는 모든 자동차를 판매하는 곳일 뿐만 아니라, 일어날 수 있는 모든 비상사태에 대처할 수 있는 재무 능력을 제공한다. 이는 그가 이미 한 번 증명한 사실이다. 헨리 포드는 협력 원칙의 가치를 이해한 덕분에 금융 기관에 의존하는 일반적인 태도를 버리고 그가 사용할 수 있는 것보다 더 큰 상업적 힘을 얻었다.

미국 연방 준비은행 시스템은 실질적으로 미국이 금융공황에 빠지지 않도록 보호하는 협력적 노력의 또 다른 예이며 체인점 시스템은 소비자와 유통업자에게 모두 이점을 제공하는 또 다른 형태의 상업적 협력 형태다. 한 지붕 아래 같은 경영진이 공동의 간접비용으로 운영하는 작은 점포 집단이라고 할 수 있는 현대적 백화점도 상업 분야에서 협력적 노력의 이점을 보여주는 또 다른 사례다.

이미 배웠듯이 힘은 체계적인 노력이며 체계적인 노력에 들어가는 가장 중요한 3가지 요소는 집중력과 협력, 그리고 조정력이다.

협력을 통해 힘을 기르는 방법

개인 능력은 정신력을 개발하고, 조직하고, 조정함으로써 생긴다. 그리고 이미 보았듯이 힘은 체계적인 활동 또는 에너지다. 개인 능력을 기르는 것은 집단능력이라고 할 수 있는 연합된 노력 또는 협력을 매개로 이용할 수 있는 잠재력 개발의 첫 번째 단계일 뿐이다.

막대한 부를 축적한 사람들이 유능한 '조직자'였음은 잘 알려진 사실이다. 이는 조직자들이 협력을 통해 자신에게 없는 재능과 능력을 갖춘 다른 사람들의 도움을 받는 능력을 갖췄음을 뜻한다. 이 책의 주요 목표는 독자들이 체계적이고 협력적인 또는 연합된 노력 원칙의 중요성을 이해하고 이를 자기 철학의 기초로 삼게 하는 데 있다. 여러분이 선택한 모든 사업이나 직업을 분석해 보면 모든 한계는 체계적이고 협력적인 노력의 부족에서 온다는 것을 알게 될 것이다.

변호사업을 예로 들어보자. 법률 사무소가 비록 유능한 변호사들로 구성되어 있을지라도 단지 한 가지 유형의 마음만으로 구성되어 있다면 이는 큰 걸림돌이 될 것이다. 복잡한 법체계는 한 사람이 제공할 수 있는 것보다 더 다양한 재능을 요구하기 때문이다. 그러므로 단지 체계적인 노력만으로 탁월한 성공을 거두기 어렵다는 것은 명백하다. 조직은 다른 구성원들에게 없는 특별한 재능을 제공하는 개개인으로 구성되어야 한다.

체계가 잘 잡힌 법률 사무소에는 소송 준비에 전문화된 인재들이 있다. 철저한 계획에 따라 법률과 사건의 증거를 일치시키는 방법을 아는 비전과 상상력이 풍부한 사람들이다. 하지만 이런 능력이 탁월한 사람들이라고 해서 항상 법정의 공판 절차에서 뛰어난 능력을 발휘하는 것은 아니다. 따라서 법정 절차에 능숙한 사람들도 있어야 한다.

한 단계 더 들어가면 이런 소송 준비와 공판 모두에서 다양한 유형의 전문적 능력을 갖춘 사람들이 필요한 다양한 종류의 사건이 있음을 알 수 있을 것이다. 예컨대 회사법을 전문으로 하는 변호사는 형사소송 사건을 맡을 준비는 전혀 안 되어 있을 수 있다.

법률 파트너십을 맺을 때 체계적이고 협력적인 노력의 원칙을 아는 사람은 자신이 하고자 하는 법률 서비스와 관련한 모든 법과 법적 절차에 전문화된 인재들을 자기 주위에 둘 것이다. 이런 원칙의 잠재력에 대한 개념이 없는 사람은 아마도 각자가 지닌 특정 법적 재능을 고려하기보다는 성격이나 안면에 따라 선택하는 일반적으로 '하면 하고 말면 마는' 식으로 동료 변호사를 선택할 것이다.

체계적인 노력은 이 책의 이전 장에서 다루었다. 하지만 마음속의 목표 달성에 필요한 모든 재능을 제공하는 개인으로 구성된 동맹 또는 조직의 필요성을 보여주기 위해 이 장에서 이 주제를 다시 한번 언급한다.

거의 모든 상업적인 일에서 적어도 세 부류의 인재가 필요하다. 구매와 판매, 그리고 금융 분야에 정통한 사람들이다. 이 세 부류의 사람들이 자신들의 노력을 체계화하고 조정할 때 협력을 통해 집단의 누구에게도 없는 능력을 갖추게 된 것을 쉽게 알 수 있다.

많은 기업이 실패하는 이유는 그 기업이 모두 이런 세 부류 중 어느 한 부류의 사람들로만 구성되어 있기 때문이다. 본래 유능한 영업 사원들은 낙천적이고 열정적이며 감정적이다. 유능한 금융인들은 대체로 침착하고 신중하며 보수적이다. 이 두 부류 모두 상업적 기업의 성공에 필수적 요소이다. 하지만 어느 부류든 다른 부류의 수정 보완 작용이 없으면 기업에 과도한 부담을 줄 수 있다.

제임스 힐이 미국이 낳은 가장 유능한 철도 건설업자였다는 것은 많은 사람이 인정한다. 철도 건설에는 고도로 전문화된 다양한 부류의 인재가 필요하다. 하지만 그는 토목기사도, 교량 건설업자도, 기관차 기사도, 기계 기술자도, 화학자도 아니었다. 하지만 힐은 체계적인 노력과 협력의 원칙을 알았다. 따라서 그는 자신에게 부족한 이런 모든 필요한 능력이 있는 사람들을 자기 주위에 포진했다.

현대의 백화점은 체계적이고 협력적인 노력의 훌륭한 예이다. 각 판매부서 관리자들은 해당 부서에서 취급하는 상품의 구매와 마케팅을 이해하는 사람들이다. 판매부서 관리자들 뒤에는 구매, 판매, 자금 조달 및 단위 조직 또는 그룹의 인사 관리 전문가로 구성된 일반 직원이 있다. 이런 형태의 체계적 노력은 각 판매부서가 그룹에서 분리해서 별도의 장소에서 자체 간접비로 각자 운영해야 한다면 가질 수 없는 구매력과 판매력을 제공한다.

미국은 세계에서 가장 부유하고 가장 영향력 있는 나라다. 분석해보면 이 거대한 힘은 미합중국을 구성하는 주들의 협력적인 노력에서 나온다는 것을 알 수 있을 것이다.

불후의 인물 링컨이 미국 북부와 남부를 나누는 정치적 · 문화적 경계선 역할을 하던 메이슨 딕슨 라인Mason-Dixon Line을 없애기로 결심한 것은 이 힘을 살리기 위해서였다. 남부의 노예 해방보다 미합중국을 구하는 것이 링컨에게는 훨씬 더 큰 관심사였다. 그렇지 않았다면 세계 국가 사이에서 초강대국으로서의 미국의 현재 지위는 지금과 크게 달랐을 것이다.

우드로 윌슨 대통령이 국제연맹을 위한 계획을 구상할 때 염두에 두었던 것도 이와 같은 협력적 노력의 원칙이었다. 그는 국가 간의 전쟁을 막기 위한 매개체로서 이런 계획의 필요성을 예견했다. 링컨이 이 원칙을 미국인들의 노력을 일치시켜 미합중국을 보존하기 위한 매개체로 예견했던 것과 마찬가지다.

따라서 개개인이 능력을 개발할 수 있는 체계적이고 협력적인 노력의 원칙은 집단 능력을 개발하는 데 반드시 사용해야 하는 것과 똑같은 원칙이라고 볼 수 있다.

앤드루 카네기는 철강 산업에서 활발하게 활동하는 동안 이 산업을 지배했다. 그는 고도로 전문화된 금융인, 화학자, 판매 관리자, 원자재 구매자, 운송 전문가, 그리고 그 산업에 필수적인 다른 사람들을 자기 주위에 포진시킴으로써 체계적이고 협력적인 노력의 원칙을 이용했다. 그는 이 '협력자' 집단을 '마스터 마인드'로 체계화했다.

모든 훌륭한 대학은 체계적이고 협력적인 노력이 필요하다는 훌륭한 사례다. 대학의 교수단은 고도로 전문화된, 다양한 능력을 지닌 사람들로 구성되어 있다. 한 학과는 문학 전문가들이 이끌고, 다른 학과는 화학 전문가들, 다른 학과는 경제 철학 전문가들이, 다른 학과는 의학 전문가들이, 다른 학과는 법학 전문가들이 이끈다. 종합대학은 각 단과대학의 집합체. 각 단과대학은 각 분야의 전문가들이 지휘하고 각 단과대학의 효율성은 한 사람의 총장이 지휘하는 연합 또는 협력적인 노력을 통해 크게 향상된다.

어디서 어떤 형태로 나타나든 모든 힘을 분석하면 체계화와 협력이 주요 요인으로 작용한다는 것을 알 수 있다. 이 두 가지 원칙은 가장 고등 동물, 즉 인간뿐만 아니라 가장 낮은 형태의 식물에서도 분명하게 나타난다.

노르웨이 앞바다에는 세계에서 가장 유명한 소용돌이가 인다. 지금까지 이 끊임없이 용트림치는 거대한 소용돌이에 휘말려서 살아남은 사람은 단 한 명도 없다. 체계적이고 협력적인 노력의 원리를 이해하지 못하는 불쌍한 영혼들이 삶의 거대한 소용돌이에 휘말려 파멸을 맞는다. 우리는 어디서나 적자생존의 법칙이 존재하는 세상에 살고 있다. 여기서 '적자'는 힘 있는 사람이고, 힘은 체계적인 노력이다.

무지하거나 이기적이어서 이 삶의 바다를 자립이라는 부서지기 쉬운 돛단배로 항해할 수 있다고 생각하는 사람은 불행한 사람이다. 이런 사람은 물의 소용돌이보다 더 위험한 엄청난 소용돌이가 있음을 알게 될 것이다. 자연법칙과 자연의 계획은 모두 조화를 이루는 협력적인 노력에 기반을 두고 있으며, 높은 지위에 오른 사람들은 이런 사실을 발견했다. 사람들이 서로 대치하고 싸우는 곳이라면 그 성격이나 원인이 무엇이든 간에 사람들은 이런 소용돌이에 가까이 가고 있음을 알 수 있을 것이다.

인생의 성공은 평화롭고 조화로운, 협력적인 노력으로만 이루어질 수 있다. 또한 성공은 혼자 또는 독립적으로 이룰 수 없다. 인간은 모든 문명의 징후와는 거리가 먼 황야에서 은둔자로 살아가더라도 생존을 위해 자기 외부의 힘에 의존한다. 문명의 일부가 될수록 인간은 협력적인 노력에 더 의존하게 된다.

하루 벌어 하루 살든, 모은 재산의 이자로 살아가든, 사람들은 다른 사람들과 우호적인 협력을 통해 필요한 것을 얻는다. 더욱이 경쟁 대신 협력에 바탕을 둔 철학이 있는 사람은 삶에 필요한 것을 적은 노력으로 얻을 뿐만 아니라 남들이 결코 느끼지 못할 행복도 덤으로 누리게 될 것이다. 협력적인 노력으로 얻은 재산은 소유자의 마음에 상처를 주지 않으며, 이는 갈취에 가까운 갈등과 경쟁적인 방법을 통해 얻은 재산보다 훨씬 값지다.

단지 생존을 위한 것이든 사치를 위한 것이든 물질적 부를 축적하는 데 우리는 시간의 대부분을 소비한다. 이런 인간 본성의 물질주의적 경향을 바꿀 수 없다면 적어도 협력을 물질 추구의 기반으로 삼음으로써 추구 방법을 바꿀 수 있다.

협력은 이중의 보상, 즉 삶의 필수품과 사치품, 그리고 탐욕스러운 사람들이 알지 못하는 마음의 평화를 제공한다. 탐욕스러운 사람은 큰 물질적 재산을 모을 수 있다. 이 사실을 부인할 수는 없지만 그는 '죽한 그릇'에 자기 영혼을 팔았을 것이다. 모든 성공은 힘에 바탕을 두고 있으며, 힘은 행동으로 조직화하고 표출되는 지식에서 나온다는 사실을 명심하라.

세상은 오직 한 종류의 지식에 대해서만 대가를 지급한다. 그것은 건설적인 서비스로 나타나는 지식이다. 미국에서 가장 잘 알려진 은행가 중 한 사람이 어떤 경영대학 졸업생들을 대상으로 한 연설에서 다음과 같이 말했다.

"여러분은 졸업장을 자랑스럽게 여겨야 합니다. 왜냐하면 졸업장은 여러분이 위대한 사업 분야에서 행동하기 위해 준비해 왔다는 증거이기 때문입니다. 경영대학 교육의 장점 중 하나는 여러분이 행동에 나설 수 있게 준비시킨다는 데 있습니다.

여러분은 오로지 한 가지 목표를 가지고 이 경영대학에 왔습니다. 그 목표는 일하고 생계를 꾸리는 방법을 배우는 겁니다. 최신 유행하는 옷이 중요한 역할을 하지 않을 일을 준비해 왔기 때문에 여러분은 최신 유행에 거의 관심이 없었습니다. 여러분은 오후 다과회에서 차를 따르는 법을 배우러 온 것도 아니고, 더 멋진 옷을 입고 값비싼 자동차를 모르는 사람들을 부러워하면서 친근감을 표현하는 데 달인이 되기 위해 온 것도 아닙니다. 여러분은 일하는 법을 배우기 위해 여기에 온 겁니다."

이 은행가의 연설을 들은 졸업생은 13명이었는데, 이들은 모두 너무 가난해서 학비를 댈 돈이 거의 없었다. 이들 중 일부는 학교 수업 전후에 아르바이트를 하면서 근근이 학비를 조달하고 있었다.

25년 전 일이다. 지난여름 나는 이들이 다녔던 경영대학 총장을 만났다. 그는 이들이 졸업할 때부터 지금까지 이들 각자의 이야기를 들려주었다. 한 명은 큰 제약회사의 사장이 되었고 한 명은 변호사가 되었다. 두 명은 경영대학을 설립했고 한 명은 미국에서 가장 큰 대학 중 한 곳의 경제학과 교수가 되었다. 한 명은 큰 자동차 제조회사 사장이고, 두 명은 은행장이 되었다. 한 명은 큰 백화점 주인, 한 명은 거대 철도 회사 부사장이 되었다. 한 명은 공인 회계사로 자리를 잡았고, 한 명은 죽었다. 그리고 13번째 사람은 지금 이 『성공의 법칙』을 편집하고 있다.

13명 중 11명이 성공한 것은 나쁜 기록이 아니다. 이는 이 경영대학 교육으로 길러진 행동 정신 덕택이다. 중요한 것은 여러분이 받은 학교 교육이 아니라 학교 교육을 통해 배운 것을 체계화된 행동으로 얼마나 잘 옮기느냐 하는 것이다.

나는 고등교육을 경시할 마음은 조금도 없다. 다만 이런 교육을 받지 않았고 비록 아는 것이 많지 않더라도 건설적이고 집중적인 행동으로 실천하는 사람들에게 성공할 수 있다는 희망을 주고 격려해 주고 싶다. 백악관을 차지한 가장 위대한 대통령 중 한 사람은 교육을 거의 받지 못했다. 하지만 그는 학교에서 배운 그 적은 지식을 적절하게 행동으로 옮김으로써 미국 역사에서 이름을 빼놓을 수 없는 사람이 되었다.

어느 곳이나 '패배 의식에 사로잡힌' 사람들이 있게 마련이다. 이 불행한 사람들을 분석해 보면 이들의 특징 중 하나가 미루는 습관임을 알 수 있다. 행동하지 않고 미루는 사람들은 계속 퇴보해서 길거리로 나앉기 전까지 틀에 박힌 생활에 빠져 안주하게 된다. 여러분은 자신이 이런 상태가 되지 않도록 조심해야 한다. 모든 사무실, 모든 가게, 모든 은행, 기타 모든 직장에는 먼지투성이 실패의 길을 어기적거리며 내려가는 미루는 습관의 희생자들이 있다. 이들은 행동으로 자신을 표현하는 습관을 기르지 않았다. 이들과 대화해 보면 이들이 잘못된 인생관을 가지고 있음을 알 수 있을 것이다.

"저는 제가 받는 보수만큼 일하고, 그럭저럭 살아가고 있습니다."

그렇다. 이들은 그럭저럭 살아간다. 하지만 이것이 이들이 얻는 전부다.

몇 년 전 노동력이 부족하고 임금이 비정상적으로 높았을 때 나는 수십 명의 건강한 사람이 시카고 공원에서 아무 일도 하지 않고 누워 있는 것을 보았다. 나는 이들이 자신들의 행동을 어떻게 변명할지 궁금해서 어느 날 오후에 나가서 이들 중 7명과 이야기를 나눴다.

시가와 담배, 호주머니에 있던 동전으로 신뢰를 얻어 이들의 꽤 은밀한 생각까지 엿볼 수 있었다. 이들은 모두 이구동성으로 일하지 않고 공원에서 빈들거리는 이유를 이렇게 말했다.

"세상이 제게 기회를 주지 않을 겁니다."

나는 세상이 기회를 주지 않는다는 이 변명이 꽤 널리 퍼져 있는 것이 걱정스럽고, 이것이 가난과 실패의 가장 흔한 원인 중 하나라고 생각한다. 세상이 '그들에게 기회를 주지 않을 거라는' 말을 생각해 보라. 물론 세상은 그들에게 기회를 주지 않을 것이다. 하지만 세상은 누구에게도 기회를 주지 않는다. 다만 기회를 원하는 사람은 행동으로 기회를 창조할 수 있다. 누군가가 기회를 은쟁반에 담아 건네주기를 기다리면 곧 실망하게 될 것이다.

그날 오후에 내가 인터뷰한 일곱 번째 남자는 유난히 몸이 좋아 보이는 사람이었다. 그는 신문지를 얼굴에 뒤집어쓴 채 땅바닥에 누워 잠들어 있었다. 내가 그의 얼굴에서 신문지를 들어 올리자 그는 내 손에서 신문지를 빼앗아 자기 얼굴 위에 다시 올려놓고 바로 잠을 청했다. 이번에는 그의 얼굴을 덮은 신문지를 집어서 그가 다시 가져갈 수 없도록 내 등 뒤에 놓았다. 그제야 그는 땅바닥에서 일어나 앉았고 나는 그를 인터뷰했다. 이 사람은 미국 동부의 아이비리그에 속한 명문대 두 곳을 졸업했고 한 대학에서 석사, 다른 대학에서 박사 학위를 받았다.

그는 직장을 계속 옮겨 다녔다. 하지만 그는 항상 그의 고용주나 동료 직원들이 '자기에게 앙심을 품었다'라고 생각했다. 그래서 그는 자신이 받은 대학 교육의 가치를 그들에게 보여주지 못했다고 했다. 그래서 그들이 '자신에게 기회를 주지 않았다'라고 생각하고 있었다. 만약 세상이 자신이 아는 것에 대해 대가를 치러야 한다는 잘못된 믿음을 고수하지 않았다면 이 사람은 어떤 위대한 기업을 이끌었거나 어떤 일에서 뛰어난 인물이 될 수 있었다.

다행히 대부분 대학 졸업생은 이런 허술한 토대 위에 집을 짓지 않는다. 지구상 어떤 대학도 자신이 배운 지식으로 할 수 있는 일을 하는 대신에 자신이 배운 것에 대한 대가를 얻으려고 하는 사람에게 성공을 가져다줄 수 없기 때문이다.

내가 언급한 사람은 버지니아에서 가장 잘 알려진 가문 출신이었다. 그의 조상은 메이플라워호를 타고 맨 처음 신대륙에 상륙한 이민자였다. 그는 어깨를 뒤로 젖히고 주먹으로 가슴을 두드리며 말했다. "생각해 보세요, 선생님! 저는 버지니아에서 유서 깊은 가문의 후손이란 말입니다."

내가 관찰한 바로는 '유서 깊은 가문'의 후손인 것이 그 후손이나 그 가문에 항상 행운은 아닌 것 같다. 이 '유서 깊은 가문'의 후손들은 너무 자주 자신들의 가문을 내세워 너무 쉽게 성공하려고 한다. 나만의 독특한 생각일 수도 있지만 세상을 위해 중요한 일을 하는 사람들을 보면 자신들의 조상을 자랑할 시간이 거의 없고 그러려고 하지도 않는다.

얼마 전 나는 고향인 버지니아 남서부로 여행을 떠났다. 20여 년 전 '유서 깊은 가문'으로 알려진 사람들의 후손들과 평범한 집안에 태어나 열정적인 활동을 통해 자기 존재를 나타내야 했던 사람들의 후손들을 비교했다. 비교 결과도 '유서 깊은 가문' 후손들에게 명예로운 쪽이 아니었다. 나는 내가 '유서 깊은 가문'에 속한 부모에게 태어나지 않은 것에 감사하지만, 그렇다고 의기양양한 것은 아니다. 물론 내가 선택할 수 있는 문제도 아니다. 만약 선택할 수 있었다면 나 역시 '유서 깊은 가문'의 부모를 선택했을 것이다.

얼마 전에 나는 매사추세츠주 보스턴에서 강연 초청을 받았다. 강연이 끝난 후 한 환영 위원회의 주선으로 케임브리지시에 있는 하버드 대학을 방문했다. 그곳에 머무는 동안 나는 '유서 깊은 가문'의 자손들을 유심히 살펴봤다. 그들 중 몇몇은 고급 자동차 패커드Packard를 가지고 있었다. 20년 전만 해도 나는 패커드 자동차를 가진 하버드 학생이라는 것에 자부심을 느꼈을 것이다. 하지만 세월이 흘러 성숙한 지금 나는 내가 하버드에 가는 특권이 있었다면 패커드 없이도 잘 할 수 있었으리라는 결론에 도달했다.

나는 패커드가 없는 하버드 학생들을 유심히 보았다. 이들은 내가 식사하는 식당에서 웨이터로 일하고 있었다. 내가 보기에 이들은 패커드가 없는 것을 대수롭지 않게 여기고, '유서 깊은 가문'의 부모를 자랑하는 사람들과 비교에 시달리는 것 같지도 않았다.

이 모든 것은 세계의 명문 대학 중 하나인 하버드대학이나 자식들을 하버드에 보내는 '유서 깊은 가문'을 비난하려는 의도가 아니다. 반대로 나처럼 가진 것도 없고 아는 것도 거의 없지만, 자신들의 조그만 지식을 건설적이고 유익한 행동으로 표현하는 불행한 사람들에게 조금이나마 격려해 주고 싶은 마음에서 하는 이야기다.

아무것도 하지 않는 나태함은 일부 마을과 도시가 말라 죽어가는 주요 이유 중 하나다. X라는 도시를 예로 들어보자. 여러분이 이 지역을 잘 안다면 설명을 듣고 이 도시가 어딘지 알아차릴 수 있을 것이다. 이 도시에서는 일요일에 모든 활동을 제한하거나 금지하는 일요일 법률Sunday blue-laws에 따라 일요일에는 모든 식당이 문을 닫았다. 철도는 도시를 통과하는 동안 시속 20km로 속도를 줄여야 한다. 공원에는 '잔

240

디밭에 들어가지 마시오'라고 적힌 표지판이 눈에 띄게 걸려 있다. 이런저런 불합리한 시 조례가 좋은 산업을 다른 도시로 내몰았다. 이러한 행위가 구속이라는 증거는 어디서나 볼 수 있다. 거리를 지나다니는 사람들의 얼굴과 태도, 걸음걸이에서 활력이라고는 찾아볼 수 없는 것이 그중 하나다.

이 도시의 군중심리는 부정적이다. 기차역에서 내리는 순간 이런 부정적인 분위기는 우울할 정도로 뚜렷해지고 다음 열차를 타고 다시 떠나고 싶어진다. 이곳은 묘지를 연상하게 하고 사람들은 걸어 다니는 유령을 닮았다.

이들에게는 행동하는 기미가 보이지 않는다. 은행들의 입출금 내역서가 부정적이고 소극적인 심리 상태를 반영한다. 가게 진열장과 판매원들의 얼굴에서 이런 분위기가 나타난다. 나는 양말을 사기 위해 한 가게에 들어갔다. 단발머리를 한 젊은 여성이 카운터에 양말 상자를 내던졌다. 내가 상자를 들어 양말을 훑어보고 얼굴에 못마땅한 표정을 짓자 그녀는 나른하게 하품하면서 말했다.

"이런 곳에서는 제일 좋은 물건이에요."

그녀는 독심술사가 틀림없다. 그녀가 말하기 전에 나는 마음속으로 '이런 곳'이라는 단어를 떠올렸기 때문이다. 이 가게는 쓰레기 더미를 떠올리게 했다. 이 도시도 마찬가지를 연상하게 했다. 나는 이런 부정적인 것이 내 핏속으로 들어오는 것을 느꼈다. 사람들에게서 풍기는 부정적인 심리가 실제로 나를 끌어들이고 있었다.

내가 설명한 것과 같은 도시로 고민하는 주는 이곳뿐만이 아니다. 이처럼 활동하지 않는 몇몇 기업도 알고 있지만, 그 이름은 생략하겠다. 하지만 여러분도 아마 어느 정도는 알 것이다.

미국에서 가장 유명하고 유능한 은행가 중 한 명인 프랭크 밴더립은 수년 전 뉴욕의 내셔널씨티은행National City Bank에서 일했다.

그의 연봉은 처음부터 평균보다 높았다. 그의 가치를 높여준 성공적인 성취 기록이 있었고 유능했기 때문이다. 그는 훌륭한 마호가니 책상과 안락의자가 갖춰진 개인 사무실을 배정받았다. 책상 위에는 바깥에 있는 비서 책상으로 통하는 전동 버튼도 있었다.

첫날은 그에게 아무 일도 오지 않고 지나갔다. 둘째, 셋째, 넷째 날도 아무 일 없이 지나갔다. 아무도 그의 사무실에 들어오거나 그에게 말을 걸지 않았다. 주말이 되자 그는 불안해지기 시작했다(행동하는 사람들은 일이 보이지 않을 때 항상 불안을 느낀다). 밴더립은 그다음 주에 은행장실로 가서 이렇게 말했다.

"당신은 나에게 많은 월급을 주면서 할 일은 아무것도 안 주고 있습니다. 그것이 신경 쓰입니다."

사장은 예리한 눈을 반짝이며 고개를 들었다. 밴더립이 계속 말을 이어갔다.

"아무것도 하지 않고 앉아 있는 동안 이 은행의 사업 확장 계획을 생각해 봤습니다."

은행장은 그에게 '생각하는 것'과 '계획하는 것' 모두 가치 있는 일이라고 말하고 그에게 계속 말하라고 했다. 밴더립이 말했다.

"제 채권 사업 경험을 살려 우리 은행에 이익이 될 방안을 생각해 봤습니다. 은행에 채권 부서를 만들고 우리 사업의 특징으로 광고할 것을 제안합니다."

"뭐라고? 우리 은행을 광고하자고?" 은행장이 의문을 제기했다. "왜? 우리는 사업을 시작한 이후로 광고를 한 적이 없는데. 우리는 광고 없이도 잘해왔어."

"이제부터 광고를 시작해야 합니다." 밴더립이 말했다. "그리고 가장 먼저 광고할 것은 제가 계획한 새로운 채권 부서입니다."

밴더립이 이겼다. 행동가가 보통 이긴다. 이는 행동가들의 독특한 특징 중 하나이다. 내셔널씨티은행 또한 이겼다. 이 대화는 어떤 은행이 했던 것보다 진보적이고 수익성 있는 광고 캠페인의 시작이었고, 그 결과 내셔널씨티은행은 미국에서 가장 영향력 있는 금융 기관이 되었다.

이야기할 만한 다른 성과도 많았다. 행동가들은 대개 자신들이 맡은 일과 함께 성장하는데 밴더립도 내셔널씨티은행과 함께 성장해서 마침내 그는 이 위대한 은행의 은행장이 되었다.

여러분은 이미 낡은 아이디어를 새로운 계획으로 재조합하는 방법을 배웠다. 하지만 여러분의 계획이 아무리 실용적이더라도 이를 행동으로 옮기지 않으면 쓸모없게 될 것이다. 집중적인 행동으로 꿈과 비전을 현실로 바꾼다면 자기 인생에서 되고 싶은 사람 또는 얻고 싶은 것을 꿈꾸는 것은 훌륭한 일이다.

세상에는 꿈만 꾸는 몽상가들이 있다. 이런 몽상가들의 비전을 받아 석조나 대리석, 음악, 좋은 책, 철도, 기선 등으로 바꾸는 사람들도 있다. 그리고 꿈도 꾸고 이런 꿈을 현실로 바꾸는 사람들도 있다. 이들은 꿈꾸는 행동가라고 할 수 있다.

잠재력을 높여주는 행동들

여러분이 집중적인 행동의 습관을 형성해야 하는 데는 경제적인 이유뿐만 아니라 정신적인 이유도 있다. 여러분의 몸은 매우 민감하고 정신의 영향을 받아들이는 수십억 개의 아주 작은 세포로 이루어져 있다. 여러분의 정신이 무기력하고 소극적이면 몸의 세포들도 활력을 잃게 된다. 연못에 고인 물이 썩기 쉬운 것처럼 활동하지 않는 몸의 세포도 병들기 쉽다.

게으름은 소극적인 정신이 신체 세포에 미치는 영향일 뿐이다. 이 말이 믿기지 않는다면 다음에 여러분이 게으르다고 느낄 때 증기탕 목욕을 하고 몸을 잘 문질러서 인위적인 방법으로 여러분의 신체 세포를 자극한 후 게으름이 얼마나 빨리 사라지는지 보라. 아니면 이것보다 더 나은 방법으로 여러분의 마음을 좋아하는 게임으로 돌리고 신체 세포가 얼마나 빨리 열정에 반응하고 게으른 감정이 사라지는지 보라.

신체 세포는 도시 사람들이 도시의 지배적인 군중심리에 반응하는 것과 정확히 같은 방식으로 정신 상태에 반응한다. 도시의 지도층이 도시에 '활기찬 도시'라는 명성을 가져다줄 수 있는 행동에 참여한다면 이 행동은 그곳에 사는 모든 사람에게 영향을 미친다. 정신과 육체의 관계에도 같은 원리가 적용된다. 활동적이고 역동적인 정신은 신체의 물리적 부분을 구성하는 세포를 일정한 활동 상태로 유지한다.

도시의 인공적인 환경은 자가 중독으로 알려진 신체 상태를 초래했다. 이는 운동 부족으로 장운동이 활발하지 못해 몸 안에서 생성된 유독성 대사 물질로 일어나는 중독 현상을 말한다. 대부분 두통은 관장제로 장을 깨끗이 청소하면 한 시간 안에 나올 수 있다. 하루 물 8잔과 적절한 운동으로 이런 관장 효과를 낼 수 있다. 일주일 동안 이를 시도하고 나면 누가 계속하라고 권유할 필요도 없다. 여러분이 하는 일이 단순히 매일 물을 충분히 마시고 운동하는 일이 아닌 이상 새로 태어난 느낌일 것이기 때문이다.

하루 24시간 중 깨어있는 16시간 동안 건강하고 활기차게 생활하는 방법을 이 책 두 페이지 정도에 기록할 수 있지만 이 방법은 너무 간단해서 대부분 사람이 따르지 않을 것이다. 나를 잘 아는 사람들은 내가 매일 많은 일을 하면서도 좋은 몸 상태를 유지하는 것을 보고 비결이 있을 것으로 생각한다. 그러나 특별한 비결은 없으며 건강을 유지하는 방법에 돈도 들지 않는다. 여기 그 방법을 소개한다. 여러분이 원하면 사용해 보기를 바란다.

첫째, 아침에 일어나서 식사 전에 따뜻한 물 한 잔을 마신다.

둘째, 아침은 통밀로 만든 빵과 시리얼, 과일, 반숙 달걀을 먹고 커피를 마신다. 점심으로는 채소와 통밀빵을 먹고 우유 한 잔을 마신다. 저녁에는 일주일에 한두 번 잘 익힌 스테이크와 채소, 특히 양상추를 먹고 커피를 마신다.

셋째, 하루에 평균 16킬로미터를 걸으며, 이 시간을 명상하고 생각하는 데 이용한다. 아마도 생각은 건강 증진제나 산책만큼이나 가치가 있을 것이다.

넷째, 평평한 의자에 등을 대고 가로눕는다. 체중을 등의 작은 부분에 싣고 머리와 팔이 거의 바닥에 닿을 때까지 완전히 긴장을 푼다. 이렇게 하면 내 몸의 과도한 에너지가 제대로 균형을 잡고 분산되며, 이 자세로 10분만 있으면 아무리 피곤해도 피로가 싹 가신다.

다섯째, 적어도 열흘에 한 번, 필요하면 더 자주 관장을 한다. 혈액보다 약간 온도가 낮은 물에 소금 한 숟가락을 타서 사용하고 무릎을 가슴에 붙인 자세로 한다.

여섯째, 매일, 주로 아침에 일어났을 때 따뜻한 물로 샤워하고 찬물로 마무리한다.

나는 나 자신을 위해 이렇게 간단한 일은 스스로 한다. 내 건강 외의 모든 것은 만물의 어머니인 대자연이 돌봐줄 것이다.

장을 청결하게 유지하는 것의 중요성은 아무리 강조해도 지나치지 않다. 오늘날 도시 사람들이 장 청소를 게을리해서 말 그대로 자가 중독 상태에 빠져있다는 것은 잘 알려진 사실이다. 변비가 될 때까지 기다리지 말고 관장을 해야 한다. 변비 단계에 이르면 사실상 병에 걸린 것이고 즉시 조처해야 한다. 하지만 여러분이 외모를 깨끗하게 유지하는 데 전념하는 것처럼 규칙적으로 자기 몸에 적절한 관심을 기울인다면 변비가 가져오는 많은 문제에서 해방될 수 있다.

15년 이상 동안 나는 단 한 주도 두통을 앓지 않은 적이 없었다. 보통 아스피린 한 알을 먹으면 일시적으로 두통이 완화되었다. 나는 자가 중독을 겪고 있었지만 알지 못했다. 변비 증상이 없었기 때문이다. 문제가 무엇인지 알았을 때 했던 두 가지를 여러분에게 추천한다.

나는 아스피린 복용을 그만두고 하루 음식 섭취량을 거의 절반으로 줄였다. 아스피린을 팔아서 이익을 얻는 사람들은 좋아하지 않겠지만, 아스피린은 두통을 영구히 치료할 수 있는 것이 아니다. 아스피린이 하는 일은 전화교환원이 전화로 소방서에 화재 신고를 하는데 신고 도중 전화선을 끊어버리는 전화가설공lineman에 비유할 수 있다. 아스피린은 자가 중독으로 독성 물질이 혈액으로 들어가고 있고, 이런 독성 물질의 효과로 격심한 통증이 발생하고 있는 위나 장에서 나오는 신경 전달 선을 끊거나 마비시킨다. 소방서에 전화하는 전화선을 끊는다고 해서 불이 꺼지는 것이 아니며, 아스피린을 복용해서 두통으로 구조 신호를 보내는 신경 전달 선을 마비시킨다고 해서 두통의 원인을 제거할 수 없다.

만약 몸 관리를 제대로 하지 않아 자가 중독으로 뇌가 망가질 때까지 방치하면 행동하는 사람이 될 수 없다. 몸에 유익한 성분을 모두 제거해 버린 '흰 밀가루로 만든 빵'과 소화할 수 있는 양보다 두 배나 많은 고기를 먹는다면 여러분은 행동하는 사람이 될 수 없다. 또 과식하고 운동을 안 하면 행동하는 사람이 될 수 없다.

아플 때마다 약병을 열거나 장이 두통 증세를 통해 관장이 필요하다고 신호를 보낼 때마다 아스피린 알약을 삼킨다면 여러분은 행동하는 사람이 될 수 없다. 여러분이 특허 의약품 광고지를 읽고 암시의 힘으로 여러분의 주머니를 털려는 영리한 광고 문안가가 묘사한 증상을 앓는 자신을 상상하기 시작한다면 행동하는 사람이 될 수 없다.

나는 5년 이상 약에 손도 대지 않았고, 나와 같은 일을 하는 대부분 사람보다 매일 더 많은 일을 하고 있지만, 그동안 아프지 않았다. 나는 열정과 인내심이 있으며 활동적이다. 내게 필요한 영양소가 들어 있는 담백한 음식을 먹고, 몸을 씻는 것처럼 조심스럽게 노폐물을 제거하는 과정을 거치기 때문이다.

이런 단순한 방법이 상식적이라고 생각된다면 이를 시험해 보라. 이 방법이 나한테 도움이 된 것처럼 여러분에게도 도움이 될 것이다. 나는 이 방법을 무엇보다 강력하게 추천한다. 두통이 있을 때 관장을 시도하거나 다른 어떤 제안이라도 여러분의 관심을 끄는 것이 있다면 그것이 타당한지 아닌지 이해할 때까지 시험해 보기를 바란다.

이 주제에 관한 논의를 마치기 전에 관장에 사용하는 물은 미지근해야 한다는 것을 설명하고 넘어가야겠다. 왜냐하면 미지근한 물이 장 근육을 수축시키고, 장 점막의 구멍에서 독성 물질을 강제로 뽑아내기 때문이다. 이것이 장 근육 운동을 도와서 궁극적으로 관장의 도움 없이도 자연스럽게 장이 제 기능을 할 수 있게 해준다. 따뜻한 물 관장은 장 근육을 이완시키기 때문에 매우 해롭다. 이는 급기야 장운동 기능을 완전히 멈추게 해서 '습관성 관장 중독enema habit'이라는 결과를 가져올 수도 있다.

나의 건강법이 기분 나쁠 수 있는 의사, 접골사, 척추 지압사, 그리고 기타 보건 의료에 종사하는 분들에게 사과하며, 이제 내 조언의 타당성에 대한 논쟁의 여지가 없을 이 장의 주제로 여러분을 초대한다.

걱정하는 습관을 버려라

여러분이 행동하는 사람이 되기 위해 정복해야 하는 또 다른 적이 있다. 바로 걱정하는 습관이다.

걱정, 시기, 질투, 증오, 의심, 두려움은 모두 행동에 치명적인 정신 상태다. 이런 정신 상태 중 어떤 것은 음식을 소화해서 온몸에 영양을 공급하는 소화 과정을 방해하고, 어떤 경우에는 완전히 파괴한다. 이런 장애는 순전히 육체적인 것이지만, 피해는 여기서 그치지 않는다. 이런 부정적인 정신 상태는 성공을 달성하는 데 가장 필수적인 요소인 성취 욕구를 없애기 때문이다.

1장에서 여러분은 인생의 분명한 핵심 목표는 실현하려는 불타는 열망이 뒷받침되어야 한다는 것을 배웠다. 그 원인이 어디에 있든지 부정적인 정신 상태에 있을 때 성취에 대한 불타는 욕구는 있을 수 없다.

긍정적인 마음가짐을 유지하기 위해 나는 매우 효과적인 '우울감 퇴치기'를 발견했다. 이 말이 내 뜻을 표현하는 매우 품위 있는 방법은 아닐지 모른다. 하지만 이 장의 주제가 품위가 아닌 행동이기 때문에 이 말을 사용하기로 한다. 내가 말하는 '우울감 퇴치기'는 쾌활한 웃음이다. '기분이 언짢다'라고 느끼거나 토론할 가치가 없는 일로 누군가와 논쟁하려고 할 때 나는 '우울감 퇴치기'가 필요하다는 것을 알고 아무도 방해하지 않고 쾌활하게 웃을 수 있는 곳으로 간다. 웃을 거리가 없으면 억지로라도 웃는다. 효과는 같다.

이런 신체적, 정신적 건강을 위한 일종의 운동을 5분 정도 하면 부정적인 생각이 사라질 것이다. 내 말을 그냥 받아들이지 말고 여러분이 직접 해보기를 권한다.

얼마 전에 나는 레코드에 녹음된 「웃는 어릿광대」라는 코미디를 들었다. 사회적 위신 때문에 마음껏 웃지 못하는 사람들에게 건강을 위해 들어보기를 권한다. 여기에는 한 쌍의 남녀가 등장한다. 남자는 코넷cornet(작은 트럼펫같이 생긴 금관악기 - 옮긴이)을 연주하려고 하고 여자는 그를 보고 웃고 있었다. 그녀의 웃음이 너무나 쾌활해서 마침내 이 남녀를 바라보는 사람들이 모두 즐거운 웃음을 터뜨렸다.

> 한 번의 즐겁고 쾌활한 웃음이
> 만 번의 '신음'과 백만 번의 '한숨'보다 낫다.

사람이 마음속으로 생각하는 것이 바로 그 자신이다. 마음속에 두려운 생각을 하면서 용기 있게 행동할 수 없다. 우리는 우리가 만나는 사람들에게 증오를 품으면서 친절하게 행동할 수 없다. 우리 마음속의 지배적인 생각, 가장 강하고 깊은 생각, 가장 자주 하는 생각은 우리 신체 작용에 영향을 미친다.

우리 두뇌가 실행에 옮기는 모든 생각은 우리 몸의 모든 세포에 영향을 미친다. 우리가 두려움을 느끼면 우리 마음은 이 생각을 다리 근육 세포로 전달하고 이 근육을 가능한 한 빨리 움직여서 도망가게 한다. 두려운 사람이 달아나는 것은 마음속 두려운 생각이 무의식적으로 그렇게 하라고 지시했기 때문이다.

서론에서 여러분은 생각이 한 마음에서 다른 마음으로 이동하는 텔레파시 원리를 배웠다. 이 장에서는 한 걸음 더 나아가 우리 생각이 텔레파시 원리를 통해 다른 사람들의 마음속에 전달될 뿐만 아니라, 생각이 신체 세포에도 전달되어 그 생각과 신체가 조화를 이루도록 영향을 미친다는 것을 알게 된다. 이 원리를 이해하면 '사람이 마음속으로 생각하는 것이 바로 그 자신이다'라는 말의 타당성을 이해하는 것이다.

이 장에서 사용하는 행동의 의미는 두 가지 형태다. 하나는 육체적 행동이고 다른 하나는 정신적 행동이다. 우리 신체 활동이 중요한 기관의 불수의적 작용을 제외하고 매우 소극적일 때 정신은 매우 활동적일 수 있다. 혹은 몸과 마음이 모두 매우 활동적일 수 있다.

행동하는 사람은 다음 두 가지 유형 중 최소 하나 이상에 해당된다. 하나는 관리인 유형이고 다른 하나는 프로모터 또는 세일즈맨 유형이다. 두 가지 모두 현대 비즈니스와 산업, 금융에서 꼭 필요한 유형이다. 프로모터 또는 세일즈맨 유형은 '정력가'로 알려져 있고 관리인 유형은 '평형 바퀴'에 비유한다. 아주 드물게 정력가이자 평형 바퀴인 사람을 찾을 수 있지만, 그렇게 균형 잡힌 성격의 인물은 드물다. 대부분 성공적인 대기업은 이 두 가지 유형의 사람들로 구성된다. 어떤 사람이 행동가인지 아닌지를 판단하기 위해서는 그의 정신적 습관과 신체적 습관을 모두 분석할 필요가 있다.

이 장의 서두에서 나는 '세상은 여러분이 아는 것이 아니라 여러분이 하는 일에 대해 대가를 지급한다'라고 했다. 이 말은 잘못 해석하기 쉽다. 세상이 진정으로 여러분에게 지급하는 것은 여러분이 하는 일이나 여러분이 다른 사람들을 움직여서 할 수 있는 일이다. 다른 사람들이 협력하고 효과적인 팀워크를 이루도록 유도하거나, 다른 사람들을 더 활동적으로 만드는 사람은 직접적으로 효과적인 서비스를 제공하는 사람 못지않게 행동하는 사람이다.

산업과 비즈니스 분야에는 자신들의 지시에 따르는 사람들의 노력을 격려하고 지도해서, 지도력의 영향 없이 할 수 있는 것보다 더 많은 성과를 내게 하는 능력을 갖춘 사람들이 있다. 카네기가 직원들의 노력을 너무나 훌륭하게 지도해서 많은 직원을 부자로 만들었고, 그의 천재적인 지도력 없이는 직원들이 부자가 될 수 없었다는 것은 잘 알려진 사실이다. 산업 및 비즈니스 분야의 거의 모든 위대한 리더도 마찬가지이다. 리더만 이익을 얻는 것이 아니다. 종종 이들의 리더십 덕분에 이익을 얻는 사람들도 많다.

어떤 유형의 사람들은 흔히 금전적인 면에서 자신들의 서로 다른 처지 때문에 자신의 고용주를 욕하기도 한다. 그런데 일반적으로 이런 사람들은 고용주가 없다면 훨씬 더 가난하리라는 것은 사실이다.

서론에서 연합된 노력의 가치를 특히 강조했다. 일반적으로 사람들은 계획을 세울 비전이 있거나 이런 계획을 실행하는 능력은 있지만, 자신들이 실행하는 계획을 만들 상상력이나 비전은 없기 때문이다.

앤드루 카네기는 이 통합된 노력의 원칙을 이해하고 있었으므로 자기 주위에 계획을 세울 수 있는 사람들과 실행할 수 있는 사람들을 두었다. 카네기 측근 중에는 세계에서 가장 유능한 세일즈맨이 몇 사람 있었다. 하지만 그의 모든 직원이 판매만 할 줄 아는 사람들로만 구성되어 있었다면 그는 결코 그렇게 막대한 부를 축적할 수 없었을 것이다. 물론 그의 직원이 모두 판매원으로만 구성되어 있었다면 행동은 충분히 취했을 것이다. 하지만 이 장에서 말하는 것처럼 행동을 현명하게 이끄는 사람이 필요하다.

미국에서 가장 잘 알려진 법률사무소에는 두 명의 변호사가 있는 데, 한 명은 법정에 출두하지 않는다. 그는 회사가 맡은 사건의 공판 준비만 하고, 회사의 다른 변호사가 법정에 출두해서 공판에 참석한다. 표현 방식은 달라도 둘 다 열정적인 행동가다.

이 세상에서 자기 위치를 찾을 때 여러분은 자신을 분석하고 자신이 프로모터 혹은 세일즈맨인 '정력가' 유형인지, 아니면 관리인에 속하는 '평형 바퀴' 유형인지를 파악해야 한다. 그런 다음 여러분의 타고난 능력과 조화를 이루는 여러분만의 분명한 핵심 목표를 선택해야 한다. 여러분이 다른 사람과 동업하고 있다면 자신뿐만 아니라 이들도 분석하고, 각자가 자기 기질과 타고난 능력에 가장 잘 맞는 역할을 하도록 노력해야 한다.

관리인 유형인 사람에게 도서 관리 일을 맡기면 만족스러워하겠지만 그에게 판매원 일을 맡기면 불만을 품고 일에서 실패자가 될 것이다. 반대로 프로모터 유형인 사람에게 도서 관리 일을 맡긴다면 그는 불행해할 것이다. 그의 천성은 더 적극적인 행동을 요구하기 때문이다. 소극적인 행동은 그의 야망을 만족시키지 못할 것이고, 만약 그가 적극적인 행동을 요구하지 않는 일을 계속해야 한다면 그는 실패자가 될 것이다. 자신들이 관리하는 자금을 횡령하는 사람들은 대부분 프로모터 유형이며, 이들에게 가장 적합한 일을 맡겼더라면 이들이 유혹에 굴복하지 않았으리라는 결과가 자주 밝혀진다.

사람들에게 자기 본성과 맞는 일을 주면 자기 안에 있는 잠재력을 최대한 발휘하게 된다. 하지만 안타까운 사실은 대부분이 자기 본성에 가장 잘 맞는 일을 하지 않는다는 점이다.

필생의 일을 선택할 때 타고난 능력을 고려하지 않고 금전적인 관점에서 가장 수익성이 있어 보이는 일을 하는 실수를 너무 자주 한다. 오로지 돈만이 성공을 가져온다면 이것도 괜찮을 것이다. 하지만 가장 숭고한 성공의 요건은 마음의 평화와 자신이 가장 좋아하는 일을 찾은 사람에게만 오는 즐거움과 행복이다. 이 책의 주요 목적은 여러분이 자신을 분석하고 어떤 일이 자신이 타고난 능력과 잘 맞는지 판단할 수 있게 하는 데 있다.

이제 우리는 행동을 전개할 수 있는 원칙을 논의할 단계에 이르렀다. 활동적으로 되는 방법을 이해하기 위해서는 미루지 않는 방법을 알아야 한다.

첫째, 매일 가장 싫은 일을 먼저 하는 습관을 기른다. 이 방법은 처음에는 어렵겠지만, 습관을 들이고 나면 여러분의 일에서 가장 힘들고 바람직하지 않은 부분을 먼저 하는 것을 자랑하게 될 것이다.

둘째, 다음과 같은 문구를 일하면서 볼 수 있는 곳과 잠자리에 들거나 일어날 때 볼 수 있는 침실에 놓아둔다. "사람들에게 무엇을 할 수 있다고 말하지 말고 행동으로 보여라."

셋째, 매일 밤 잠들기 전에 다음과 같은 말을 크게 열두 번 반복한다. "내일은 내가 해야 할 일을 모두 제때 제대로 할 것이다. 나는 가장 어려운 일을 먼저 할 것이다. 이것이 미루는 습관을 없애고 행동하는 습관을 길러줄 것이기 때문이다."

넷째, 이 방법을 통해 행동하는 습관을 길러 목표를 성취할 수 있을 것으로 믿고 실천한다.

이 장을 마치기 전에 쾌활한 웃음의 가치에 대해 말했던 것으로 돌아가서 노래를 부르는 것이 같은 효과를 내고 어떤 경우에는 웃는 것보다 훨씬 더 낫다는 말을 덧붙인다.

빌리 선데이는 세상에서 가장 역동적이고 적극적인 설교자 중 한 명이지만, 찬송 예배의 심리적 효과가 없었다면 그의 설교는 효과가 반감되었을 것이라고 한다.

독일군이 세계대전 발발 초기와 그 후에도 오랫동안 이기는 군대였다는 것은 잘 알려진 사실이다. 그리고 그 이유 중 상당 부분은 독일군이 노래하는 군대였다는 사실 때문이라고 한다. 그때 미국에서 카키색 옷을 입은 미국 육군 보병들이 유럽 대륙에 왔다. 그들 역시 노래하는 군대였다. 이들의 노래 뒤에는 자신들이 싸우는 대의에 대한 지속적인 믿음이 있었다. 곧 독일군은 노래를 그만두기 시작했고, 그러면서 전황은 독일군에게 불리해지기 시작했다.

교회에 가야 하는 이유로 찬송 예배가 주는 심리적 효과 외에 달리 추천할 것이 없다고 해도 그것으로 충분할 것이다. 왜냐하면 함께 아름다운 찬송가를 부르다 보면 기분이 좋아지기 때문이다.

여러 해 동안 나는 찬송 예배에 참여한 후에 더 글을 잘 쓸 수 있다는 것을 알았다. 다음 주 일요일 아침에 교회에 가서 열정적으로 찬송 예배에 참여함으로써 내 말이 맞는지 몸소 증명해 보기를 바란다.

나는 전쟁통에 군수 산업 공장에서 생산 속도를 높이는 방법을 고안했다. 종업원이 3000명인 공장에서 시행한 실제 실험에서 노동자들을 노래 그룹으로 구성하고 오케스트라와 밴드를 설치해서 10분 간격으로 신나는 노래를 연주하게 한 지 30일도 되지 않아 생산량이 40% 증가했다. 노동자들이 음악의 리듬에 맞춰 작업 속도를 높였기 때문이다. 적절하게 선택한 음악은 노동자들이 더 적극적으로 행동하도록 자극한다. 하지만 많은 사람의 활동을 지시하는 사람들이 모두 이 사실을 이해하지 못하는 것으로 보인다.

나는 그동안 여행을 다니면서 회사 경영진이 음악을 직원들을 위한 자극제로 사용하는 회사를 딱 한 곳 발견했다. 이 회사는 매사추세츠주 보스턴에 있는 필렌_{Filene} 백화점이다. 이 백화점에서는 여름철 아침 개장 30분 전에 오케스트라가 최신 춤곡을 연주한다. 판매원들은 백화점 통로에서 춤을 추는데 백화점 문이 열릴 때쯤에는 활동적인 심신 상태가 되고 이런 상태가 종일 이어진다.

그런데 나는 필렌 백화점 직원들만큼 예의 바르고 유능한 영업사원들을 본 적이 없다. 이 백화점의 한 부서장은 아침 음악 프로그램 덕분에 자기 부서의 모든 직원이 실제로 더 적은 노력으로 고객들에게 더 많은 서비스를 제공하고 있다고 말했다.

전쟁터에서 노래하는 군대는 승리하는 군대다. 조지 제임스_{George James}가 지은 『신과 함께 인생을 노래하기_{Singing Through Life with God}』라는 책이 있는데 노래 심리에 관심이 있는 사람들에게 추천한다.

내가 일이 힘들고 단조로운 산업 공장의 관리자라면 모든 노동자에게 음악을 들려주는 음악 프로그램을 설치할 것이다. 뉴욕시의 유흥가인 로어 브로드웨이에서 한 기발한 그리스인이 축음기를 사용해서 고객을 즐겁게 하고 도우미들의 작업 속도를 높이는 방법을 발견했다. 이곳의 소년들은 음악에 맞춰 즐겁게 식탁을 치운다. 작업 속도를 높이려면 가게 소유주는 축음기 속도를 높이기만 하면 된다.

두 명 이상이 분명한 목표를 달성하기 위해 협력적인 연대를 맺는 집단 노력은 개개인의 노력보다 더 강력해진다.

축구팀은 비록 팀 구성원들이 운동장 밖에서는 많은 면에서 불화하고 조화를 이루지 못하더라도 잘 조정된 팀워크에 따라 계속 승리할 수 있다.

물론 서로 불화하고 마음이 맞지 않지만 매우 성공적인 사업을 계속할 수도 있다. 부부는 마스터 마인드의 발전에 필수적인 조화로운 유대감 없이도 함께 살고 상당한 규모 또는 심지어 큰 재산을 축적하고 가족을 부양하고 교육할 수 있다. 하지만 이런 모든 연대는 완벽한 조화의 토대 위에 마스터 마인드로 알려진 추가적인 힘을 개발할 수 있다면 더 강력하고 효과적일 수 있다. 평범한 협력적 노력에서도 힘이 나오며 이것에 대해서는 의심의 여지가 없다. 하지만 완전히 조화를 이룬 목표에 기반을 둔 협력적 노력은 초능력을 발휘한다.

어떤 협력적 집단의 구성원 개개인이 모두 완전한 화합의 정신으로 같은 분명한 목표 달성에 마음을 기울이면 마스터 마인드를 형성할 수 있다. 다만 이때 이 집단의 모든 구성원이 기꺼이 개인적 이익보다 집단이 지향하는 목표 달성을 우선해야 한다.

미국이 지구상에서 가장 강력한 국가가 된 것은 주로 고도로 조직화된 주 간 협력 노력 덕분이다. 오늘날 미국은 지금까지 창조된 가장 강력한 마스터 마인드의 결과로 태어났다. 이 마스터 마인드의 구성원들은 바로 미국 독립 선언서에 서명한 사람들이다. 이 문서에 서명한 사람들은 의식적으로든 무의식적으로든 '마스터 마인드'라고 알려진 힘을 발휘했고, 그 힘으로 이들은 적군을 물리칠 수 있었다. 독립 선언서를 지키기 위해 싸운 사람들은 오로지 돈을 위해 싸우지 않았다. 이들은 최고의 동기인 자유주의를 위해 싸웠다.

정치, 경제를 막론하고 위대한 지도자는 추종자들이 모두 열정적으로 받아들이는 목표를 제시하는 방법을 아는 사람이다.

정치에서는 '당면 문제'가 전부다. 당면 문제란 대다수 유권자를 결집할 수 있는 대중적인 목표를 의미한다. 이런 문제들은 일반적으로 단순 명쾌한 슬로건 형태로 전파된다. 예컨대 미국 30대 대통령 존 쿨리지John Coolidge의 선거 구호 '쿨리지와 함께 쿨하게Keep Cool with Coolidge'는 유권자들의 마음에 쿨리지를 대통령으로 선출하는 것이 미국이 번영을 유지하는 길이라는 암시를 심어줌으로써 효과가 있었다. 링컨의 선거 운동 슬로건 '링컨을 지지해서 연방을 지키자Stand Back of Lincoln and Preserve the Union' 또한 효과가 있었다. 우드로 윌슨의 재선 선거 운동 책임자들은 '그는 전쟁의 소용돌이에서 미국을 지켜냈다He Kept us out of War'라는 슬로건을 만들었고 효과가 있었다.

어떤 집단의 협력적인 노력에서 나오는 힘의 강도는 언제나 그 집단이 달성하기 위해 노력하는 동기의 특성에 따라 정해진다. 어떤 목적으로든 그룹 활동을 조직하는 모든 사람이 이를 명심하는 것이 좋다. 사람들을 매우 감정적이고 열정적인 완벽한 화합의 정신으로 결집할 수 있는 동기를 찾아라. 그러면 마스터 마인드를 창조하는 출발점을 찾게 된다. 사람들이 단순한 돈보다 이상을 이루기 위해 더 열심히 일한다는 것은 잘 알려진 사실이다. 협력적 집단 노력을 끌어내는 기초가 되는 '동기'를 찾을 때 이 사실을 명심하는 것이 좋다. 인간은 괴상한 동물이다. 평범한 상황에서 평범한 능력을 지닌 사람에게 활력을 북돋아 주는 동기를 부여하면 갑자기 막강한 힘이 생긴다.

여자가 남자를 행동하도록 자극하는 방법을 알고 있을 때, 남자가 자신이 선택한 여자를 기쁘게 하려고 성취하거나 성취할 수 있는 일은 인간 정신을 연구하는 사람들에게 경이로움의 원천이었다. 남자들이 주로 반응하는 동기는 크게 다음 세 가지다.

1. 자기 보존
2. 성적 접촉
3. 경제적 및 사회적 권력

좀 더 간략하게 말하자면 남성들이 행동하는 주된 동기는 돈과 섹스, 그리고 자기 보존이다. 추종자들이 행동하게 할 동기를 부여하는 힘을 찾고 있는 리더는 이 세 가지 분류 중에서 그 동기를 찾을 수 있다.

여러분이 관찰한 바와 같이 이 장은 마스터 마인드의 법칙을 다루는 서론 및 1장과 매우 밀접한 관련이 있다. 사람들은 마스터 마인드를 형성하지 않고도, 다시 말해 자기 노력의 기초가 되는 조화의 정신이 없어도 단지 필요에 따라 협력할 수 있다. 그리고 이런 협력도 상당한 힘을 만들어 낼 수 있다. 하지만 연대하는 모든 사람이 자기 개인적 이익을 뒤로 하고 자기 노력을 연대하는 다른 모든 구성원의 이익과 완벽하게 조화롭게 조정할 때 내는 힘과 비교할 것은 아무것도 없다.

사람들이 조화롭게 협력하는 정도는 이들이 행동하도록 동기를 부여하는 힘에 달렸다. 마스터 마인드를 형성하는 데 필수적인 완벽한 조화는 특정 집단의 각 구성원이 자신의 개인적 이익을 완전히 잊어버리고 집단의 이익을 위해 일하게 하거나 어떤 이상주의적이고 너그럽고 박애주의적인 목적을 달성하기 위해 일하게 할 수 있을 때만 얻을 수 있다.

지금까지 사심 없이 완벽한 조화의 정신을 가지고, 자신을 던질 추종자들로부터 협력을 확보하는 계획을 세우려는 리더를 위한 지침으로 사람들에게 동기를 부여하는 세 가지 주요 힘에 관해 얘기했다.

사람들은 자신들의 모든 생각을 제쳐두도록 하는 강력한 동기가 아니면 이런 조화의 정신으로 결집하고 리더를 지지하지 않을 것이다. 우리는 우리가 좋아하는 일을 잘한다. 판단력이 뛰어난 리더라면 이 사실을 명심하고 이 법칙에 따라 모든 추종자에게 자신이 좋아하는 일을 할당하도록 계획을 세워야 한다.

추종자들로부터 얻을 수 있는 것을 모두 얻는 리더는 그렇게 한다. 왜냐하면 추종자들 각자가 자기 이익을 뒤로 하고 집단의 다른 모든 구성원과 완벽한 조화를 이루는 정신으로 일하도록 하는 강한 동기를 각자의 마음속에 설정했기 때문이다.

여러분이 누구이고 분명한 핵심 목표가 무엇이든지 간에 다른 사람들의 협력을 통해 핵심 목표를 달성할 계획이라면 여러분의 계획을 마스터 마인드 법칙의 힘으로 뒷받침할 수 있도록 사람들의 마음속에 완전하고 분열되지 않고 이기적이지 않은 협력을 얻어낼 수 있을 만큼의 강력한 동기를 심어줘야 한다.

여러분은 이제 13장을 배울 준비가 되었다. 13장에서는 여러분이 경험한 모든 실수와 오류, 실패를 자산으로 만드는 방법과 다른 사람들의 실수와 실패를 통해 교훈을 얻는 방법을 배우게 된다. 미국의 한 큰 철도 회사 사장은 다음 장을 읽은 후 이렇게 말했다.

"여기에는 이 장의 내용에 주의를 기울이고 이해하는 사람이라면 자신이 선택한 필생의 일에서 주인이 될 수 있는 내용이 담겨 있다."

다음 장은 이 과정에서 내가 가장 좋아하는 장이다. 그 이유는 다음 장을 읽고 나면 분명하게 알 수 있을 것이다.

THE LAW OF
SUCCESS

13

실패에서 배우는 태도

FAILURE

" 할 수 있다고 믿으면 "
할 수 있다

성공은 실패의 축적이다

일상적인 상황에서 '실패'라는 단어는 부정적이다. 이 장에서는 이 단어에 새로운 의미를 부여한다. 왜냐하면 이 단어는 매우 잘못 사용되어 온 단어이기 때문이다. 그리고 이런 이유로 실패는 많은 사람에게 엄청난 슬픔과 고난을 가져다주었다.

우선 '실패'와 '일시적 패배'를 구분해 보자. 종종 '실패'로 여기는 것이 실제로는 '일시적 패배'가 아닌지 보자. 그리고 이 일시적 패배가 전화위복이 아닌지 알아보자. 왜냐하면 일시적 패배는 우리 에너지를 다른 더 바람직한 쪽으로 돌리게 하기 때문이다.

8장에서는 힘이 저항에서 나온다는 것을 배웠다. 그리고 이 장에서는 견실한 성격은 역경과 좌절, 그리고 보통 잘 알지 못하는 사람들이 '실패'라고 부르는 일시적인 패배를 배울 것이다.

일시적인 패배나 역경은 이를 필요한 교훈을 가르쳐 줄 스승으로 바라보는 사람에게는 실패가 되지 않는다. 사실 모든 역경과 일시적 패배에는 위대한 교훈이 있다. 그리고 보통 그것은 일시적 패배를 통해서만 얻을 수 있는 교훈이다.

일시적인 패배는 종종 우리에게 익숙하지 않은 난해한 언어로 말한다. 만일 그렇지 않다면(쉽게 이해할 수 있다면) 우리는 일시적 패배에서 교훈을 얻지 못한 채 같은 실수를 되풀이하지 않을 것이다. 또한, 다른 사람들이 저지르는 실수를 더 잘 관찰하고 이것을 거울로 삼아 실수를 범하지 않을 것이다.

이 장의 주요 목적은 일시적 패배가 우리에게 말하는 이 '수화언어'를 통해 학생들이 실패가 주는 교훈을 이해하고 이익을 얻을 수 있도록 돕는 것이다.

내 인생에 일곱 번의 전환점

약 30년에 걸친 내 경험이 여러분에게 일시적 패배의 의미를 해석하는 데 도움을 줄 수 있을 것이다. 이 기간에 나는 잘 모르는 사람들이 '실패'라고 부르는 일을 일곱 번이나 맞았다. 이 일곱 번의 전환점에서 나는 내가 비참하게 실패했다고 생각했다. 하지만 이제 나는 실패처럼 보이는 것이 우리를 인도하는 보이지 않는 친절한 손일 뿐이라는 것을 안다. 그 손은 내가 선택한 길에서 나를 일단 멈추게 하고 위대한 지혜를 줌으로써 더 유리한 길로 노력의 방향을 바꾸도록 했다.

물론 오랜 세월 동안 내 경험을 돌아보고 이를 냉정하고 차분하게 생각하고 분석한 후에야 이런 결론에 도달할 수 있었다.

첫 번째 전환점

경영대학 과정을 마친 후 나는 5년 동안 속기사와 회계 장부 담당자로 일했다. 8장에서 설명한 것처럼 내가 받는 보수보다 더 많은 일을 하고 더 나은 일을 하는 습관을 들인 결과, 나는 빠르게 승진해서 나이에 비해 높은 연봉을 받게 되었다. 돈을 저축했고, 예금 잔고는 수천 달러에 달했다.

내 명성은 빠르게 퍼졌고 여러 곳에서 스카우트를 제안받았다. 경쟁자들의 이런 스카우트 제안에 대응하기 위해 내 고용주는 나를 광산의 총지배인 직위로 승진시켰다. 온 세상이 내 발아래 있는 듯했다. 하지만 그것이 내 운명의 슬픈 부분이었다.

그때 운명의 친절한 손이 다가와 내 옆구리를 쿡 찔렀다. 내 고용주는 파산했고 나는 직장을 잃었다. 이것이 내 첫 번째 패배였다. 비록 내가 통제할 수 없는 원인의 결과로 일어났지만 나는 그것으로부터 교훈을 얻어야 했다. 그러나 당시의 교훈은 수년이 지난 후에야 비로소 얻을 수 있었다.

두 번째 전환점

다음 일자리는 미국 남부의 대규모 목재 생산 회사의 판매 관리자였다. 나는 목재에 대해 아무것도 몰랐고, 판매 관리도 거의 알지 못했다. 하지만 나는 이미 보수보다 더 많은 일을 하는 것이 유익하다는 사실을 배웠다. 또 누가 시키지 않아도 주도적으로 해야 할 일을 찾아서 하는 것이 유익하다는 것도 배웠다. 넉넉한 예금 잔고와 이전 직장에서 꾸준히 승진한 기록이 내게 필요한 자신감을 주었다.

나는 빠르게 승진했고 첫해에 월급이 두 배나 올랐다. 또 판매 관리 일을 잘해서 고용주와 동업하게 되었다. 우리는 돈을 벌기 시작했고 나는 또다시 온 세상이 내 발아래 있는 것처럼 느끼기 시작했다. 승승장구한 나는 그때까지 성공을 돈과 권위가 아닌 다른 관점에서 측정할 수 있다는 생각은 전혀 하지 않았다. 아마도 이는 내가 필요한 것보다 더 많은 돈을 가졌고 나이에 비해 더 많은 권한을 가졌기 때문일 것이다. 나는 내가 보는 관점에서 성공했을 뿐만 아니라, 내 특성에 맞는 유일한 일을 하고 있다고 생각했다. 내가 변해야만 했던 그 일이 일어나지 않았다면 그 무엇도 내 노력의 방향을 다른 데로 돌리게 할 수 없었을 것이다.

보이지 않는 운명의 손은 내가 그 중요성을 느끼기 시작할 때까지 자만심에 이끌려 뽐내며 돌아다니게 했다. 좀 더 냉철한 나날을 보낸 지금은 어쩌면 보이지 않는 손이 의도적으로 어리석은 인간들이 스스로 얼마나 천박하게 행동하는지 알고 자신을 부끄러워할 때까지 자만심의 거울 앞에서 자신을 과시하도록 내버려 두는지도 모르겠다고 생각한다. 어쨌든 앞에 탄탄대로가 펼쳐진 기차의 기관사석에 앉은 느낌이었다. 기차의 석탄 저장고에는 석탄이 많이 있었고, 물탱크에 물이 가득 차 있었다. 나는 스로틀을 활짝 열고 전속력으로 달렸다.

아뿔싸! 길모퉁이를 돈 곳에 운명이 방망이를 들고 나를 기다리고 있었다. 그 방망이는 솜방망이가 아니었다. 당시 나는 곧 닥칠 충돌 사고를 미처 예견하지 못했다. 1907년, 마른하늘에 날벼락같이 공황이 나를 급습했다. 하룻밤 사이에 사업이 망하고 나는 무일푼이 되었다. 나의 첫 번째 심각한 패배였다. 당시는 이를 실패로 여겼지만 지나고 보니 실패가 아니었다. 이 장을 마치기 전에 그 이유를 말할 것이다.

세 번째 전환점

1907년의 공황과 그로 인한 패배로 목재 사업에서 방향을 돌려 법률 공부를 시작했다. '패배'라는 단어 외에는 이 세상의 어떤 것도 이런 결과를 가져올 수 없었다. 내 인생의 세 번째 전환점은 대부분 사람이 '실패'라고 부르는 것에서 비롯되었다.

나는 로스쿨에 입학했고 다시 일어나 잃어버린 부를 되찾을 수 있다는 확고한 믿음이 있었다. 여전히 성공이란 돈과 권력 이외에는 다른 개념이 없다고 생각했다. 밤에 로스쿨을 다니고 낮에는 자동차 판매원으로 일했다. 목재 사업에서 얻은 판매 경험이 좋은 밑거름이 되었다. 받은 것보다 더 많은 서비스를 제공하는 습관을 통해 빠르게 성장했고 마침내 자동차 제조 사업에 진출할 기회가 왔다.

나는 훈련된 자동차 정비사의 필요성을 느껴 제조 공장에 교육 훈련 부서를 설치하고 자동차 조립과 수리 작업을 하는 일반 기계공들을 훈련하기 시작했다. 이 학교는 매달 1000달러 이상의 순이익을 내면서 번창했다. 다시 꿈의 실현에 가까워지기 시작하고 있었다. 마침내 세상에서 설 자리를 찾았다고 생각했다. 그 무엇도 내 진로를 바꾸거나 자동차 사업이라는 나의 관심을 돌릴 수 없다고 생각했다.

은행에서는 내 사업이 번창하는 것을 보고 사업 확장 자금을 빌려

주었다. 부유할 때 주저 없이 돈을 빌려주는 것이 은행가들의 특징이다. 은행은 내가 속수무책으로 빚질 때까지 돈을 빌려주었고 마침내 빚을 갚지 못하게 되자 내 사업을 마치 자기들 것인 양 조용히 인수해 갔다. 한 달에 1000달러 이상의 수입을 올리던 실업가에서 나는 갑자기 빈털터리 실업자로 전락하고 말았다.

20년이 지난 지금 나는 이런 강제적인 변화를 가져다준 운명의 손에 감사한다. 하지만 당시에는 그 변화를 실패에 불과한 것으로 여겼다. 이 일시적인 패배가 내게 찾아온 가장 큰 축복이었으리라는 생각을 하게 된 것은 여러 해가 지난 후였다. 실패 덕분에 나 자신이나 다른 사람들을 위한 지식 개발에 전혀 도움이 되지 않는 사업을 그만두고 내게 필요한 풍부한 경험을 가져다주는 경로로 진로를 전환할 수 있었다.

난생처음으로 돈과 권력 외에 다른 가치 있는 것을 찾을 수 있지 않을까 자문하기 시작했다. 하지만 이것은 일시적으로 미심쩍어하는 태도에 불과했으며 일반 통념에 대한 반항이라는 수준까지는 이르지 않았다. 답을 얻을 때까지 추구하지도 않았다. 그저 덧없는 생각일 뿐이었고 이내 마음에서 사라졌다. 만약 그때의 내가 '보상의 법칙'에 대해 지금 알고 있는 만큼만 알았더라면, 그리고 내가 지금처럼 경험을 바르게 해석할 수 있었다면, 나는 그 사건을 운명의 손이 친절하게 내 진로를 알려주었다고 인식했을 것이다. 내 인생에서 가장 힘든 싸움이었지만 그때까지도 나는 일시적인 패배를 실패로 받아들였다.

네 번째 전환점

처가의 영향력에 힘입어 나는 세계에서 가장 큰 석탄 회사 수석 변호사 조수로 임명되었다. 내 급여 수준은 보통 초보자에게 지급되는 것보다, 그리고 내 가치보다도 훨씬 높았다. 부족한 법률적 능력이었지만 내가 받은 것보다 더 많은 봉사를 하는 원칙을 적용해 시키지 않아도 해야 할 일을 솔선수범해서 하는 것으로 보충했다.

나는 어렵지 않게 내 자리를 지키고 있었다. 만약 내가 그 자리를 지키려고 한다면 나는 사실상 평생 지킬 수 있을 것이다. 하지만 나는 친구들과 상의도 없이, 그리고 아무런 예고도 없이 사표를 냈다.

이것은 내가 선택한 첫 번째 전환점이었다. 아무도 강요하지 않았다. 나는 운명의 노인이 오는 것을 보고 문밖으로 내쫓아버렸다. 사임 이유를 나에게 물었을 때 적절한 이유를 댔지만 가족들에게 내 행동이 현명했음을 설득하기는 어려웠다.

내가 그 자리를 그만둔 이유는 일이 너무 쉽고 노력을 거의 하지 않아도 되었기 때문이다. 나는 타성에 빠져들고 있었다. 인생을 쉽게 사는 것에 익숙해지는 것을 느꼈고 이러다가는 퇴보하게 될 거라고 생각했다. 법조계에 친구가 많아서 특별히 내가 계속 노력해야 할 필요가 없었다. 친구나 친척에 둘러싸여 있어서 힘들이지 않고 자리를 지킬 수 있었다. 월급으로 모든 필수품과 자동차를 포함한 사치품을 살 수 있었다. 뭐가 더 필요했을까?

"아무것도 없어."

나는 혼잣말을 하기 시작했다. 아직도 어떤 이유로 이런 생각으로 빨려 들어갔는지 모른다. 나는 너무나 놀란 나머지 사표를 냈다. 많은 사람이 비이성적인 행동이라고 생각했다. 당시 내가 다른 문제에 있어서 얼마나 무지했는지 모르겠다. 하지만 나는 힘과 성장은 지속적인 노력과 투쟁에서만 나오고, 정신과 육체를 사용하지 않으면 위축되고 퇴보한다는 사실을 깨닫는 지각이 있었던 것에 감사한다.

이후 10년 동안 나는 인간이 경험할 수 있는 거의 모든 비애를 겪었다. 그러나 이 행동은 내 인생에서 또 다른 중요한 전환점이 되었다. 나는 법조계에서 나는 친구들과 친척들과 함께 살면서 잘 지냈고, 내 앞날에는 그들이 유난히 밝고 유망한 미래라고 믿는 것이 있었다. 솔직히 나 자신도 당시 내가 왜, 어떻게 용기를 내서 행동하게 되었는지 점점 더 놀라고 있다. 내가 사임한 것은 논리적인 추론보다는 '예감' 혹은 일종의 '내부로부터의 충동' 때문이었다.

새로운 활동 무대로 시카고를 선택했다. 시카고야말로 내가 치열한 경쟁의 세계에서 살아남기 위해 필수적인 강인한 자질을 가졌는지 알아볼 수 있는 곳이라고 믿었기 때문이다. 만약 시카고에서 어떤 일이든 인정받을 수 있다면 내 기질 속에 실제 능력으로 발전할 수 있는 요소가 있음을 증명할 수 있다고 생각했다. 이상한 추론 과정이었지만 당시 나는 그렇게 빠져들었다.

우리의 모든 행위가 우리의 통제력을 넘어선 어떤 원인에 의해 통제된다고 믿는다는 것은 아니다. 다만 나는 여러분의 인생에서 가장 중요한 전환점, 즉 여러분의 노력이 이전 경로에서 새로운 경로로 전환되는 지점에 대해 그 원인을 연구하고 올바르게 해석할 것을 강력히 촉구한다. **적어도 최종 결과를 분석할 때까지는 일시적인 패배를 실패로 받아들이지 마라.**

시카고에서 내가 맡은 첫 직책은 대형 통신 교육 학교의 광고 매니저 일이었다. 광고에 관해 아는 것이 거의 없었지만, 이전의 판매원 경험과 더 많은 서비스를 제공함으로써 얻은 이점으로 나는 비범한 실력을 발휘할 수 있었다.

첫해에 나는 5200달러를 벌었다. 나는 다시 성공 가도를 질주했다. 빛나는 금 항아리가 내 손이 거의 닿는 곳에 있었다. 역사는 대개 화려한 축제 뒤에 기근이 찾아온다는 증거로 가득 차 있다. 나는 축제를 즐기고 있었지만 뒤따를 기근은 예상하지 못했다. 일이 너무 잘 풀려서 완전히 자화자찬에 빠졌다.

자화자찬은 위험한 심리 상태다. 이것은 많은 사람이 연륜이 쌓일 때까지 터득하지 못하는 위대한 진실이다. 어떤 이들은 죽을 때까지 이 진실을 배우지 못하며, 이 진실을 터득하는 사람들은 마침내 '수화언어'를 이해하기 시작하는 사람들이다. 나는 자화자찬보다 더 위험한 적은 없다고 확신한다. 개인적으로 나는 패배보다 자화자찬이 더 두렵다.

이렇게 해서 다섯 번째 전환점을 맞이하게 되는데 이번에도 내가 자발적으로 선택한 전환점이다.

다섯 번째 전환점

나는 통신 교육 학교 광고 매니저 일을 매우 훌륭하게 해냈다. 그래서 학교장이 나에게 광고 매니저 일을 그만두고 캔디 제조 사업을 같이 해보자고 제안했다. 우리는 베치로스캔디컴퍼니Betsy Ross Candy Company라는 회사를 세웠고, 나는 그 회사의 초대 사장이 되었다. 이렇게 해서 내 인생의 또 다른 중요한 전환점이 시작된다.

이 사업은 빠르게 성장해서 18개 도시에 점포를 열었다. 다시 한번 마침내 내가 평생 '하고 싶은 일'을 찾았다고 생각했다. 캔디 사업은 수익성이 좋았고 돈을 성공의 유일한 증거로 보았던 나는 자연스럽게 성공을 거의 눈앞에 두고 있다고 믿었다. 모든 일이 순조롭게 진행되었다. 내 동업자와 내가 사업에 참여시킨 제3의 남자가 아무런 대가를 치르지 않고 사업에 대한 내 이권을 장악하려고 생각하기 전까지는.

이들의 계획은 어떻게 보면 성공적이었다. 하지만 나는 그들이 예상했던 것보다 더 단호하게 저항했다. 이들은 나를 무고해서 체포당하게 한 다음 내가 그 사업에 대한 이권을 자신들에게 넘겨주는 조건으로 고소를 취하하겠다고 제안했다. 난생처음 사람들이 얼마나 잔인하고 부당하고 정직하지 못한지 알게 되었다.

예심이 열리자 원고들은 온데간데없었다. 하지만 나는 그들을 데려와서 증인석에 세웠다. 그 결과 나는 정당성을 인정받았고, 이 불의의 가해자들을 상대로 손해배상 소송을 제기했다.

이 사건은 내 동업자들과 나 사이에 돌이킬 수 없는 균열을 초래했고, 결국은 그 사업에 대한 내 이권을 잃게 되었다. 하지만 이것은 내 동업자들이 치러야 했던 대가에 비하면 아무것도 아니었다. 그들은 여전히 대가를 치르고 있고, 죽을 때까지 계속 치러야 하기 때문이다.

내 손해배상 소송은 악의적인 인격 훼손에 대해 손해배상을 청구하는 '불법행위'를 다루는 소송이었다. 소송을 제기한 일리노이주의 불법행위 소송에 따른 판결은 승소 당사자에게 배상금을 지급할 때까지 패소 당사자를 감옥에 보낼 수 있는 권리를 부여한다. 머지않아 나는 이전 동업자들에 대한 엄정한 판결을 받아냈다. 마음만 먹으면 두 사람 다 감옥에 보낼 수 있었다.

난생처음 적들에게 반격해서 치명상을 입힐 기회가 나에게 찾아왔다. 나는 강력한 무기를 가지고 있었다. 그것은 적들이 직접 가져다준 무기였다.

나는 기묘한 느낌에 휩싸였다. 적들을 감옥에 보낼 것인가, 아니면 자비를 베풀어 내가 다른 부류의 사람이라는 것을 보여줄 것인가? 그때 내 마음속에는 15장의 토대가 되는 황금률의 법칙이라는 것이 들어 있었다. 적들에게 자비와 용서를 베풀어 그들을 풀어주기로 마음먹었기 때문이다.

하지만 내가 결정을 내리기 훨씬 전부터 운명의 손은 나를 파괴하려고 시도하다가 실패한 사람들을 거칠게 다루기 시작했다. 우리가 모두 복종해야 할 '시간'이라는 것은 이미 나의 이전 동업자들에게 잔인하게 작용하고 있었고, 내가 이들에게 했던 것처럼 자비롭지 않았다. 한 명은 나중에 다른 사람에게 저지른 또 다른 범죄로 장기 복역 형을 선고받았고, 다른 한 명은 가난뱅이로 전락했다.

우리는 사람들이 만든 법은 피할 수 있지만, 보상의 법칙은 절대 피할 수 없다. 이 사람들에 대해 내가 얻어낸 판결은 시카고 고등법원에 내 인격을 입증하는 무언의 증거로 남아있다. 그보다 더 중요한 것은 이 판결이 내가 나를 파괴하려고 했던 적들을 용서할 수 있다는 사실을 일깨워주는 역할을 한다는 것이다. 이런 이유로 나는 그 사건이 내 성격을 파괴하는 게 아니라 더 강화하는 역할을 했다고 생각한다.

비록 누명에 의한 것이었지만 체포당하는 경험은 끔찍하고 수치스러웠다. 다시는 비슷한 경험을 하고 싶지 않았다. 하지만 복수가 내 기질의 일부가 아니라는 것을 알아낸 기회였기 때문에 나는 그것이 내가 겪었던 모든 슬픔의 가치였음을 인정하지 않을 수 없다.

나는 여러분이 이 장에서 설명하는 사건들을 면밀하게 분석하기를 바란다. 주의 깊게 관찰하면 성공의 법칙 전체가 어떤 경험들로부터 진화되었는지 알 수 있기 때문이다. 각각의 일시적인 패배는 내 마음에 흔적을 남겼고 성공의 법칙을 뒷받침할 자료가 되었다.

만약 우리가 운명을 지배한 사람들의 전기를 읽고 이들이 성공하기 전에 무자비한 경험을 마다하지 않았다는 사실을 안다면 우리는 힘든 경험에 대한 두려움을 떨쳐버릴 수있고, 그로부터 도망치지 않을 것이다. 나는 운명의 손이 우리의 어깨에 큰 책임을 맡기기 전에 다양한 방법으로 우리를 시험하는 게 아닐까 생각한다.

다음 전환점으로 넘어가기 전에 중요한 사실을 상기시켜주고 싶다. 각 전환점은 나를 내 무지개 끝으로 점점 더 가까이 데려다주었고, 나중에 내 인생철학의 영구적인 부분이 된 유용한 지식을 가져다주었다는 사실이다.

여섯 번째 전환점

이제 우리는 다른 어떤 전환점보다도 중요한 전환점에 도달했다. 내가 아는 거의 모든 주제에 관해 그때까지 습득한 모든 지식을 사용할 필요가 있다고 생각하는 때였고, 인생에서 좀처럼 일찍 오지 않는 자기표현과 발전의 기회를 가져다주었기 때문이다. 이 전환점은 캔디 사업에서 성공하겠다는 내 꿈이 산산이 조각난 직후에 중서부 지방 대학의 한 학과에서 광고와 판매 기술을 가르치는 데 노력을 기울일 때 찾아왔다.

어떤 현명한 철학자는 특정 주제를 다른 사람들에게 가르칠 때 그 주제에 관해 많이 배우게 된다고 말했다. 교사로서의 내 첫 경험은 이 말이 사실이라는 것을 증명했다. 우리 학교는 처음부터 번창했다. 나는 현장 강의와 통신 교육을 통해 거의 모든 영어권 국가 학생들을 가르치고 있었다. 전쟁의 참화에도 불구하고 학교는 빠르게 성장했다.

그때 두 번째 징병제가 찾아왔고, 학교는 거의 파산 상태가 되었다. 학생으로 등록한 대부분 사람이 징집되었기 때문이다. 나는 단번에 7만 5000달러 이상의 등록금을 결손처리해야 했고 동시에 나도 징집되었다.

다시 한번 나는 무일푼이 되었다. 살면서 한두 번 빈털터리가 되는 전율을 경험해 본 적이 없는 사람은 불행하다. 에드워드 복이 말한 대로 가난은 인간에게 닥칠 수 있는 가장 풍부한 경험이기 때문이다. 하지만 그는 가난에서 가능한 한 빨리 벗어나라고 조언한다. 다시 한번 노력의 방향을 돌릴 수밖에 없었다.

나는 지금까지 설명한 어떤 사건도 개별적으로는 큰 의미가 없다는 점을 말하며 여러분의 주의를 환기하고 싶다. 여섯 가지 전환점은 개별적으로 나에게 아무런 의미가 없었고, 여러분에게도 각 전환점을 개별적으로 분석하는 일은 아무런 의미가 없을 것이다. 하지만 이런 사건들을 일괄적으로 받아들이면 다음 전환점을 위한 매우 중요한 토대를 형성할 수 있다. 비록 어떤 경험도 개별적으로는 확실하고 유용한 교훈을 주지 않는 것 같아도 총체적으로는 우리 인류가 살면서 겪는 경험의 결과로 끊임없이 진화가 일어나고 있다는 신뢰할 수 있는 증거를 구성한다.

여기서 내가 말하고자 하는 요점을 길게, 그리고 자세히 설명하고 픈 충동을 느낀다. 과거 경험을 해석하고 그 경험을 어떻게 실행 계획의 기초로 사용하느냐에 따라 영구적인 패배로 전락할 수도, 또는 새로운 에너지의 힘으로 엄청난 성공의 경지로 도약할 수도 있는 지점에 도달했기 때문이다. 만약 내 이야기를 여기서 멈춘다면 여러분에게는 아무런 가치도 줄 수 없을 것이다. 하지만 아직 내 인생의 전환점 중 일곱 번째이자 가장 중요한 전환점을 다루는 또 다른 장이 남아있다.

여러분은 아마 내가 여섯 가지 전환점을 거치는 동안 이 세상에서 아직 제자리를 찾지 못했음을 알게 되었을 것이다. 또한 나의 일시적인 패배가 전부는 아니더라도 대부분이 내가 심혈을 기울일 일을 아직 발견하지 못한 데 기인한다는 사실도 분명해졌을 것이다. 자신에게 가장 잘 맞고 가장 좋아하는 일을 찾는 것은 자신이 가장 사랑하는 사람을 찾는 것과 매우 흡사하다. 어떻게 찾아야 하는지 정해진 방법은 없다. 하지만 자신에게 꼭 맞는 일을 만나게 되면 즉시 알아챈다.

일곱 번째 전환점

인생의 일곱 가지 전환점에서 배운 집합적인 교훈을 설명하기 전에 마지막 일곱 번째 전환점을 설명하려고 한다. 그러기 위해서는 다사다난했던 날, 1918년 11월 11일로 돌아가야 한다.

모두가 알다시피 그날은 세계대전 종전 기념일이다. 이미 말했듯이 전쟁으로 나는 무일푼이 되었지만, 대량 학살이 멈추고 이성이 다시 문명을 되찾으려 한다는 것을 알게 되어 기뻤다.

사무실 창문 앞에 서서 종전을 축하하며 환호하는 시민들을 바라보면서 내 마음은 지난날로 돌아갔다. 특히 그 친절한 노신사가 내 어깨에 손을 얹고 내가 교육만 받으면 세상에 이름을 남길 수 있다고 말했던 날의 일이 떠올랐다. 나는 나도 모르게 그 교육을 받고 있었다. 내 인생의 여러 전환점에서 봤겠지만, 나는 20년 이상 '역경'이라는 이름의 대학을 다녔다. 사무실 창문 앞에 섰을 때 파란만장했던 내 모든 과거가 주마등처럼 뇌리를 스쳐 지나갔다. **또 다른 전환점을 맞이할 때가 왔다!**

나는 타자기 앞에 앉았다. 놀랍게도 내 손은 키보드 위에서 규칙적인 음조를 연주하기 시작했다. 이전에 이렇게 빨리 혹은 그렇게 쉽게 쓴 적이 없었다. 미리 계획하거나 생각하지 않았다. 그냥 생각나는 대로 썼다.

나는 무의식적으로 내 인생의 가장 중요한 전환점을 위한 기초를 다지고 있었다. 타이핑을 끝마쳤을 때 내 앞에는 전 세계 영어권 사람들과 소통하는 전국 잡지를 발행할 목적으로 작성된 자금 조달 모집글이 놓여 있었다. 이 글은 내 경력과 수많은 사람의 삶에 큰 영향을 미쳤으므로 독자들에게도 흥미로울 것이라 믿는다. 그래서 《힐의 황금률》에 처음 실었던 글을 여기서 소개한다.

《힐의 황금률》 첫 기고문

나는 1918년 11월 11일 월요일에 이 글을 쓰고 있다. 오늘은 최고의 기념일로 역사에 남을 것이다.

지금 내 사무실 창문 밖 거리에서는 밀려드는 군중들이 지난 4년 동안 문명 세계를 위협했던 세력의 몰락을 축하하고 있다.

전쟁은 끝났다. 곧 우리 젊은이들이 프랑스의 전장에서 집으로 돌아올 것이다. '폭력'의 영주이자 지배자는 이제 과거의 그림자 유령에 불과하다. 2000년 전 인간은 거주지 없는 외톨이였다. 이제 상황이 역전되어 악마는 머리를 둘 곳이 없게 되었다.

우리는 모두 이 세계대전이 가르쳐준 위대한 교훈을 깊이 새겨야 한다. 약자와 강자, 부자와 빈자를 포함한 모든 사람에게 정의롭고 자비로운 것만 살아남을 수 있다. 다른 것은 모두 사라져야 한다.

이 전쟁에서 새로운 이상주의, 즉 황금률 철학에 기반을 둔 이상주의가 탄생할 것이다. 이 이상주의는 우리가 인류를 위해 얼마나 많은 것을 할 수 있는지 알게 하고, 인류의 고난을 개선하고 더 행복하게 해줄 것이다.

에머슨은 그의 위대한 에세이 『보상의 법칙』에서 이 이상주의를 구체화했다. 또 다른 위대한 철학자는 '뿌린 대로 거두리라'라는 말로 이를 설파했다. 황금률 철학을 실천할 시간이 우리에게 다가왔다. 사업과 사회적 관계에서 이 철학을 무시하거나 거래의 기본 원칙으로 삼기를 거부하는 사람은 실패를 재촉하게 될 것이다.

그리고 나는 전쟁이 끝났다는 즐거운 소식에 도취해 있지만, 세계를 무력으로 지배하려는 독일 황제 빌헬름 호엔촐레른William Hohenzollern의 시도에서 배울 수 있는 위대한 교훈의 하나로 내가 다음 세대를 위해 무언가를 시도하는 것이 적절하지 않을까? 이 일을 위해 22년 전으로 거슬러 올라간다.

내가 버지니아 탄광 지역에서 일당 1달러짜리 노동자로 첫 직장을 얻은 것은 11월 11일이 멀지 않은 황량한 11월 아침이었다. 당시에 일당 1달러는 큰 액수였다. 특히 내 또래의 소년에게는 더욱 그랬다. 이 돈에서 하루 식사와 하숙비로 50센트를 냈다.

내가 일을 시작한 지 얼마 되지 않아 광부들이 불만을 품고 파업을 이야기하기 시작했다. 나는 나오는 말들을 열심히 들었다. 특히 노조를 조직한 조직자에게 관심이 있었다. 그는 내가 들어본 가장 유창한 연설자 중 한 명이었고 나는 그의 말에 매료되었다. 그는 내가 절대 잊지 못하는 한 가지를 말했다. 만약 그가 어디 있는지 안다면 나는 오늘 그를 찾아보고 그 말을 해준 데 대해 따뜻하게 감사를 표할 것이다. 그의 말에서 얻은 철학은 나에게 오랫동안 심오한 영향을 미쳤다.

아마도 여러분은 대부분의 노동 운동가는 건전한 철학자들이 아니라고 말할 것이다. 여러분이 그렇게 말한다면 나도 동의한다. 아마도 이 사람은 건전한 철학자는 아니었을 것이다. 하지만 확실히 그가 이때 말한 철학은 건전했다. 그는 회의가 열리고 있는 오래된 가게 구석의 건조식품 상자 위에 서서 이렇게 말했다.

"여러분, 우리는 파업을 이야기하고 있습니다. 투표하기 전에 제 말에 귀를 기울여 주십시오. 여러분에게 도움이 될 만한 이야기를 해드리고 싶습니다.

여러분은 임금 인상을 원합니다. 그리고 나는 여러분의 임금이 인상되는 것을 보고 싶습니다. 여러분이 받을 자격이 있다고 믿기 때문입니다.

여러분에게 임금도 인상하면서 이 광산 주인과 좋은 관계도 유지할 방법을 말씀드리겠습니다. 파업을 선언하고 임금 인상을 요구할 수는 있지만, 우리는 그들이 우리 요구를 들어주면서 좋아하도록 강요할 수는 없습니다. 우리가 파업을 벌이기 전에, 광산 주인과 우리 모두에게 공평하게 광산 주인에게 가서 광산의 이익을 우리에게 공평하게 나누어 줄 수 있는지 물어봅시다.

만약 그가 그러겠다고 하면 그에게 지난달에 얼마를 벌었는지 물어봅시다. 그리고 만약 우리가 모두 뛰어들어 다음 달에 그가 더 많이 벌 수 있게 도와준다면 그가 버는 추가 이익의 상당 부분을 우리에게 나눠줄 것인지 물어봅시다. 그도 우리와 같은 인간이므로 당연히 우리와 추가 이익을 나누겠다고 할 겁니다. 우리가 진심이라는 걸 알게 하면 그가 우리 계획에 동의할 거라고 믿습니다. 그가 우리 계획에 동의하면 앞으로 30일 동안 여러분은 모두 웃는 얼굴로 출근하길 바랍니다. 여러분이 광산에 들어갈 때 휘파람 부는 소리를 듣고 싶습니다. 나는 여러분이 이 사업의 파트너 중 한 사람이라는 느낌으로 일했으면 좋겠습니다.

여러분은 다치지 않고 지금 하는 일의 거의 두 배를 할 수 있습니다. 그리고 여러분이 더 많은 일을 한다면 이 광산 주인은 더 많은 돈을 벌게 될 겁니다. 그리고 그가 더 많은 돈을 벌게 되면 그는 기꺼이 여러분과 그 일부를 나눌 겁니다. 페어플레이 정신이 아니더라도 타당한 사업상의 이유로라도 그렇게 할 겁니다. 우리 위에 신이 지켜보고 계시므로 그는 반드시 보답할 겁니다. 만약 그가 그렇게 하지 않는다면 나는 여러분에게 개인적으로 책임을 지고, 이 광산을 산산조각 내는 데 앞장서겠습니다. 이것이 제가 생각하는 계획입니다. 여러분 제 말에 동의하십니까?"

그의 말이 마치 붉게 달아오른 쇳덩어리처럼 내 가슴속에 가라앉았다. 그의 말에 동의한 광산 노동자들은 다음 달에 모두 자기 월급의 20%에 해당하는 보너스를 받았다. 그 후 매달 추가 수입 중 자기 몫이 들어 있는 선홍색 봉투를 받았다. 봉투 겉면에는 다음과 같은 문구가 인쇄되어 있었다.

'이것은 당신이 한 일에서 얻은 이익 중 당신이 받지 못한 몫입니다.'

나는 20여 년 전 그 시절부터 꽤 힘든 경험을 했다. 하지만 나는 항상 정상에 올랐다. 내가 보수보다 더 많은 일을 하는 원칙을 적용함으로써 조금 더 현명하고, 조금 더 행복하고, 사람들에게 도움이 될 준비가 조금 더 잘 되어 있었기 때문이다.

내가 석탄 사업에서 마지막으로 맡았던 직책이 세계 최대 기업 중 한 곳의 수석 법률 고문 보좌관이라는 것이 여러분에게 흥미로울 수 있다. 탄광 노동자에서 가장 큰 회사 중 한 곳의 수석 법률 고문 보좌관이 되는 것은 상당한 도약이다. 보수보다 더 많은 일을 하는 이 원칙의 도움 없이는 할 수 없는 도약이다. 보수보다 더 많은 일을 해야 한다는 생각이 어려움을 극복하는 데 도움이 되었다는 것을 몇 번이고 말할 공간이 있었으면 좋겠다. 나는 이 원칙의 힘으로 내 고용주가 내게 너무나 고맙게 생각하게 하고 내가 요구하는 것은 무엇이든 얻은 적이 여러 번 있다.

반대로 아무런 동의 없이 다른 사람의 것을 가로채는 사람은 결국 주머니에 구멍이 생기고 손에 물집이 생길 것이며 자기 양심을 갉아먹게 되어 후회로 가슴을 치게 될 것은 말할 것도 없다고 굳게 믿는다.

처음에 말했듯이 나는 군중들이 불의에 대한 정의의 위대한 승리를 축하하고 있는 11월 11일 아침에 이 글을 쓰고 있다. 그러므로 오늘 세계에 전달하는 어떤 생각, 즉 그들이 그것을 위해 싸우고 그것을 위해 세계대전에 뛰어든 그 이상주의 정신을 미국인들의 마음속에 살리는 데 도움이 되는 어떤 생각을 위해 내 마음의 침묵에 의지하는 것은 지극히 자연스러운 일이다.

나는 내가 말한 철학보다 더 적절한 것을 찾을 수 없다. 독일 카이저와 독일 국민을 슬픔에 빠뜨린 것은 이 철학을 오만하게 무시한 탓이라고 진심으로 믿기 때문이다. 이 철학이 필요한 사람들의 마음속에 심어주기 위해 나는 《힐의 황금률》이라는 잡지를 발행할 것이다.

전국 잡지를 발행하는 데는 돈이 많이 들지만, 이 글을 쓰는 지금 나는 돈이 넉넉하지 않다. 하지만 한 달이 더 가기 전에 여기서 내가 강조해 온 철학의 도움을 받아 나는 자금을 공급하고 나를 더러운 탄광에서 나와 인류에게 도움이 될 수 있는 일을 하게 해준 철학을 세계에 전할 수 있게 해줄 사람을 찾을 것이다. 이 철학은 여러분이 누구이든 무슨 일을 하든 여러분이 인생에서 성취하려고 하는 위치까지 여러분을 끌어올려 줄 것이다.

모든 사람에게는 금전적 가치가 있는 무언가를 소유하려는 욕망이 내재해 있다. 다른 사람들을 위해 일하는 사람들은 모두 어렴풋이나마 언젠가는 자기 사업을 하게 될 때를 고대한다.

이 야망을 실현하는 가장 좋은 방법은 자신이 받는 보수보다 더 많은 일을 하는 것이다. 여러분이 보수와 상관없이 여러분이 할 수 있는 최고의 일을 정직하고 진지하게 할 의향이 있다면 설령 교육을 많이 못 받거나 자본이 모자라도 잘 해낼 수 있고, 여러분이 직면하는 거의 모든 장애물을 극복할 수 있다(지금은 11월 21일 오후다. 앞서 말한 사설을 쓴지 불과 열흘이 지났다. 나는 방금 시카고의 조지 윌리엄스George Williams에게 이 사설을 보여주었다. 그는 내가 쓴 철학의 도움을 받아 바닥에서 올라온 사람으로, 그의 도움 덕분에《힐의 황금률》잡지를 출판할 수 있었다).

《힐의 황금률》 출간으로 꿈을 이루다

거의 20년 동안 내 마음속에 잠재해 있던 열망은 이렇게 다소 극적으로 현실이 되었다. 그동안 나는 신문 편집자가 되고 싶었다. 30여 년 전 아주 어린 소년이었던 나는 아버지가 소규모 주간 신문을 발행할 때 아버지를 위해 윤전기를 돌리곤 했다. 그렇게 인쇄 잉크 냄새를 좋아하게 되었다.

아마도 이 열망이 수년간의 준비기간 내내, 그리고 내가 인생의 전환점을 경험하는 동안 잠재의식 속에서 탄력을 받고 있다가 마침내 실현된 것 같다. 혹은 내가 첫 번째 잡지를 출판하기 전까지 다른 어떤 일에도 안주하지 못하게 하고 계속해서 나를 재촉하는 또 다른 계획이 있었을지도 모른다. 이 점은 당분간 그냥 지나치는 게 좋겠다. 여기서 중요한 점은 내가 세상에서 내게 꼭 맞는 일을 찾았고 그 일을 하면서 매우 행복했다는 사실이다.

이상하게도 이 일을 하면서 나는 무지개 끝에서 발견되는 황금 항아리를 찾을 생각을 하지 않았다. 난생처음으로 인생에서 황금보다 더 가치 있는 다른 것이 있음을 깨달았기 때문이다. 따라서 나는 오직 한 가지 가장 중요한 생각만을 염두에 두고 편집 일을 했다. **노력에 대한 대가와는 상관없이 내가 할 수 있는 최고의 서비스를 세상에 제공하는 것이었다.**

《힐의 황금률》을 발행하며 미국 전역의 다양한 생각을 가진 사람들과 접촉하게 되었고, 다양한 이야기를 듣게 되었다. 이 잡지가 전하는 긍정적인 선의의 메시지가 사람들 사이에서 큰 인기를 끌었고, 1920년대 초반에는 미국 전국 순회강연에 초대받았다. 이 기간에 당대의 가장 진보적인 사상가들을 만나 이야기를 나누는 특권을 누렸다. 이 사람들과의 만남은 내가 시작한 좋은 일을 계속할 수 있게 큰 용기를 주었다. 이 여행은 그 자체로 알찬 교육이었다. 거의 모든 계층의 사람들과 매우 밀접하게 접촉할 수 있었고, 미국이 꽤 큰 나라라는 것을 실감할 수 있었다.

일곱 번째 전환점에서 깨달은 실패의 정의

이제 내 인생의 일곱 번째 전환점의 절정을 이야기할 때가 되었다. 순회 강연을 하는 동안 나는 텍사스 댈러스의 한 레스토랑에 앉아 내가 본 것 중 가장 심한 폭우를 바라보고 있었다. 빗물은 두 개의 큰 물줄기가 되어 판유리 창문 위로 쏟아져 내리고 있었고, 작은 물줄기들이 큰 물줄기 앞뒤로 흘러내리는 모습이 마치 물 사다리 같았다.

이 특이한 광경을 바라보면서 인생의 일곱 가지 전환점에서 배운 것과 성공한 사람들의 삶을 연구하면서 배운 것을 모두 정리해 '성공으로 가는 마법의 사다리'라는 제목으로 내놓는다면 아주 인상적인 강의를 할 수 있으리라는 생각이 문득 떠올랐다.

나는 봉투 뒷면에 이 강좌를 구성하는 15가지 요점을 간략하게 정리했다. 그리고 나중에 일곱 가지 전환점에 묘사된 일시적인 패배를 예로 든 강의를 만들었다. 내가 안다고 생각하는 모든 것은 이 15가지로 대표된다. 그리고 이 지식의 원천이 되는 재료는 사람들이 실패로 여기는 경험을 통해 습득한 지식이다. 이 책은 내가 이런 '실패'를 통해 얻은 지식의 총합일 뿐이다. 이 책이 가치 있다고 느낄 경우, 이는 순전히 여기에서 설명한 '실패' 덕분이다.

아마도 여러분은 내가 전환점에서 어떤 물질적, 금전적 이익을 얻었는지 알고 싶어 할 것이다. 왜냐하면 여러분은 삶은 생존을 위한 지루한 투쟁이고, 가난으로 저주받은 사람들에게 그다지 즐겁지 않다고 여기는 시대에 살고 있기 때문이다.

좋다. 여러분에게 솔직히 터놓는다.

처음에는 이 책의 판매로 인한 예상 수입이 내가 필요한 전부였다. 그리고 나는 포드 철학을 적용해서 원하는 모든 사람이 이용할 수 있는 보급가로 판매해야 한다고 출판사에 주장했다. 판매 수입(이것은 단지 '실패'를 통해 얻은 지식을 파는 것뿐임을 명심하기를 바란다) 외에도 나는 지금 미국 전역의 신문에 연재할 사설을 쓰고 있다. 이 사설들은 성공의 법칙 15가지 요점을 바탕으로 한다. 사설 판매로 인한 예상 이익은 내 필요를 충족하고도 남는다.

여기에 더해 나는 지금 과학자, 심리학자, 사업가 그룹과 협력하고 있으며, 여기에 설명된 15개의 법칙뿐만 아니라 최근에 발견된 다른 법칙을 추가해서 이 기본 과정을 마스터한 모든 학생이 이용할 수 있는 대학원 과정을 만드는 일에 참여하고 있다. 이런 사실들을 언급한 것은 우리 모두가 성공을 돈으로 측정하고, 돈이 안 되는 철학은 모두 부정하는 것이 얼마나 흔한 일인지 잘 알기 때문이다.

지나간 거의 모든 세월 동안 나는 금전적인 면에서는 가난했다. 이것이 나에게는 선택의 문제였다. 무지를 벗어던지고 내가 필요하다고 느꼈던 삶의 지식을 모으는 힘든 일에 내 시간의 대부분을 바쳐왔기 때문이다.

내 인생 일곱 전환점의 경험에서 나는 일시적 패배를 통해서만 얻을 수 있었던 몇 가지 소중한 지식을 얻었다. 그 경험을 통해서 일시적인 패배의 '수화언어'가 이해되기 시작하면서 이것이 세상에서 가장 쉽고 효과적인 언어라고 믿게 되었다. 나는 이것이 우리가 다른 어떤 언어도 듣지 않을 때 자연이 우리에게 외치는 보편적인 언어라고 믿는다.

나는 많은 패배를 경험해서 기쁘다. 일시적 패배는 나를 담금질해서 내가 보호막에 둘러싸여 있었다면 절대 시작하지 않았을 일을 할 수 있는 용기를 주었다. 패배는 실패로 받아들일 때만 파괴적인 힘이다. 이를 필요한 교훈을 가르치는 도구로 받아들이면 패배는 항상 축복이다.

나는 적들을 미워했다. 하지만 이는 적들이 나에게 얼마나 도움이 되는 존재인지 알기 전이었다. 나는 이들이 내 성격의 어떤 취약성을 이용해 나를 망가트릴 수 있는 빌미를 주지 않도록 끊임없이 경계해야 했다. 적의 가치를 배운 관점에서는 만약 나에게 적이 없다면 적을 만들어야 한다고 느낄 것이다. 내 친구들은 나의 약점을 발견하더라도 아무 말도 하지 않지만, 적은 나의 결점을 발견하고 지적해 주기 때문이다.

'포기하지 않고 계속 싸우는' 사람에게 실패는 있을 수 없다. 일시적인 패배를 실패로 받아들이기 전에는 실패한 것이 아니다. 일시적인 패배와 실패 사이에는 큰 차이가 있다. 이 장 내내 이를 강조하려고 노력해 왔다.

> 눈과 귀를 열고 배우려고 하면 모든 실패에서 배워야 할
> 교훈을 얻을 수 있다. 모든 역경은 보통 전화위복이 될 수 있다.
> 불운과 일시적인 패배가 없다면 당신은 자신의 진가를
> 결코 알 수 없을 것이다.

앤젤라 모건Angela Morgan은 「자연이 사람을 원할 때When Nature Wants a Man」라는 제목의 시에서 역경과 일시적인 패배는 일반적으로 전화위복이 된다는 위대한 진리를 표현해서 이 장에서 말하는 이론을 뒷받침했다.

나는 실패가 운명을 지배하는 사람들이 장애물을 뛰어넘고 자신들의 일을 할 수 있도록 준비시키는 자연의 계획이라고 확신한다. 실패는 인간의 심장에서 불순물을 태우고 인간을 정화해 혹독한 시험을 견뎌낼 수 있게 하는 자연의 거대한 도가니다.

소크라테스와 그리스도, 그리고 현대의 잘 알려진 성공한 사람들에 이르기까지 수많은 위인의 기록을 연구하면서, 이 이론을 뒷받침할 증거를 찾았다. 이들의 성공은 이들 각자가 극복해야 할 장애와 어려움에 거의 정확히 비례하는 것처럼 보였다. 더 강해지고 현명해지지 않고는 패배의 충격에서 깨어나지 못했다. 그러므로 우리는 좋든 싫든 패배가 우리에게 건네는 말에 귀 기울여야 한다.

물론 패배를 전화위복으로 여길 수 있는 상당한 용기가 필요하다. 인생에서 어떤 것이든 가치가 있는 것을 얻기 위해서는 많은 '시간'이 필요하다.

실패에 관한 이 장의 막바지에 이르러 위대한 셰익스피어의 작품에서 따온 한 편의 철학이 떠오른다.

인간사에는 밀물과 썰물이 있어서

만조 시에는 행운으로 이어질 수도 있다.

조류를 읽지 못하면 얕은 물에 좌초하게 되고,

전체 인생 여정을 망치고 비참하게 살아가게 된다.

이런 인생의 망망대해에 우리는 떠 있다.

밀물이 들어올 때 기회를 잡지 않으면,

우리의 모험은 실패하고 만다.

고통을 겪어본 적이 없는 자는 인생을 반밖에 살지 않은 것이며,

실패한 적이 없는 자는 노력하거나 추구하지 않는 자이며,

울어보지 않은 자는 웃음이 낯설다.

그리고 의심해 본 적이 없는 자는 생각해 보지 않은 자다.

두려워하고 실패를 인정하면 우리는 얕은 물에 좌초해 비참하게 살아가게 된다. 우리는 두려움과 실패의 고리를 벗어던질 수 있다. 실패의 원인을 잘 분석하고 실패에서 교훈을 얻으면 실패를 전화위복의 계기로 만들고 우리를 해안으로 끌어당기는 견인줄을 만들 수 있다.

내가 이 책에서 제일 좋아하는 이 장도 막바지에 다가가고 있다. 나는 잠시 눈을 감고 내 앞에 걱정과 절망이 가득한 표정으로 서 있는 사람들을 본다. 어떤 사람들은 누더기를 입고 실패라고 부르는 길고 긴 오솔길의 막바지에 도달했다. 다른 사람들은 조금 더 나은 상황이다. 하지만 이들의 얼굴에는 굶주림에 대한 두려움이 뚜렷하게 나타나고, 입술에서는 용기의 미소가 사라졌다. 싸우기를 포기한 것 같다.

장면이 바뀐다. 나는 다시 유리한 위치를 차지하기 위한 인류 투쟁의 역사로 되돌아가서 과거의 '실패자들'을 본다. 이들은 세계 역사에 이른바 성공한 사람으로 기록된 모든 사람보다 인류에게 더 많은 의미를 부여한 실패자들이다.

나는 소크라테스의 편안한 얼굴을 본다. 그는 자기를 괴롭히는 자들이 강요하는 독배를 마시기 직전, 영원처럼 보였을 그 순간에 눈을 치켜뜨고 실패라고 불리는 오솔길의 맨 끝자락에 서서 기다리고 있다.

나는 또한 미지의 대륙을 발견하기 위해 지도에 표시도 되지 않은 미지의 바다를 향해 출항한 그의 희생에 대한 대가로 사슬에 묶인 죄수 크리스토퍼 콜럼버스Christopher Columbus를 본다.

나는 또한 미국 독립 혁명의 진정한 선동가로 영국인들이 붙잡아 죽이려고 했던 토머스 페인Thomas Paine의 얼굴을 본다. 나는 프랑스의 더러운 감옥의 단두대 그림자 아래에서 인류를 위해 한 일에 대해 자신에게 내려질 죽음을 차분하게 기다리는 그를 본다.

그리고 나는 또한 갈릴리 사람(예수 그리스도)이 고통받는 인류를 위해 그가 행한 일로 십자가에서 고통받는 얼굴을 본다.

이들이 모두 '실패자'다! 이들은 그렇게 실패했다. 하지만 이들은 인류를 개인보다, 원칙을 금전적 이익보다 우선한 용감한 사람으로 역사에 남았다. 이런 '실패자들'에게 이 세상의 희망이 달려 있다.

> 오, '실패자'라는 꼬리표가 붙은 자들이여 일어나라!
> 그리고 다시 도전하라!
> 행동하는 세상 어딘가에는 그대들을 위한 공간이 있다.
> 실패하고 다시 시도하지 않는 겁쟁이들을 제외하고
> 정직한 사람들의 기록에는 어떤 실패도 기록되지 않았다.
> 영광은 얻은 전리품이 아니라 행하는 데 있다.
> 어둠 속에 깔린 벽은 태양의 키스에 맞춰 웃을지도 모른다.
> 오, 운명의 돌풍에 지치고 고통받는 자들이여!
> 나는 노래한다. 이 노래가 그를 기쁘게 해주기를 바라면서
> 나는 실패자를 위해 노래한다.

사람들이 실패라고 부르는 패배에 감사하라. 여러분이 실패에서 살아남아 계속 노력할 수 있다면 이는 여러분이 선택한 분야에서 높은 성취의 경지에 오를 수 있는 능력을 증명할 기회를 주기 때문이다. 여러분 자신 말고는 아무도 여러분을 실패자로 낙인찍을 권리가 없다. 절망의 순간에 자신을 실패자로 낙인찍고 싶다면 페르시아 왕 키루스Cyrus의 조언자였던 부유한 철학자 크로이소스Croesus의 다음 말을 기억하라.

"왕이시여! 인간 만사는 돌고 도는 수레바퀴와 같아서 어떤 사람도 항상 운이 좋을 수 없습니다. 이 사실을 마음에 깊이 새기소서."

이 말에는 얼마나 멋진 교훈이 담겨 있는가. 그것은 희망과 용기와 약속의 교훈이다.

우리 중 모든 것이 잘못되는 것처럼 보였던 '일이 잘 안 풀리는' 시절이 없었던 사람이 있을까? 오늘날은 인생이라는 거대한 바퀴의 비관적인 면만 보는 시대다. 그러니 인생의 바퀴는 항상 돌고 돈다는 걸 기억하자. 오늘 우리에게 슬픔을 가져다준다면, 내일은 기쁨을 가져다줄 것이다. 인생은 다행한 일과 불행한 일이 돌고 돈다.

우리는 이 운명의 바퀴가 돌아가는 것을 막을 수는 없다. 하지만 자신에 대한 믿음을 지키고 성실하고 정직하게 최선을 다한다면 밤이 지나면 낮이 오듯이 반드시 불행한 시절이 가면 행운이 따르리라는 것을 기억함으로써 불행을 극복할 수 있다.

불멸의 링컨이 엄청난 시련 속에서 자주 했다는 말을 끝으로 이 장을 마친다.

"이 또한 지나가리라."

실패는 두통처럼 뭔가 잘못되었다는 것을 경고한다.
만약 우리가 지혜롭다면 우리는 이런 경험에서
실패의 원인을 찾고 이익을 얻을 방법을 찾는다.

THE LAW OF
SUCCESS

14

관용
TOLERANCE

" 할 수 있다고 믿으면 **"**
할 수 있다

사회적 유전을 이용하라

불관용에는 두 가지 중요한 특징이 있다. 이 장의 서두에서 먼저 이 특징을 살펴보기로 한다.

첫째, 불관용은 어떤 지속적인 성공을 이루기 위해서는 반드시 극복해야 하는 일종의 무지다. 이는 모든 전쟁의 주된 원인이며, 사업과 직업에서 적을 만든다. 사회의 조직된 힘의 분열을 초래하고, 전쟁 종식을 위한 노력을 가로막고 서 있는 힘센 거인과 같은 존재다. 불관용은 이성을 밀어내고 그 자리를 군중심리가 대신하게 한다.

둘째, 불관용은 세상의 체계화된 종교를 해체하는 주된 원인이다. 불관용은 세상의 악을 파괴하는 데 힘을 모아야 하는 종교계가 서로 반목하는 작은 종파와 교파로 갈라지게 만들어 지상에서 가장 위대한 이 선한 힘을 혼란에 빠트린다.

하지만 불관용의 폐해에 관한 이런 설명은 너무 일반론적이다. 이제 불관용이 개인에게 구체적으로 어떤 영향을 미치는지 보자. 물론 문명의 발전을 방해하는 모든 것은 또한 각 개인에게도 걸림돌이 된다는 것은 분명하다. 역으로 말하면, 개인의 마음을 혼란스럽게 하고 정신적, 도덕적, 영적 발전을 방해하는 것은 문명의 발전도 더디게 한다. 이 모든 것은 위대한 진실에 관한 추상적인 말이다. 추상적인 말은 지루하거나 별로 유익한 정보를 주지 않으므로 불관용의 해로운 영향을 더 구체적으로 살펴보자.

이를 위한 실례로 지난 5년 동안 거의 모든 대중 연설에서 언급했던 사건을 소개한다. 하지만 이 이야기에서 내가 의도하지 않은 의미를 읽지 않도록 주의를 당부한다. 출판물은 종종 여기에서 설명하는 사건을 잘못 이해하게 하는 효과가 있기 때문이다. 여러분이 만약 내가 전달하고자 하는 정확한 단어의 정확한 의미로 이 이야기를 연구하기를 거부한다면 여러분은 자신에게 부당한 일을 하는 셈이다. 내가 아는 한 그 의미는 오해의 소지 없이 명확하다. 이 이야기를 읽으면서 내 입장이 되어보고, 여러분 역시 비슷한 경험을 하지 않았는지, 그리고 만약 그렇다면 그 경험에서 어떤 교훈을 얻었는지 생각해 보라.

편견과 선입견의 기원

어느 날 유난히 외모가 출중한 한 청년을 소개받았다. 맑은 눈과 따뜻한 악수, 목소리 톤과 맵시 있게 차려입은 그의 취향에서 지성적인 청년이라는 사실이 드러났다. 그는 전형적인 젊은 미국 대학생 유형이었다. 나는 그의 성격을 연구하기 위해 서둘러 그를 훑어보았고, 그의 조끼에 달린 콜럼버스 기사단Knights of Columbus(1882년 설립된 미국 가톨릭 자선단체 - 옮긴이) 핀을 보았다. 그 순간 나는 차가운 얼음 조각을 만진 것처럼 그의 손을 놓아버렸다.

너무나 순식간에 일어난 일이라 그와 나 모두 놀랐다. 나는 도중에 자리를 뜨면서 내 조끼에 단 프리메이슨Freemaso(세계 동포주의적 박애와 형제애를 모토로 하는 사교 클럽 - 옮긴이) 핀을 흘끗 내려다본 다음 그의 콜럼버스 기사단 핀을 다시 보았다. 장신구 몇 개가 아무것도 모르는 사람들 사이에 그렇게 깊은 틈을 만드는 이유가 자못 궁금했다.

그날 남은 시간 내내 그 일이 마음에 걸려 계속 생각했다. 나는 모든 사람에게 관대하다는 생각에 상당한 자부심이 있었다. 하지만 여기서 나의 불관용이 저절로 폭발하고 말았다. 내 잠재의식 저변에는 나를 편협하게 만드는 콤플렉스가 존재한다는 사실이 드러났다. 이 발견이 너무 충격적이어서 나는 내 무례함의 원인을 찾기 위해 내 영혼 깊은 곳을 살펴보는 체계적인 정신분석 과정을 시작했다. 나는 반복해서 자문했다.

"그 청년에 대해 아무것도 모르면서 왜 갑자기 그의 손을 놓아버리고 그를 외면했나?"

물론 그 대답은 항상 콜럼버스 기사단 핀으로 이어졌다. 하지만 그것은 진짜 답이 아니어서 만족스럽지 않았다.

그래서 나는 종교 분야를 연구하기 시작했다. 나는 가톨릭과 개신교 둘 다 공부하기 시작해서 그 기원까지 거슬러 올라갔다. 이 일련의 과정에서 나는 내가 다른 모든 출처에서 수집한 것보다 삶의 문제에 대해 더 많은 것을 이해하게 되었다. 우선 가톨릭과 개신교가 형식이 다를 뿐이지 실제는 크게 다르지 않다는 것, 그러니까 둘 다 정확히 같은 뿌리, 즉 기독교에 기반을 두고 있다는 사실을 알게 되었다. 하지만 이것이 다가 아니었고 내가 발견한 것 중 가장 중요한 것도 아니었다. 내 연구는 필연적으로 여러 방향으로 이어졌다. 생물학 연구에서 나는 생명, 특히 인간에 대해 알아야 할 많은 것을 배웠기 때문이다. 내 연구는 또한 다윈이 그의 저서 『종의 기원Origin of Species』에서 밝힌 진화론에 관한 연구로도 이어졌다. 그리고 이것은 다시 내가 이전에 했던 것보다 훨씬 더 폭넓은 심리학적 분석으로 이어졌다.

지식을 얻기 위해 이쪽저쪽으로 손을 뻗기 시작하자 내 마음은 놀라울 정도로 빠르게 펼쳐지고 넓어지기 시작했다. **실제로 나는 이전에 얻은 지식으로 믿었던 것을 없던 것으로 하고, 이전에 진실로 믿었던 많은 것을 잊어버릴 필요가 있음을 깨달았다.**

여러분은 내가 방금 한 말의 뜻을 잘 새겨야 한다. 자신의 인생철학 대부분이 편견과 선입관 위에 구축되었다는 사실을 갑자기 발견하고, 원숙한 학자가 되기는커녕 총명한 학생이 될 자격도 거의 없음을 인정해야 한다는 사실을 깨달았다고 상상해 보라.

이것이 바로 내가 내 삶의 견실한 토대라고 믿었던 많은 것과 관련한 내 위치였다. 하지만 이 연구에서 발견한 것 중에서 신체적, 사회적 유전보다 더 중요한 것은 없었다. 이 발견이 내가 알지 못하는 사람에게서 돌아섰던 행동의 원인을 밝혀주었기 때문이다.

내가 종교, 정치, 경제 등 중요한 주제들에 대한 내 견해를 어디서,

어떻게 얻었는지를 보여준 사건이었다. 이런 주제에 대한 내 견해의 대부분이 견실한 사실이나 이유는 고사하고 합리적인 가설의 뒷받침도 없다는 사실을 깨달았음을 고백하게 되어 유감스럽지만, 한편으로는 기쁘기도 하다.

나는 로버트 테일러 상원의원과 정치 문제를 논의하던 대화를 떠올렸다. 우리는 정치적 신념이 같았기 때문에 우호적인 토론이 이어졌다. 하지만 이 상원의원은 이런 질문을 했다.

"나는 당신이 매우 확고한 민주주의자라는 것을 아는데 당신이 그 이유를 아는지 궁금합니다."

나는 몇 초 동안 이 질문을 생각하고 나서 불쑥 이렇게 대답했다.

"제 아버지가 민주주의자였기 때문에 저도 민주주의자입니다."

그러자 상원의원은 활짝 웃으며 이런 대답으로 나를 옴짝달싹 못하게 했다.

"생각했던 대로군요. 아버지가 말 도둑이었다면 지금 당신은 곤경에 처하지 않았을까요?"

테일러 상원의원이 한 농담의 진정한 의미를 이해하게 된 것은 여러 해가 지나 내가 여기 설명한 연구를 시작한 후였다. 우리의 견해가 다른 사람이 믿는 것보다 더 확실한 근거가 없을 때가 너무나 많다.

여러분은 내가 말한 이야기에서 밝혀진 중요한 원칙의 폭넓은 영향을 상세하게 이해하게 되었을 것이다. 여러분은 이제 인생철학을 어디서 어떻게 배웠는지 알 수 있을 것이다. 여러분은 여러분의 편견과 선입관이 어디에서 기인하는지 추적할 수 있을 것이다. 내가 발견한 것처럼 여러분도 여러분이 15살이 되기 전에 받은 교육의 산물이라는 사실을 알게 될 것이다.

이제 내가 전쟁 종식을 위한 에드워드 복의 미국 평화상The American Peace Award 위원회에 제출한 계획 전문을 인용한다. 이 계획은 내가 말하는 것 중에서 가장 중요한 원칙을 다루고 있을 뿐만 아니라, 1장에서 설명한 체계적인 노력의 원칙이 세계의 중요한 문제에 어떻게 적용될 수 있는지 보여주며, 동시에 여러분의 분명한 핵심 목표를 달성하는 데 이 원칙을 적용하는 방법에 관한 종합적인 아이디어를 제공한다.

전쟁을 종식시키는 방법

전쟁 방지를 위한 이 계획을 제시하기 전에 이 계획의 기본 토대가 되는 원칙을 명확하게 하는 간략한 배경 설명이 필요할 것 같다. 전쟁의 원인은 생략하는 것이 타당하다. 전쟁을 예방하는 원칙과 거의 관련이 없기 때문이다.

이 배경 설명은 문명의 주요 통제력인 두 가지 중요한 요소에 관한 설명으로 시작한다. 하나는 신체적 유전이고 다른 하나는 사회적 유전이다. 체구와 체형, 살결, 눈 색깔, 그리고 중요한 기관의 기능은 모두 신체적 유전의 결과다. 이는 고정되고 변함없는 것으로 바꿀 수 없다. 백만 년에 걸친 진화의 결과이기 때문이다. 하지만 우리 존재의 가장 중요한 부분은 사회적 유전의 결과이며, 우리의 환경과 어릴 적부터 받은 교육의 영향에서 오는 것이다.

종교나 정치, 경제, 철학 그리고 전쟁을 포함한 비슷한 성격의 다른 주제들에 대한 우리의 개념은 전적으로 환경과 훈련의 지배적인 힘의 결과다.

가톨릭 신자는 일찍부터 그렇게 교육을 받았기 때문에 가톨릭 신자고, 개신교 신자도 마찬가지 이유로 개신교 신자다. 하지만 이는 진실을 말하고 있다고 할 수 없다. 왜냐하면 이들은 어쩔 수 없이 가톨릭 신자이고 개신교 신자이기 때문이다. 성인의 종교는 거의 예외 없이 부모나 학교 교육을 장악한 사람들이 종교를 강요하는 네 살에서 열네 살 사이에 일어나는 종교 교육의 결과다. 저명한 성직자의 다음과 같은 말에서 그가 사회적 유전의 원리를 얼마나 잘 이해하고 있는지 알 수 있다.

"아이가 열두 살이 될 때까지 아이에 대한 통제권을 주면 당신이 원하는 어떤 종교도 가르칠 수 있다. 아이의 마음속에 종교를 깊이 심어서 이 세상의 어떤 힘도 되돌릴 수 없게 할 수 있기 때문이다."

인간의 믿음 중 가장 두드러진 것은 그의 마음이 수용적일 때 매우 감정적인 조건에서 그에게 강요되거나 자신의 자유 의지로 흡수한 것이다. 전도사는 마음이 감정적인 상태가 아닌 일반적인 조건에서 수년 간의 훈련을 통해 할 수 있는 것보다 이런 조건에서 한 시간의 부흥 예배를 통해 종교 관념을 더 깊고 영구적으로 심을 수 있다.

미국 사람들은 워싱턴과 링컨을 불멸의 존재로 만들었다. 이들은 미국의 근간을 뒤흔들고 모든 국민의 이익에 중대한 영향을 끼친 재난의 결과로 국민의 마음이 매우 감정적으로 변했던 시기에 미국을 이끈 지도자였기 때문이다. 학교(미국 역사) 교육, 그리고 다른 형태의 인상적인 교육을 통해 작용하는 사회적 유전의 원리에 따라 워싱턴과 링컨의 불멸성은 젊은이들의 마음속에 심어지고 그렇게 살아남는다.

사회적 유전이 작용하는 세 가지 거대한 체계적인 힘은 학교와 교회, 대중 매체다. 이 세 가지 힘의 적극적인 협력을 받는 어떤 이상도 한 세대라는 짧은 기간에 젊은이의 마음에 너무나 효과적으로 강요될 수 있어서 저항할 수조차 없다.

1914년 어느 날 아침 세계는 전례 없는 규모의 전쟁으로 불타올랐다. 이 세계적 재앙의 중요한 특징은 고도로 조직화한 독일군이었다. 독일 군대는 3년 동안 매우 빠르게 입지를 다졌고 독일의 세계 지배가 확실해 보였다. 독일군은 세계 전쟁 사상 가장 효율적으로 움직였다. 모든 전선에서 연합군이 수적으로 우세했지만 '쿨투어kultur(나치 시대 독일 국민정신 고양에 사용된 정신문화 - 옮긴이)'로 무장한 현대 독일은 적군을 리더가 없는 것처럼 휩쓸었다.

'쿨투어'의 이상을 지지하는 독일 병사들의 희생 수용력은 전쟁에서 가장 놀라운 것이었다. 그리고 이 수용력은 주로 두 사람이 한 일의 결과였다. 이들이 장악한 독일 교육제도를 통해 1914년 세계를 전쟁으로 몰고 간 심리가 '쿨투어'라는 확실한 형태로 탄생했다. 이 사람들은 1879년까지 프로이센 교육부 장관이었던 아달베르트 포크Adalbert Falk와 독일 황제 겸 프로이센 왕이었던 빌헬름Wilhelm 2세였다.

이 사람들이 이런 결과를 만들어낸 힘은 사회적 유전이었다. 즉, 고도로 감정적인 상태에서 젊은이들의 마음에 이상을 강요하는 것이었다. 국가 이상으로서 '쿨투어'는 초등학교에서 시작해서 고등학교와 대학교를 거쳐 독일 젊은이들의 마음에 주입되었다. 교사와 교수들은 학생들의 마음에 '쿨투어'라는 이상을 심도록 강요받았고, 이런 교육으로 한 세대 만에 국가 이익을 위해 개인을 희생하는 힘을 키워 현대 세계를 놀라게 했다. 영국의 사회학자 벤저민 키드Benjamin Kidd는 이 사건을 다음과 같이 표현했다.

"독일의 국가 목표는 영적, 세속적 분야의 수장과 관료, 군 수뇌부, 언론에 대한 국가 지령을 통해 여론의 방향을 조작하는 것이었다. 그리고 마지막으로 국가의 전체 무역과 산업에 대한 국가 지령을 통해 전 국민의 이상주의가 현대 독일의 국가 정책 구상을 지지하게 하는데 있었다."

독일은 언론과 성직자, 학교를 통제했다. 따라서 독일이 한 세대 동안 '쿨투어'라는 독일의 이상을 지지하는 군인들을 길러냈다는 것은 놀랍지 않다. 그리고 이런 독일군이 어린 시절부터 이 희생이 드문 특권이라고 교육받았다는 사실을 생각하면 이들이 두려움 없이 태연하게 확실한 죽음을 맞았다는 것도 놀랍지 않다.

지금까지 독일이 자국민을 전쟁에 대비시킨 수법을 간략하게 설명했다. 이제 또 다른 이상 현상인 일본으로 시선을 돌려보자. 독일을 제외하고 일본만큼 사회적 유전의 폭넓은 영향에 대한 이해도를 분명하게 드러낸 서방 국가는 없다. 한 세대 만에 일본은 4류 국가에서 문명 세계에서 인정받는 강대국 대열에 올랐다. 일본을 연구하면 독일이 이용한 것과 정확히 같은 힘을 매개로 젊은이들의 마음속에 국력 축적을 위해 개인의 권리를 희생하는 이상을 강요한다는 사실을 알게 될 것이다.

유능한 관찰자들은 중국과의 모든 논쟁에서 겉으로 보이는 논쟁의 명분 뒤에는 학교를 통제함으로써 중국 젊은이들의 마음을 통제하려는 일본의 은밀한 시도가 있었음을 간파했다. 만약 일본이 중국 젊은

이들의 마음을 통제할 수 있었다면 일본은 한 세대 안에 그 거대한 국가를 지배할 수 있었을 것이다.

만약 여러분이 서구의 다른 나라들이 국가 이상을 개발하는 데 여전히 사용하고 있는 사회적 유전의 효과를 연구하고 싶다면 지금 러시아에서 무슨 일이 일어나고 있는지 관찰해 보라. 러시아는 소비에트 정부가 권력을 장악한 이후 젊은이들의 마음을 국가적 이상에 맞춰 정형화하는 작업을 하고 있으며, 그 본질은 노련한 분석가의 해석이 필요 없을 정도로 명백하다. 그 이상이 현세대가 성인이 될 때까지 완전히 개발되면 소련 정부가 원하는 것이 정확하게 나타날 것이다.

종전 후 수많은 신문 기사를 통해 이 나라에 쏟아진 러시아 소비에트 정부에 관한 선전물 중에서 아래와 같은 짧은 보도가 가장 의미심장하다. 1920년 11월 9일《시카고 데일리 뉴스Chicago Daily News》외신 조지 위츠 기자가 쓴 글이다.

"러시아 공산당이 책을 주문한다. 독일과 2000만 권 인쇄 계약을 체결한다. 이 교육 선전 책자는 주로 어린이를 대상으로 한다."

러시아 소비에트 정부를 대신해서 페트로그라드Petrograd의 유명 출판인이자 막심 고리키Maxim Gorky의 친구인 그르셰빈Grschebin이 주로 어린이를 위한 러시아어책 2000만 권을 인쇄하는 계약을 독일에서 추진하고 있다. 그르셰빈은 맨 먼저 영국에 갔지만, 그가 이 문제를 꺼냈을 때 영국 정부는 무관심하게 받아들였다. 하지만 독일인들은 그를 열렬히 환영했을 뿐만 아니라 다른 어떤 나라보다도 낮은 가격을 제시했다. 베를린 신문사이자 출판사인 울스타인스Ullsteins는 수백만 권의 책을 원가 이하로 출판하기로 합의했다.

이 기사는 러시아에서 무슨 일이 일어나고 있는지 보여준다. 이 중요한 보도에 충격을 받기는커녕 미국 대부분 신문은 이 기사를 다루지도 않았고, 이 기사를 게재한 신문들도 이 글을 잘 보이지도 않는 귀퉁이에 작은 활자로 실었다. 하지만 이 기사의 진정한 의미는 지금부터 20여 년 후 러시아 소비에트 정부가 어떤 국가적 이상을 세우든 지지해줄 군인들을 키웠을 때 더욱 분명해질 것이다.

오늘날 전쟁 가능성은 엄중한 현실이다. 사회적 유전의 원칙이 전쟁을 정당화하는 빌미로 사용되었을 뿐만 아니라, 실제로 인간의 마음을 의도적으로 전쟁에 대비하게 하는 주요 힘으로 사용되었기 때문이다. 이 말을 뒷받침할 증거를 찾으려면 어떤 국가나 세계 역사를 살펴보라. 전쟁을 너무나 재치 있고 효과적으로 미화해서 독자들의 마음에 충격을 주지 않았을 뿐만 아니라 실제로 전쟁의 정당성을 그럴듯하게 포장했다는 사실을 알 수 있을 것이다.

도시의 공공 광장에 가서 전쟁 지도자들을 위해 세워진 기념물들을 살펴보라. 무모한 파괴 행위에서 군대를 이끄는 것 외에는 아무것도 하지 않은 사람들을 찬양하는 살아있는 상징으로 서 있는 이 조각상들의 자세를 보라. 돌격하는 말 위에 올라탄 이 전사 조각상들이 젊은이들의 마음을 자극하고 전쟁을 용인할 수 있는 행위일 뿐만 아니라 영광과 명성, 명예를 달성하기에 바람직한 원천으로 받아들이게 하는 힘으로서 기능을 얼마나 잘하는지 보라. 이 글을 쓰고 있는 지금 어떤 여성들이 좋은 뜻에서 조지아주에 있는 스톤마운틴Stone Mountain의 불멸의 화강암에 30미터 높이의 남부동맹 병사 이미지를 조각하고 있다. 이렇게 해서 이들은 단연코 '대의'가 아니었고, 따라서 빨리 잊힐수록 더 좋은 잃어버린 '대의'의 기억을 영구화하려고 노력하고 있다.

멀리 떨어진 러시아, 일본, 독일에 대한 이런 언급이 특별하게 와닿지 않고 추상적으로 보인다면 지금 미국에서 대규모로 작용하고 있는 사회적 유전의 원리를 연구해 보자. 우리 미국인들이 북쪽으로는 캐나다, 동쪽으로는 대서양, 서쪽으로는 태평양, 남쪽으로는 멕시코로 둘러싸인 땅덩어리 밖에서 벌어지는 일에 관심을 가질 것으로 가정하는 것은 평균적인 우리 종족에 대해 너무 많은 것을 기대하는 것일지도 모르기 때문이다.

우리 역시 젊은이의 마음속에 국가 이상을 세우고 있으며, 이 이상은 사회적 유전의 원리를 통해 매우 효과적으로 개발되고 있어서 이미 국가의 지배적인 이상이 되었다.

이 이상은 바로 부에 대한 욕망이다.

우리가 처음 만나는 사람에게 하는 첫 번째 질문은 "당신은 누구입니까?"가 아니라 "당신은 무엇을 가지고 있습니까?"이다. 그리고 우리가 다음 질문은 "어떻게 하면 당신이 가지고 있는 것을 얻을 수 있습니까?"이다.

우리의 이상은 전쟁이라는 측면에서 측정되는 것이 아니라 금융과 산업, 사업이라는 측면에서 측정된다. 몇 세대 전 우리의 독립혁명 지도자 패트릭 헨리Patrick Henry와 조지 워싱턴, 에이브러햄 링컨은 이제 제철소, 탄광, 목재용 삼림지, 금융 기관, 철도를 관리하는 유능한 지도자로 대표되고 있다. 우리가 이를 부인할 수도 있지만, 그 부인을 사실로 뒷받침하지는 못한다.

오늘날 미국인들의 두드러진 문제는 대중들의 정치 · 사회적 불안

심리다. 이들은 국가의 가장 유능한 두뇌들이 부를 축적하고 국부를 창출하는 시스템을 통제하려는 매우 경쟁적인 시도에 참여하기 때문에 생존을 위한 투쟁이 점점 더 어려워지고 있다고 생각한다. 우리 사회의 지배적인 이상에 대한 설명을 길게 늘어놓을 필요도 없고, 그 존재를 뒷받침하는 증거를 제시할 필요도 없다. 그 존재는 명백하고 정확한 사고를 하는 척하는 사람들이나 가장 무지한 사람들도 잘 알기 때문이다.

돈에 대한 이 광기 어린 욕망이 너무나 깊이 자리 잡고 있기에 우리가 부를 쟁취하는 것을 방해하지 않는 한 우리는 세계의 다른 나라들이 전쟁에서 산산조각이 나기를 바란다. 하지만 이것이 우리 자신에 대해 말할 수 있는 가장 슬픈 부분은 아니다. 우리는 다른 나라들이 전쟁에 참여하기를 원할 뿐만 아니라, 우리 중에 전쟁 물자 판매로 이익을 얻는 사람들이 실제로 다른 나라 간의 전쟁을 부추긴다고 믿을 만한 타당한 이유가 있기 때문이다.

전쟁 방지 계획

전쟁은 다른 사람들의 희생으로 이익을 얻으려는 사람들의 욕망 때문에 일어난다. 그리고 타오르는 이 욕망의 불씨는 자기 집단의 이익을 다른 집단의 이익보다 우선시하는 사람들의 편 가르기를 통해 큰 불길로 번지게 된다.

전쟁은 갑자기 멈출 수 없다. 전쟁은 오직 교육으로만, 그리고 개인의 이익보다 인류 전체의 더 폭넓은 이익을 우선하는 원칙을 통해서만 막을 수 있다.

인간의 성향과 활동은 이미 말했듯이 두 개의 큰 힘에서 나온다. 하나는 신체적 유전이고, 다른 하나는 사회적 유전이다. 신체적 유전을 통해 인간은 자기 보호 본능에서 다른 사람을 파괴하려는 원시 성향을 계승한다. 이 관습은 생존을 위한 투쟁이 너무 힘겨워서 육체적으로 강한 자만이 살아남을 수 있었던 시대의 유물이다.

사람들은 다른 사람들과 동맹을 맺음으로써 더 유리한 상황에서 살아남을 수 있다는 사실을 배우기 시작했다. 그리고 이런 발견에 따라 현대 사회가 성장했다. 이 사회를 통해 사람들이 주가 되었고, 이런 집단이 모여 다시 국가를 형성했다. 특정 집단이나 국가의 개인들 사이에 전쟁 경향은 거의 없다. 이들은 사회적 유전의 원리를 통해 개인의 이익보다 집단의 이익을 우선함으로써 자신들이 가장 잘 살아남을 수 있다는 것을 배웠기 때문이다.

이제 집단화의 원칙을 확장해서 전 세계 국가들이 자신들의 개인적 이익보다 인류 전체의 이익을 우선시하게 해야 한다. 이는 오직 사회적 유전의 원리를 통해서만 이루어질 수 있다. 모든 인종의 젊은이들에게 전쟁은 끔찍하고 전쟁에 참여하는 개인이나 개인이 속한 집단의 이익에 도움이 되지 않는다는 사실을 교육함으로써 가능하다.

그러면 "어떻게 이런 일을 할 수 있을까?"라는 의문이 생긴다. 이 질문에 답하기 전에 '사회적 유전'이라는 용어를 다시 정의하고 그 가능성이 무엇인지 알아보자.

사회적 유전의 정의

사회적 유전은 젊은 세대가 자신들의 환경, 특히 부모나 교사, 종교

지도자들의 교육으로부터 **자신들을 지배하는 어른들의 믿음과 경향**을 흡수하는 원칙이다.

전쟁을 종식하려는 어떤 계획도 성공하려면 젊은이들의 마음속에 전쟁을 종식해야 한다는 생각을 심어서 전쟁이라는 단어 자체가 이들의 마음에 공포를 불러일으키도록 세계의 모든 교회와 학교들이 서로 협력해야 한다. **전쟁을 종식하는 다른 방법은 없다.**

다음 떠오르는 의문은 "어떻게 하면 세계의 교회와 학교가 이 높은 이상을 목표로 조직될 수 있을까?"다. 이에 대한 답은 모두를 한꺼번에 이런 동맹에 참여하도록 유도할 수는 없지만, 더 영향력 있는 단체들의 참여를 충분히 유도할 수 있으며, 국제 사회 여론이 요구하면서 이들이 나머지 단체들을 빠르게 동맹으로 이끌게 되리라는 것이다.

그러면 또다시 "누가 가장 강력한 종교와 교육 지도자들의 회의를 소집할 영향력이 있는가?"라는 질문이 나온다. 정답은 **미국 대통령과 미국 의회**다.

이런 사업은 이제까지 들어본 적이 없는 언론의 대대적인 지지를 받을 것이고, 이 언론을 통해 전 세계 모든 문명국가 사람들의 마음에 도달하기 시작하고 전 세계 교회와 학교에서 이 계획의 채택을 준비하게 될 것이다.

전쟁 방지 계획은 다음과 같은 주요 요소들로 구성되는 위대한 한 편의 극적인 연극에 비유할 수 있다.

- **무대 설정:** 미국 국회의사당
- **주연 배우:** 미국 대통령과 미국 의원들

• **조연 배우:** 미국 정부 비용으로 초청한 모든 교파의 주요 성직자들과 주요 교육자들

• **기자실:** 전 세계 뉴스 취재 기관 대표들

• **무대 장치:** 전체 과정을 지구 반대편까지 중계하는 라디오 방송 장치

• **연극 제목:** 「살인하지 말라!」

• **연극 목적:** 인종 대표들로 구성하고, 국가 간 분쟁 사건에 관한 증언을 듣고 판결하는 것을 임무로 하는 상설 국제 사법 재판소 설립

다른 요소들도 이 위대한 세계 드라마에 등장하겠지만 그것들은 그렇게 중요하지 않을 것이다. 주요 이슈와 가장 필수적인 요소들은 여기에 열거되어 있다.

남아있는 또 하나의 질문은 "누가 미국 정부 조직을 움직여 이 회의를 소집하도록 할 것인가?"이다. 그 대답은 미국 대통령과 의회를 움직이는 것을 목표로 하는 '골든룰소사이어티Golden Rule Society'의 활동을 조직하고 지휘할 유능한 조직자와 지도자의 도움을 받는 여론이다.

국민의 마음속에 전쟁을 용인하는 증거가 조금이라도 남아있다면 국제연맹이나 어떤 국가 간의 단순한 합의도 전쟁을 방지할 수 없다. 전 세계 국가 간의 평화는 처음에는 비교적 소수의 사상가가 시작하고 계속해 나갈 운동에서 성장할 것이다. 점점 이 숫자는 증가해서 세계의 선도적인 교육자와 성직자, 그리고 홍보 담당자들이 참여하게 될 것이다. 그리고 이런 노력이 모여 결국 세계 평화라는 세계 이상이 뿌리 깊이 영구적으로 확립되고 평화가 실현될 것이다.

이런 바람직한 목표는 올바른 리더십 아래에서 한 세대 내에 달성할 수 있다. 하지만 앞으로 여러 세대에 걸쳐 달성하지 못할 가능성이 더 크다. 이 리더십을 맡을 능력이 있는 사람들이 세속적인 부를 추구하느라 너무 바빠서 아직 태어나지 않은 미래 세대를 위해 필요한 희생을 할 수 없기 때문이다.

전쟁은 이성에 호소하는 것이 아니라 인간의 감정에 호소함으로써 종식할 수 있다. 세계 평화를 위한 계획을 지지하는 세계 각국의 사람들을 조직하고 이들의 감정에 강하게 호소해야 하며, 이 계획을 우리가 현재 우리 각자의 종교 이상을 우리 젊은이들의 마음에 강요하는 것과 같은 부지런함으로 다음 세대의 마음에 심어줘야 한다.

세계 교회들이 현재 서로 대립하는 데 들이는 노력의 절반만이라도 이 목표로 돌린다면 한 세대 내에 세계 평화라는 국제 이상을 확립할 수 있다고 말하는 것은 지나친 과장이 아니다. 여러 종파가 이 목표를 위해 힘을 합친다면 기독교 교회들만으로도 3세대 내에 세계 평화를 국제 이상으로 확립할 수 있는 충분한 영향력이 있다고 해도 과언이 아니다.

모든 종교의 선도적인 교회들, 선도적인 학교들, 세계의 대중 매체들이 힘을 합쳐 한 세대 안에 세상의 모든 어른과 어린이의 마음에 세계 평화의 이상을 심어줄 수 있다면 상상을 초월하는 성과가 될 것이다. **만약 세계 종교들이 지금까지 해온 대로 자신들의 개인적 이익과 목적보다 세계 평화 확립을 우선하지 않는다면, 해결책은 모든 인종을 연결하고 젊은이들의 마음에 세계 평화라는 이상을 심어주는 것을 유일한 목적으로 하는 세계 교회를 세우는 데 있다.** 이 교회는 점차 다른 모든 교회의 신자들을 끌어들일 것이다.

세계의 교육 기관들이 세계 평화라는 높은 이상을 조성하는 데 협력하지 않는다면 해결책은 젊은이들의 마음에 세계 평화라는 이상을 심어줄 완전히 새로운 교육 시스템을 만드는 데 있다.

세계의 대중 언론이 세계 평화의 이상을 세우는 데 협력하지 않는다면 해결책은 인쇄 매체와 방송의 힘을 모두 활용해서 이 높은 이상에 대한 대중의 지지를 끌어내는 독립 언론을 만드는 데 있다.

요컨대 세계의 기존 세력이 국제 이상으로서 세계 평화를 확립하는 일을 지지하지 않는다면 그렇게 할 새로운 조직을 만들어야 한다. **세계인의 대다수는 평화를 원한다. 여기에 평화를 이룰 가능성이 있다.**

얼핏 생각하면 세계를 조직화한 교회가 힘을 모아 각자의 이익보다 전체 인류 문명의 이익을 앞세울 것으로 기대하는 것은 무리인 것 같다. 하지만 이 극복할 수 없어 보이는 장애물은 실제로는 아무런 걸림돌이 되지 않는다. 교회가 이 계획을 어떻게 지원하든 교회는 천 배나 큰 영향력을 돌려받게 될 것이기 때문이다.

세계 평화라는 세계 이상을 확립하기 위한 계획에 참여함으로써 교회가 어떤 이점을 실현하게 되는지 보자. 무엇보다도 이 세계 이상을 확립하기 위해 다른 교파들과 동맹을 맺음으로써 어떤 개별 교회도 그 어떤 장점도 잃지 않는다는 것을 분명히 알 수 있을 것이다. 이 동맹은 어떤 교회의 신조도 바꾸거나 방해하지 않는다. 동맹에 참여하는 모든 교회는 동맹에 참여하기 전에 가졌던 모든 권력과 이점을 그대로 가진다. 게다가 세계 역사상 가장 위대한 혜택을 인류 문명에 안겨주는 선도적인 요소로 작용한 공로로 교회 전체가 누릴 더 큰 영향력이라는 추가적인 이점도 공유하게 된다.

교회가 이 동맹으로부터 다른 이점을 얻지 못했다고 하더라도 이것으로 충분한 보상이 될 것이다. 하지만 교회가 이 동맹을 통해 얻을 수 있는 중요한 이점은 교회가 연합해서 이 사업을 지지할 때 자신들의 이상을 세상에 심어줄 힘을 가지고 있다는 사실을 발견했다는 것이다. 교회는 이 동맹에 참여함으로써 쉽게 세계를 지배하고 인류 문명에 교회의 이상을 심어줄 수 있는 체계적 노력의 지대한 중요성을 파악하게 될 것이다.

교회는 오늘날 세계에서 단연코 가장 큰 잠재력을 가진 존재다. 하지만 그 힘은 체계적인 노력의 원리를 이용하기 전까지는 단지 잠재력에 지나지 않는다. 즉, 모든 교단이 조직된 종교의 결합한 힘을 젊은이들의 마음에 더 높은 이상을 심어주는 수단으로 사용하는 협정을 형성할 때까지는 잠재력으로 있는 것이다.

교회가 세계에서 가장 큰 잠재력인 이유는 이 힘이 인간의 감정에서 나오기 때문이다. 감정이 세상을 지배한다. 그리고 교회는 감정의 힘에 전적으로 의존하는 유일한 조직이다. 교회는 인류 문명의 감정적인 힘을 이용하고 지시하는 힘을 가진 사회의 유일한 체계적인 요소이다. 감정은 이성이 아니라 믿음으로 통제되기 때문이다. 그리고 교회는 세상의 믿음이 중심이 되는 유일한 위대한 조직체.

오늘날 교회는 단절된 여러 종파로 분열되어 있다. 이런 종파가 하나로 뭉쳤을 때 그 동맹의 연합된 힘이 세계를 지배할 것이며 이에 대적할 권력은 지구상에 없다고 해도 과언이 아니다.

세계 평화의 이상을 뒷받침하는 이런 교회의 동맹을 끌어내는 일에는 여성 신자들이 적극적으로 나서야 한다. 전쟁 종식의 혜택은 앞으로 오래 계속되고 태어나지 않은 미래 세대가 누리게 될 것이기 때문이다.

쇼펜하우어에 따르면 여성은 항상 개인보다 인류가 더 중요하다고 말함으로써 무의식중에 인류 문명의 희망이 달린 진실을 말했다. 인류의 이익을 개인의 이익보다 우선시하는 이 타고난 특성 때문에 쇼펜하우어는 여성을 남성의 천적이라고 단호하게 비난한다.

여성이 세계의 윤리 기준을 높이는 운명을 손에 쥐게 된 세계대전을 시작으로 문명이 새로운 시대로 접어들었다는 것은 타당한 예언으로 보인다. 이는 희망적인 신호다. 여성의 본성은 현재 이익보다 미래 이익을 우선시하기 때문이다. 남자가 일반적으로 현재의 편의성에 따라 행동한다면, 젊은이들의 마음에 미래 세대에 혜택이 될 이상을 심어주는 것이 여성의 본성이다.

여성에 대한 악랄한 공격 속에서 쇼펜하우어는 여성의 본성에 관한 위대한 진실을 말했다. 세계 이상으로서 세계 평화를 확립하는 가치 있는 일에 종사하는 모든 사람이 이 진실을 이용할 수 있다. 세계의 여성 클럽은 여성 참정권 획득 이외의 세계 문제에 참여하게 될 운명이다.

전 세계인들이 이를 기억하게 하자. 평화를 원하지 않는 사람들은 전쟁으로 이익을 얻는 사람들이다. 수적으로 이들은 세계 권력의 한 조각에 불과하다. 전쟁을 원하지 않는 대중이 세계 평화라는 높은 이상을 목표로 조직된다면 이들은 존재하지 않는 것처럼 완전히 무시할 수 있다.

마지막으로 이 글이 미완성 상태인 데 대해 독자들의 양해를 구해야 할 것 같다. 하지만 세계 평화의 신전을 건설하는 데 필요한 모든 재료를 이곳에 모아놓았고, 이를 재배치하면 세계 평화라는 높은 이상을 실현할 수 있다고 말한 것을 독자들도 용인할 것으로 믿는다.

사회적 유전을 이용한 이익들

이제 사회적 유전의 원칙을 기업 경제에 적용하고, 이것이 물질적 부의 달성에 실질적인 도움이 되는지 살펴보자.

만약 내가 은행가라면 내 사업장에서 일정한 반경 안에 있는 가족들의 출생 정보를 입수해서 모든 아이에게 편지를 보내 적절한 시기에 이렇게 좋은 세상에 태어난 것을 축하할 것이다. 그때부터 아이들은 해마다 우리 은행에서 생일 축하 편지를 받게 될 것이다. 아이들이 이야기책을 읽을 나이가 되면 우리 은행에서 저축의 이점을 이야기 형태로 꾸민 재미있는 이야기책을 받게 될 것이다. 만약 그 아이가 소녀라면 생일 선물로 각 인형 뒤에 우리 은행 이름이 적힌 인형 오리기 책을, 소년이라면 야구 방망이를 받게 될 것이다. 우리 은행의 가장 중요한 층 또는 근처 건물 전체에 어린이 놀이방을 만들 것이다. 그리고 거기에는 회전목마, 미끄럼틀, 시소, 롤러스케이트, 게임, 모래터 등을 설치하고 아이들이 즐겁게 놀 수 있게 돌봐줄 유능한 관리인도 둘 것이다. 이 놀이방이 엄마들이 쇼핑하거나 은행을 방문하는 동안 아이들을 안전하게 맡길 수 있는 지역사회 아이들의 인기 놀이터가 되도록 할 것이다.

내가 이 아이들을 아주 훌륭하게 대접하면 이들이 자라 예금주가 되었을 때 이들은 우리 은행과 떼려야 뗄 수 없는 고객이 될 것이다. 뿐만 아니라 아이들의 부모도 우리 은행의 고객으로 만들 기회를 놓치지 않을 것이다.

만약 내가 실업학교 소유주라면 우리 지역사회 아이들이 5학년이 되었을 때부터 고등학교 때까지 아이들과 관계를 구축해서 이들이 고등학교를 졸업하고 직업을 선택할 때가 되었을 때 우리 학교 이름이 이들의 마음속에 확고하게 자리 잡도록 할 것이다.

만약 내가 식료품점 또는 백화점의 주인이거나 약사라면 아이들과 좋은 관계를 구축해서 아이들과 부모를 모두 내 고객으로 만들 것이다. 부모의 마음을 얻는 가장 좋은 방법은 아이들이 관심을 보이는 것을 통하는 길이라는 것은 잘 알려진 사실이기 때문이다. 만약 내가 백화점 사장이고 신문에 광고를 낸다면 각 페이지 하단에 우리 놀이방 장면을 만화로 그려 넣어 아이들이 우리 광고를 읽도록 유도할 것이다.

만약 내가 전도사라면 교회 지하실에 동네 아이들이 매일 와서 노는 어린이 놀이방을 설치할 것이다. 그리고 만약 내 서재가 근처에 있다면 어린이 놀이방에 가서 어린 친구들과 함께 재미있게 즐기면서 더 나은 설교를 위한 영감을 얻고 동시에 미래의 교구 주민들을 키울 것이다. 기독교 정신과 조화를 이루는 예배를 드리면서 동시에 우리 교회를 젊은이들에게 인기 있는 곳으로 만들 것이다. 나는 이보다 더 효과적인 방법을 생각할 수 없다.

만약 내가 전국적인 광고주이거나 통신 판매 회사 소유주라면 아이들과 접촉할 수 있는 적절한 방법과 수단을 찾을 것이다. 다시 한번 말하지만 부모에게 영향을 미치는 가장 좋은 방법은 아이들의 마음을 '사로잡는' 것이다.

내가 이발사라면 아이들만을 위한 방을 마련할 것이다. 이렇게 함으로써 아이들과 부모 모두 단골손님으로 만들 수 있기 때문이다.

모든 도시의 변두리에는 레스토랑을 운영하면서 '가정에서 요리한 것 같은' 질 좋은 음식을 제공할 것이다. 아이들을 데리고 가끔 외식하기를 원하는 가족들을 위해 음식을 공급하는 사람들을 위한 사업 기회가 무한하게 있기 때문이다. 내가 레스토랑을 운영한다면 여기에 낚시 연못을 만들고, 조랑말과 아이들이 좋아하는 모든 종류의 동물과 새들을 갖추고 아이들이 자주 와서 종일 보낼 수 있도록 할 것이다. 이처럼 많은 기회가 있는데 왜 금광을 찾을까?

지금까지 말한 것들은 사회적 유전의 원칙을 사업에서 유용하게 사용할 수 있는 몇 가지 방법에 불과하다. **아이들의 마음을 끌면 부모의 마음을 끌 수 있다.** 국가들이 젊은이들의 마음을 전쟁 쪽으로 향하게 함으로써 전사로 만들 수 있다면 사업가들은 같은 원칙을 통해 고객을 만들 수 있다.

> 우리가 쓰는 모든 글, 우리가 탐닉하는 모든 행동,
> 그리고 우리가 하는 모든 말은 우리 마음에 깊이 뿌리박힌
> 본성의 피할 수 없는 증거이며 부인할 수 없는 고백이다.

체계적인 노력으로 귀결되는 힘

이제 우리는 다른 각도에서 협력적이고 체계적인 노력에 따라 어떻게 힘이 축적될 수 있는지 볼 수 있는 이 장의 또 다른 중요한 특성에 도달했다.

전쟁을 종식하기 위한 계획에서 여러분은 3대 체계적인 세력(학교, 교회, 대중 언론) 간의 협력적인 노력이 어떻게 세계 평화를 실현하는 데 도움이 될 수 있는지 보았다.

너무나 충격적이고 파괴적인 세계대전에서 우리는 많은 가치 있는 교훈을 얻었지만, 체계적인 노력의 효과보다 더 중요한 것은 없다. 여러분은 연합군이 포슈 장군 휘하에 놓이자마자 전세가 연합군에게 유리하게 기울기 시작했고 연합군 대열에서 완전히 협력적인 노력이 일어난 사실을 기억할 것이다.

세계 역사상 연합군의 체계적인 노력으로 만들어진 것처럼 한 무리의 사람에게 그렇게 많은 권력이 집중된 적은 없었다. 이제 우리는 이런 연합군의 분석에서 찾을 수 있는 가장 뛰어나고 중요한 사실에 다가왔다. 이들이 지구상에서 모였던 가장 세계적인 군인 집단이었다는 사실이다.

가톨릭과 개신교, 유대인과 비유대인, 흑인과 백인, 황인종 등 지구상의 모든 인종이 연합군에 참가했다. 이들은 인종이나 신조가 달라도 이를 제쳐두고 자신들이 싸우는 대의를 우선했다. 전쟁의 긴장 속에서 이 위대한 인간 집단은 서로의 인종적 성향이나 종교적 신념을 묻지 않고 공동의 목표를 위해 어깨를 나란히 하고 싸웠다.

이들이 그곳에서 오랫동안 불관용을 제쳐두고 자신들의 삶을 위해 싸울 수 있었다면 우리가 비즈니스와 금융, 산업에서 더 높은 수준의 윤리를 위해 싸울 때 같은 일을 할 수 없는 이유가 있을까? 문명인들이 자신들의 삶을 위해 싸울 때만 비로소 불관용을 제쳐두고 공동의 목적을 위해 협력하는 예지력이 생기는 걸까? 연합군이 철저하게 조정된 하나의 조직으로 사고하고 행동하는 것이 유리했다면 도시나 공동체, 산업체의 사람들도 그렇게 하는 것이 유리하지 않을까?

만약 도시의 모든 교회와 학교, 신문과 클럽과 시민 단체들이 공동의 대의를 위해 동맹을 맺는다면 이런 동맹이 대의를 이루는 힘을 만들 것이라고 생각하지 않는가?

마찰과 오해를 줄이기 위해 도시의 모든 고용주와 노동자가 가상의 동맹을 맺으면 대중에게 더 낮은 비용으로 더 나은 서비스를 제공하고 자신들도 더 큰 이익을 얻을 수 있다.

우리는 지난 세계대전에서 세계의 일부를 파괴하면 전체가 취약해진다는 교훈을 얻었다. 그리고 한 국가나 집단의 사람들이 가난과 빈곤에 빠지면 세계의 나머지 국가들도 고통받게 된다는 것도 배웠다. 역으로 말하면 우리는 지난 세계대전으로부터 협력과 관용이 지속적인 성공의 바로 그 토대라는 사실을 배웠다. 더 사려 깊고 관찰력이 있는 사람들은 우리가 세계대전에서 배운 이런 위대한 교훈으로 개인적인 이익을 얻는 데도 실패하지 않을 것이다.

나는 여러분이 순수하게 개인적인 관점에서 성공의 법칙에 따라 이익을 얻기 위해 이 책을 공부하고 있다는 사실을 안다. 바로 이런 이유로 나는 가능한 한 광범위한 주제에 이런 원칙을 적용하는 방법을 개략적으로라도 설명하려고 노력해 왔다.

이 장에서 여러분은 체계적인 노력과 관용, 사회적 유전의 기저를 이루는 원칙이 어떻게 적용되는지 보았고, 이는 여러분에게 많은 생각할 거리를 주고 여러분의 상상력을 자극했을 것으로 생각한다. 나는 이런 원칙들이 여러분이 어떤 일을 하든지 여러분 개인의 이익과 인류 문명 전체의 이익을 증진하는 데 어떻게 사용될 수 있는지 보여주기 위해 노력했다.

설교를 하든 물건이나 개인 서비스를 팔든 변호를 하든 다른 사람들의 일을 감독하든 일용직 노동자로 일하든, 이 장에서 더 높은 성취로 이끌 수 있는 생각의 자극제를 찾기를 바란다. 나의 과욕이 아니다. 여러분이 광고 작가라면 이 장에서 여러분의 글에 더 큰 힘을 실어 줄 수 있는 재료를 분명히 발견할 것이다. 개인 서비스를 제공하는 일을 하고 있다면 이 장에서 이런 서비스를 더 효과적으로 마케팅하는 수단과 방법을 제안해 줄 것으로 기대할 만하다.

불관용이 일어나는 근원을 밝혀내는 과정에서 이 장은 또한 여러분 인생에서 가장 유익한 전환점을 쉽게 나타내주는 다른 생각들을 불러일으키는 주제에 관한 연구로 여러분을 이끌었다. 책과 교훈 그 자체에는 거의 가치가 없다. 진정한 가치는 인쇄된 종이에 있는 것이 아니라, 독자들에게서 어떤 행동을 불러일으키는 데 있다.

이 장의 원고를 다 읽은 내 원고 교정원은 이 장의 내용이 그녀 자신과 그녀의 남편에게 매우 깊은 인상을 주어서 광고 사업에 뛰어들어 아이들을 통해 부모들에게 영향을 미치는 광고 서비스를 은행에 제공할 계획을 세웠다고 말해주었다. 그녀는 이 계획으로 1년에 1만 달러는 벌 수 있을 것으로 믿는다.

솔직히 그녀의 계획이 너무나 매력적이어서 나는 그 계획의 가치를 그녀가 말한 금액의 최소 3배 이상으로 추정한다. 이 계획을 잘 체계화하고 유능한 판매원이 판매를 담당하면 그 금액의 5배 이상의 이익을 낼 수 있을 것으로 생각한다.

책으로 만들어지기도 전에 이 장이 이룬 성취는 이것이 전부가 아니다. 내가 원고를 보여줬던 저명한 실무학교 교장은 이미 사회적 유전을 예비 학생들과의 '관계를 구축하는' 수단으로 사용하는 내용을 실행에 옮기기 시작했다. 그는 자신이 사용하려는 것과 비슷한 계획을 미국과 캐나다의 1500개 실무학교 대부분에 판매할 수 있을 것으로 믿으며, 이 계획의 프로모터는 미국 대통령 연봉보다 더 많은 연봉을 벌 수 있다고 자신한다.

이 장이 끝나갈 무렵 조지아주 애틀랜타에 사는 찰스 크라우치Charles Crouch 박사로부터 한 통의 편지를 받았다. 이 편지에서 그는 애틀랜타의 저명한 사업가들이 모여 방금 '골든 룰 클럽'을 조직했으며, 그 주요 목적은 이 장에서 설명한 바와 같이 전국적으로 전쟁을 종식하기 위한 계획을 실행하는 것이라고 했다(참고로 이 장을 완성하기 몇 주 전에 전쟁 종식을 다룬 부분을 크라우치 박사에게 보냈다).

몇 주 사이에 연달아 일어난 이 세 가지 사건으로 이 장이 전체 15개 장 중에서 가장 중요한 장이라는 내 믿음이 더욱더 굳어졌다. 하지만 이 장의 가치는 전적으로 여러분에게 달렸다. 여러분의 생각을 자극해 어떤 영향 없이 여러분이 하지 않았을 행동을 시도하도록 하는 데 달려 있다.

특히 이 장의 주요 목표는 여기서 제공하는 정보 이상의 무엇을 교육하는 데 있다. 여기서 '교육'이라는 단어는 추론하고 끌어내는 것, 내부에서 발전시키는 것을 뜻하며, **여러분을 일깨우고 적절하게 자극해서 행동하게 하는 손을 기다렸다가 자기 안에 잠들어 있는 힘을 사용하게 하는 것을 말한다.**

마지막으로 나는 다음 글에 담긴 관용에 대한 내 개인적인 감정을 여러분에게 남긴다. 이 글을 쓴 것은 내가 가장 힘들 때였다. 적이 내 명성을 망치고 세상에 좋은 일을 하기 위해 평생을 바친 정직한 노력의 결과를 파괴하려고 했을 때였다.

'인류 진보의 동녘 지평선에 지성의 여명이 밝아오고 무지와 미신이 시간의 모래 위에 그들의 마지막 발자국을 남길 때가 되면 인간이 저지른 가장 중한 죄는 '불관용'이었다는 것이 인간의 죄를 기록한 장부의 마지막 장에 기록될 것이다.

가장 심한 불관용은 종교적, 인종적, 경제적 편견과 견해차에서 비롯된다. 서로 다른 종교적 신념과 인종적 성향 때문에 서로 파괴하려는 이 어리석음을 우리 불쌍한 인간들이 언제나 깨닫게 될까?

우리가 이 땅에 머물도록 허락받은 시간은 순식간에 흘러간다. 우리는 잠시 자신을 태우다가 꺼져가는 촛불과 같다. 왜 우리는 이 짧은 속세의 삶을 마치고 죽음이라는 위대한 대상이 다가와서 이제 떠날 때가 되었으니 장막을 걷고 떠날 준비를 하라고 할 때 두려움과 떨림 없이 조용히 미지의 세계로 따라나서는 법을 배우지 못하는 걸까?

나는 내가 이승의 경계를 넘어 저승으로 갔을 때 그곳에서는 유대인이나 이방인, 천주교나 개신교, 독일인, 영국인, 프랑스인과 같은 구별이 없기를 바란다. 그곳에는 인종과 신조, 색깔로 차별되지 않는 인간 영혼, 형제자매들만이 있기를 바란다. 불관용을 버리고 영원토록 편히 쉴 수 있기를 원하기 때문이다.'

가끔 일어나는 불행은 좋은 것이다.
누구도 완전히 혼자서 살아갈 수 없다는 사실을
일깨워주기 때문이다.

THE LAW OF
SUCCESS

15

황금률
THE GOLDEN RULE

" 할 수 있다고 믿으면 "
할 수 있다

나의 행동은 나에게 돌아온다

이 장은 성공의 법칙의 절정을 이루며 앞 장에서 배운 지식을 유익하고 건설적으로 사용하도록 하는 길잡이별 역할을 한다. 이전 장에는 대부분 사람이 감당하기 벅찬 힘이 담겨 있다. 이 장은 갑자기 힘을 가지게 되는 모든 사람의 길을 가로막는 실패라는 바위나 암초 너머로 지식의 배를 조종할 수 있게 해줄 컨트롤러가 되어 줄 것이다.

나는 25년 이상 사람들이 힘을 가지게 되었을 때 하는 행동 방식을 관찰해 왔다. 그리고 서서히 단계적인 과정을 거치지 않고 갑자기 힘을 가지게 된 사람은 계속해서 자신과 그가 영향을 미치는 모든 사람을 파괴할 위험에 처해 있다는 결론에 도달했다.

여러분은 아마 이 책이 '불가능해 보이는' 것을 수행하는 균형 잡힌 힘을 달성하는 것으로 이어진다는 사실을 분명하게 알게 되었을 것이다. 다행히 이 힘은 오직 이 장에서 총망라하는 많은 기본 원칙을 준수함으로써만 얻을 수 있다는 것이 명백하다. 이 장은 앞 장들에서 설명한 모든 법칙과 같거나 초월하는 법칙에 기반을 두고 있다.

마찬가지로 사려 깊은 독자들은 이 장의 기반이 되는 법칙을 충실히 준수해야만 이 힘이 오래갈 수 있다는 사실을 분명히 알 것이다. 이 장에는 부주의한 독자를 자신의 어리석음에서 비롯되는 위험으로부터 보호하고, 이 장에서 규정하는 금기 사항을 어길 때 위험에 처할 수 있는 사람들을 보호하는 '안전밸브'가 마련되어 있다.

이 장에서 규정하는 법칙을 완전히 이해하고 엄격하게 준수하지 않고 이전 장에서 배운 지식으로 얻은 힘을 가지고 '장난하는 것'은 뭔가를 창조할 뿐만 아니라 파괴할 수도 있는 힘을 가지고 장난하는 것과 같다.

나는 지금 내가 진실일 것으로 추측하는 것에 대해 말하는 것이 아니라 **내가 진실임을 아는 것**을 말하고 있다. 특히 이 장의 기초가 되는 진실은 내가 발명한 것이 아니다. 나는 25년 이상 각고의 노력을 하면서 이 진실이 일상의 곳곳에 변함없이 적용되는 것을 보아왔으며, 나의 인간적 취약성을 고려해서 이를 최대한 활용해 왔다는 것 외에는 어떤 주장도 하지 않는다.

만약 여러분이 성공의 법칙, 특히 이 장의 기초가 되는 법칙의 타당성에 대한 긍정적인 증거를 요구한다면 나는 한 증인의 증언 외에는 달리 제공할 증거가 없음을 실토할 수밖에 없다. 그리고 그 증인은 바로 여러분 자신이다. 이런 법칙은 직접 시험하고 적용해 봐야만 긍정적인 증거를 얻을 수 있기 때문이다.

만약 여러분이 나보다 더 실질적이고 권위 있는 증거를 요구한다면 예수 그리스도와 플라톤, 소크라테스, 에픽테토스, 공자, 에머슨, 그리고 더 현대적인 두 철학자 윌리엄 제임스와 휴고 뮌스터베르그Hugo Münsterberg의 가르침과 철학을 소개한다. 나는 내 제한된 경험에서 얻은 것 외에 이들의 연구를 활용해서 이 장의 중요한 토대를 구축했다.

4000년 이상 사람들은 황금률을 인간사회의 적절한 행동 규범으로 설파해 왔지만 불행하게도 세계는 이 보편적인 명령universal injunction의 정신을 쏙 빼놓고 이를 받아들였다. 우리는 황금률 철학을 단지 윤리 행위의 건전한 규칙으로만 받아들이면서 정작 그 기초가 되는 법칙은 이해하지 못했다.

나는 사람들이 황금률을 말하는 것을 수십 번 들었다. 하지만 그 기초가 되는 법칙에 대해 설명을 들은 기억이 없다. 최근에서야 나는 그 법칙을 이해했고, 그동안 황금률을 말한 사람들이 그것을 이해하지 못했다고 믿게 되었다.

황금률이란 역지사지로 '다른 사람들이 자기한테 해주기를 바라는 대로 다른 사람들에게 하는 것'을 말한다.

하지만 왜 그래야 할까? 다른 사람들에게 이렇게 친절을 베푸는 진짜 이유는 무엇일까? 진짜 이유는 다음과 같다.

'뿌린 대로 거둔다'라는 영원불변의 법칙이 있다. 여러분이 다른 사람과의 거래에서 자기 행동 방침을 정할 때, 자신의 선택에 따라 다른 사람들의 삶을 행복하게 하거나 불행하게 할 수 있는 힘이 있으며, 궁극적으로 이 힘이 되돌아와서 그 성질에 따라 여러분을 돕거나 방해할 수 있다는 사실을 알면 여러분은 다른 사람에게 공정하게 대할 가능성이 매우 크다.

다른 사람에게 부당하게 대하는 것은 여러분의 특권이다. 하지만 여러분이 황금률의 법칙을 이해한다면 부당한 대우가 자신에게 되돌아오리라는 사실을 알 것이다. 말 그대로 **뿌린 대로 거두는 법**이다.

10장 「정확한 사고」에서 설명한 원칙을 정확히 이해했다면 황금률의 기초가 되는 법칙을 이해하기가 아주 쉬울 것이다. 여러분은 이 법칙을 왜곡하거나 바꿀 수 없지만, 그 본질에 적응해서 이 법칙의 도움 없이는 달성할 수 없는 위대한 업적을 이루는 힘으로 사용할 수 있다.

이 법칙은 단순히 다른 사람에 대한 여러분의 부당하고 불친절한 행동을 여러분에게 다시 되돌려주는 것으로 그치지 않는다. 훨씬 더 나아가 여러분이 내놓는 모든 생각의 결과를 여러분에게 돌려준다. 그러므로 이 위대한 보편 법칙을 충분히 활용하기 위해서는 '다른 사람들이 여러분에게 해주기를 바라는 대로 다른 사람들을 대하는 것'만으로는 부족하고 **'다른 사람들이 여러분을 생각해 주기를 바라는 대로 다른 사람들을 생각해야'** 한다.

황금률의 기초가 되는 법칙은 여러분이 어떤 생각을 내놓는 순간부터 좋든 나쁘든 여러분에게 영향을 미치기 시작한다. 대부분의 사람이 이 법칙을 이해하지 못하는 것은 세계적 비극이나 다름없다. 단순하지만 인간에게 지속적인 가치를 주는 법칙이자 실질적으로 배울 수 있는 전부다. 우리가 우리 운명의 주인이 되는 매개체이기 때문이다.

이 법칙을 이해하면 성경에서 이야기하는 것을 모두 이해할 수 있다. 성경은 인간이 자기 운명의 창조주이며 인간의 생각과 행동은 인간이 자기 운명을 창조하는 도구라는 사실을 뒷받침하는 일련의 증거를 제시하기 때문이다.

지금보다 덜 계몽되고 덜 너그럽던 시대에 세계 역사상 가장 위대한 사상가 중 일부는 이 보편 법칙을 모든 사람이 이해할 수 있도록 과감히 밝혀내기 위해 목숨까지 바쳤다. 이런 세계의 과거 역사에 비추어 볼 때, 내가 몇 세기 전에 썼으면 목숨을 잃었을 글을 썼다고 해서 신체적인 위해의 위험을 느끼지 않는 것은 사람들이 무지와 불관용의 베일을 점차 벗어 던지고 있음을 뒷받침하는 고무적인 증거이다.

이 책은 인간이 해석할 수 있는 우주의 최고 법칙을 다루지만 그 목표는 이런 법칙을 우리 삶의 실제적인 일에 어떻게 적용할 수 있는지를 보여주는 데 있다. 이런 실제 적용이라는 목적을 염두에 두고 이제 다음 사건을 통해 황금률의 효과를 분석해 보자.

> 사람들은 이웃이 자신을 속일까 봐 노심초사한다.
> 하지만 사람들이 자기 이웃을 속이지 않도록
> 신경 쓰기 시작하는 날이 오면 모든 것이 잘 풀릴 것이다.
> 그는 시장용 수레를 태양의 전차로 바꿨다.

기도의 힘

변호사가 말했다. "저는 그 사람에 대한 당신의 손해배상 청구 소송을 밀어붙일 수 없습니다. 이 사건을 맡을 다른 변호사를 구하거나, 아니면 소송을 취하할 수도 있습니다. 당신이 원하는 대로 하세요."

그러자 의뢰인이 말했다.

"이 사건이 별로 돈이 안 될 거라고 생각해서 그러시나요?"

"아마 약간의 돈은 들어오겠지요. 하지만 그 돈은 그 사람이 사는 작은 집을 팔아서 나오는 돈이잖아요. 어쨌든 저는 그 문제에 관여하고 싶지 않습니다."

"겁먹었군요, 안 그래요?"

"전혀 아닙니다."

"아마 그자가 살려달라고 애원했을 것 같군요."

"글쎄요. 예, 그랬어요."

"그리고 당신은 그 부탁을 차마 거절하지 못했군요. 그렇죠?"

"예."

"도대체 어떻게 된 겁니까?"

"제가 눈물을 좀 흘린 것 같습니다."

"그리고 그 늙은이는 계속 애원했다는 건가요?"

"아니요, 저는 그렇게 말하지 않았어요. 그는 제게 한마디도 하지 않았어요."

"좋습니다. 그럼 당신이 듣고 있을 때 그가 누구에게 말을 걸었는지 정중하게 물어봐도 될까요?"

"전능하신 하나님이요."

"아, 그가 기도하기 시작했다는 거네요, 그렇죠?"

"적어도 제 선처를 바라는 기도는 아니었어요. 저는 그 작은 집을 쉽게 찾아서 조금 열려 있는 바깥문을 두드렸습니다. 하지만 인기척이 없어서 작은 현관으로 들어가서 문틈으로 아늑한 거실을 보았습니다. 그리고 그 방에는 한 백발의 노파가 베개를 높이 베고 침대에 누워 계셨는데, 그 모습이 마치 제가 이 세상에서 마지막으로 뵀던 제 어머니 모습 같았습니다. 제가 막 노크를 하려고 할 때 그녀가 말했습니다. '자, 하나님 아버지, 이제 시작하세요. 저는 모두 준비됐어요.' 그녀 곁에는 제가 판단컨대 누워 있는 그의 아내보다 나이가 많은 백발의 노인이 무릎을 꿇고 있었습니다. 그 상황에서 저는 도저히 노크할 수 없었습니다. 그는 기도를 시작했습니다.

먼저 그는 자신들이 여전히 하나님에게 순종하는 어린 양들이며 하나님이 어떤 시련을 안겨주더라도 자신들은 하나님의 뜻을 거역하지 않을 거라고 기도했습니다. 특히 아내가 병들고 힘없는 상황에서 노년에 노숙자로 나앉게 되는 것은 그들에게 매우 어려운 일일 겁니다. 그리고 아들 중 한 명이라도 살아남았더라면 모든 것이 얼마나 달라졌을까요? 그때 그의 목소리가 잠시 끊기고, 침대보 아래에서 나온 하얀 손이 백발이 성성한 그의 머리를 살며시 어루만졌습니다. 잠시 후 그는 자기 아내와 그가 헤어지는 일 외에 세 아들과 이별하는 것이 가장 가슴이 찢어지는 일이었다고 거듭 말했습니다.

하지만 마침내 그는 사랑하는 하나님이 아내와 그가 알거지가 되어 자신들의 소중한 작은 집을 잃고 빈민 구호소로 들어가는 것이 그의 잘못이 아니라는 것을 알고 계신다고 자신을 위로했습니다. 그리고 하나님의 뜻이라면 그곳에 들어가게 해 달라고 기도했습니다. 그리고 그는 하나님을 믿는 사람들을 보호해 주실 거라고 몇 번이고 기도했습니다. 사실 그 기도는 제가 지금까지 들은 것 중 가장 심금을 울리는 호소였습니다. 그리고 마침내 그는 자신들의 정당한 법적 권리를 요구하는 사람들에게도 하나님의 축복이 있기를 기도했습니다."

그러고 나서 변호사는 그 어느 때보다도 낮은 목소리로 말을 이어 갔다.

"그리고 저는 그런 몰인정한 강제집행으로 내 마음과 손에 피를 묻히는 것보다 오늘 밤 내가 직접 빈민 구호소에 가는 것이 낫다고 믿습니다."

"노인의 기도를 뿌리치는 것이 조금 두렵죠?"

"당신도 뿌리칠 수 없었을 겁니다." 변호사가 말했다. "그는 이 모든 것을 하나님의 뜻에 맡긴다고 했습니다. 하지만 그는 우리가 하나님께 우리 소망을 알려야 한다고 들었다고 했습니다. 그의 기도는 내가 들은 모든 기도 중에서 가장 훌륭한 기도였습니다. 저도 어렸을 때 그렇게 배웠거든요. 그나저나 제가 왜 그 기도를 들으러 가게 되었을까요? 잘은 모르겠지만, 저는 이만 이 사건에서 손을 떼겠습니다."

"그 노인의 기도에 대해 말하지 않았으면 좋았을 텐데요." 의뢰인이 불편한 듯 몸을 뒤틀며 말했다.

"왜요?"

"글쎄요. 저는 그 집을 매각한 돈을 원하거든요. 하지만 저도 어렸을 때 성경을 제대로 배워서 당신이 말하는 것에 역행하고 싶지 않아요. 당신이 그 기도를 듣지 않았으면 좋았을 걸 그랬어요. 다음번에는 제가 듣지 말아야 할 이야기는 듣지 않을 겁니다."

변호사가 미소를 지으며 말했다.

"당신은 또 틀렸어요. 그 기도는 하나님이 당신과 제가 듣게 하신 겁니다. 제 기억에 제 노모는 불가사의한 하나님의 역사를 찬미하시곤

했습니다."

"제 어머니도 그랬어요." 의뢰인이 손에 든 소장을 일그러뜨리면서 말했다. "당신이 원하시면 아침에 그분들을 만나서 소송 건이 해결되었다고 말씀하셔도 좋습니다."

"신비하게도 말이지요." 변호사가 웃으며 덧붙였다.

이 장이나 성공의 법칙 전체가 감상적인 감정에 대한 호소를 토대로 하지는 않는다. 하지만 가장 높고 고귀한 성공은 궁극적으로 이 변호사가 노인의 기도를 우연히 들었을 때 느꼈던 것과 같은 깊은 감정으로 모든 인간관계를 바라보게 한다는 진리에서 벗어날 수 없다.

고루한 생각일 수도 있지만, 나는 어떤 사람도 간절한 기도의 도움 없이는 최고의 성공을 거둘 수 없다는 믿음에서 벗어날 수 없다. 기도는 10장에서 말한 비밀의 문을 여는 열쇠이다. 대다수 사람의 가장 중요한 생각이 부의 축적이나 단순한 생존 투쟁에 집중된 이 세속적인 시대에 우리가 간절한 기도의 힘을 간과하는 것은 쉽고도 자연스러운 일이다.

나는 여러분이 당면한 일상적인 문제들을 해결하는 수단으로 기도에만 의존해야 한다고 말하는 것이 아니다. 금전적인 성공에 이르는 길을 찾는 사람들이 읽는 이 책에서 그렇게까지는 말하지 않는다. 하지만 적어도 다른 모든 것이 여러분에게 만족스러운 성공을 가져다주는 데 실패했을 때 시험 삼아 기도해 볼 것을 제안한다.

눈은 빨갛게 충혈되고 복장이 흐트러진 30명의 남자가 샌프란시스코 경범죄 즉결 재판소 판사 앞에 줄을 섰다. 이들은 매일 아침 정기적으로 열리는 즉결 재판에 나온 술주정뱅이나 풍기 문란자들이었다. 어떤 이들은 나이 든 상습범이었고, 어떤 이들은 부끄러워 고개를 숙이고 있었다. 유치장에서 수감자들을 데려오는 데 따른 순간적인 혼란이 잠잠해졌을 때 이상한 일이 벌어졌다. 어디선가 아래로부터 강하고 맑은 목소리가 노래하기 시작했다.

"어젯밤 나는 잠이 들었을 때 너무나 공평한 꿈을 꾸었네."

어젯밤! 이들에게 어젯밤은 악몽이거나 술에 취해 비몽사몽 중인 상태였다. 그 노래는 지긋지긋한 현실과 너무나 대조적이어서 그 노래가 암시하는 생각에 그 자리에 있던 모든 사람이 갑자기 충격에 빠졌다.

"나는 옛 예루살렘에서 저기 사원 옆에 서 있었네."

노래는 계속되었다. 판사는 재판을 잠시 멈추고 무슨 일인지 조용히 물었다. 전국적으로 알려진 유명 오페라단의 전 단원이 위조 혐의로 재판을 기다리고 있었다. 유치장에서 노래를 부르고 있었던 것은 바로 그였다.

노래가 계속 이어지는 동안 줄에 서 있는 모든 사람이 감상에 젖었다. 한두 명은 무릎을 꿇었고, 줄 끝에 있는 한 소년은 필사적으로 참다가 끝내 벽에 기대어 팔짱을 낀 채 얼굴을 묻고 "오, 어머니, 어머니"라고 흐느끼기 시작했다.

듣는 사람들의 마음을 아프게 하는 소년의 흐느낌과 여전히 법정에 울려 퍼지는 노랫소리가 고요 속에 한데 어우러지고 있었다. 마침내 한 남자가 항의했다. "판사님, 우리가 이 노래를 계속 들어야 합니까? 우리는 벌을 받으러 왔는데, 이건……." 그도 흐느끼기 시작했다.

재판을 속개하기 어려웠지만, 법정은 그 노래를 중단하라는 어떤 명령도 내리지 않았다. 경찰관도 질서 유지를 위해 노력하다가 뒤로 물러서서 다른 사람들과 함께 기다렸다. 노래는 절정에 달했다.

"예루살렘, 예루살렘! 이 밤이 다하도록 노래 부르자. 천상의 호산나! 영원하신 호산나!"

황홀한 멜로디에 담긴 마지막 말이 울려 퍼졌다. 그리고 침묵이 흘렀다. 판사는 자기 앞에 있는 남자들의 얼굴을 들여다보았다. 그 노래에 감동하지 않은 사람은 아무도 없었고 더 나은 충동이 일어나지 않은 사람도 없었다. 판사는 단 한 사람도 심판하지 않고 모두 훈방했다. 그날 아침 벌금이나 노역장 선고를 받은 사람은 아무도 없었다. 그 노래는 처벌보다 훨씬 효과가 좋았다.

> 사소한 친절은 단순하고 작은 일에 불과하다.
> 하지만 당신이 평생 이런 친절을 베풀었다면
> 당신에게 행복의 풍년이 들 것이다.

지금까지 여러분은 황금률을 실천하는 변호사와 판사의 이야기를 읽었다. 일상생활에서 흔히 볼 수 있는 이 두 가지 사건에서 여러분은 황금률이 적용될 때 어떤 일이 일어나는지 보았다.

황금률에 대한 소극적인 태도는 아무 결과도 가져오지 않을 것이다. 이 철학을 단지 믿는 것만으로는 사람들과의 관계에 이것을 적용할 수 없다. 좋은 결과를 원한다면 황금률에 대해 적극적인 태도를 보여야 한다. 단지 이 철학의 타당성을 믿는 정도의 수동적인 태도는 여러분에게 아무런 도움이 되지 않을 것이다.

또한 여러분이 황금률을 믿는다고 세상에 선언하더라도 여러분의 언행이 일치하지 않으면 아무 도움이 되지 않을 것이다. 반대로 말하면 이 보편적인 바른 행동 법칙을 탐욕스럽고 이기적인 본성을 감추기 위한 망토로 이용하면서 황금률을 실천하는 것처럼 보이는 것은 아무런 도움이 되지 않을 것이다. 나쁜 짓은 반드시 탄로 나는 법이다. 심지어 가장 무지한 사람도 여러분이 어떤 사람인지 '감지'할 것이다. 에머슨은 이렇게 말했다.

"인간의 성격은 항상 드러나게 마련이다. 숨길 수가 없다. 그것은 어두운 곳을 싫어하며 빛 속으로 달려든다. 나는 한 경험이 풍부한 상담사에게 이런 이야기를 들은 적이 있다. 그는 자기 의뢰인이 호의적인 평결을 받아야 한다고 믿지 않는 변호사가 배심원단에 미치는 영향을 결코 두려워한 적이 없다고 했다. 하지만 만약 변호사가 믿지 않는다면 그가 아무리 열심히 항변해도 그의 불신이 배심원들에게 나타날 것이고, 그의 불신은 곧 배심원들의 불신이 될 것이다.

이것이 바로 우리를 예술가가 예술 작품을 창작했을 때와 같은 마음 상태에 있게 하는 법칙이다. 우리가 믿지 않는 것은 우리가 아무리 여러 번 반복해도 좋게 말할 수 없다. 스웨덴 신학자 에마누엘 스베덴보리Emanuel Swedenborg가 영적 세계에 있는 사람들이 믿지 않는 명제를 분명히 말하려고 헛되이 노력하지만, 결국 실패하는 것을 묘사했을 때 그가 표현한 것은 이런 신념이었다.

사람은 자신의 가치로 평가된다. 사람의 성품은 그 자신을 제외한 모든 사람이 읽을 수 있는 그의 얼굴, 그의 외모, 그의 운명, 그의 글에 새겨져 있다. 당신이 어떤 일을 한다는 사실이 알려지는 것이 싫다면, 절대 그 일을 하지 마라. 사람은 사막의 표류 속에서 바보짓을 할 수 있지만, 모래알 하나하나가 보는 것처럼 보일 것이다."

에머슨이 앞에서 말한 것은 황금률 철학의 기초가 되는 법칙이다. 그가 다음과 같은 글을 쓸 때 염두에 두었던 것도 바로 이 법칙이었다.

"모든 진실의 위반은 거짓말쟁이의 자살 행위일 뿐만 아니라 사회의 건전성을 해치는 것이다. 거짓말로 잠시 큰 이익을 누릴 수 있을지라도 궁극적으로는 큰 대가를 치르게 된다. 정직이 최상의 정책이다. 정직함은 정직함을 부르고, 사람들의 관계를 편안하게 하며 그들의 사업을 우호적으로 만들기 때문이다. 다른 사람들을 믿어라. 그러면 그들도 당신에게 진실할 것이다. 사람들에게 너그럽게 대하면 그들도 당신에게 너그러운 태도를 보일 것이다."

황금률 철학은 누구도 피할 수 없는 법칙에 기반을 두고 있다. 이 법칙은 10장 「정확한 사고」에서 설명한 것과 같은 법칙이다. 즉, 이 법칙에 따라 한 사람의 생각이 그 생각의 본질에 정확히 부합하는 현실로 바뀐다. 이 생각을 적절하게 반영하는 다른 글을 인용하겠다.

이 글은 뉴욕에 있는 로버트맥브라이드&컴퍼니에서 출판한 토마스 트로워드 판사의 『성경의 신비와 의미Bible Mystery and Bible Meaning』라는 책에서 따온 것이다. 트로워드 판사는 모든 독자에게 추천하는 『에든버러 강의The Edinburgh Lectures』 등 여러 흥미로운 책의 저자다.

『성경의 신비와 의미』 중 일부분

우리 생각의 창조적인 힘을 인정하면 더는 우리만의 방식을 관철하기 위해 투쟁할 필요가 없고, 다른 사람을 희생해서 우리가 원하는 것을 얻을 필요도 없을 것이다. 이 가설의 조건에 따르면 우리가 원하는 것을 얻는 가장 간단한 방법은 다른 사람에게서 빼앗는 것이 아니라 우리 자신을 위해 만드는 것이기 때문이다. 그리고 생각에는 한계가 없으므로 안간힘을 쓸 필요가 없다. 모든 사람이 이렇게 자기가 원하는 대로 할 수 있으므로 지구상의 모든 분쟁과 욕망, 질병, 슬픔이 사라지게 될 것이다.

성경은 우리 생각의 창조적 힘에 대한 이런 가정을 토대로 하고 있다. 그렇지 않다면 믿음으로 구원받는다는 것은 어떤 의미이겠는가? 믿음은 본질적으로 생각이다. 그러므로 하나님을 믿으라는 모든 외침은 하나님에 대한 우리 생각의 힘을 믿으라는 뜻이다. 구약 성경에서는 '너희의 믿음대로 되리라'라고 말한다. 성경은 생각의 창조력을 지속해서 말하는 것에 불과하다.

그러므로 인간 개성의 법칙Law of Man's Individuality은 자유의 법칙이며, 마찬가지로 평화의 복음이다. 우리가 진정으로 자기 개성의 법칙을 이해할 때 우리는 같은 법칙이 다른 모든 사람에게서 발현된다는 것을 알게 된다. 따라서 우리는 우리 안의 법칙을 소중히 여기는 것과 정확히 비례해서 다른 사람들 안의 법칙을 존중할 것이다. 이렇게 하는 것은 다른 사람이 우리에게 해주기를 바라는 것을 다른 사람들에게 하는 황금률에 따르는 것이다. 우리 안에 있는 자유의 법칙에는 우리의 창조적 힘을 자유롭게 사용하는 것이 포함되어야 함을 알기 때문에 더는 다른 사람들의 권리를 침해할 어떤 동기도 없다. 우리가 이 법칙에 관한 지식을 행사함으로써 우리의 모든 욕구를 채울 수 있기 때문이다. 이것을 이해하게 되면 협력이 경쟁을 대신하게 되고, 개인 간, 계층 간, 또는 국가 간에 적대감의 모든 근원이 사라지게 된다.

만약 황금률 철학의 기초가 되는 법을 완전히 무시하는 사람에게 어떤 일이 일어나는지 알고 싶다면 여러분 주위에서 인생의 유일한 목표가 부를 축적하는 것이면서 부를 축적하는 방법에 대해서는 아무런 양심의 가책을 느끼지 않는 사람을 찾아보라. 그의 영혼에는 온기가 없고, 말에는 다정함이 없으며, 얼굴에는 환영하는 기색이 없음을 알게 될 것이다. 그는 재물에 대한 욕망의 노예가 되었다. 그는 너무 바빠서 인생을 즐길 여유도 없고, 너무나 이기적이어서 다른 사람들이 인생을 즐기도록 돕고 싶지도 않다. 그는 걷고, 말하고, 숨 쉬지만 로봇 같은 인간일 뿐이다. 하지만 어리석게도 그런 사람이 성공했다고 믿고 부러워하며 자기도 그렇게 되기를 바라는 사람들이 많다.

행복 없이는 성공이 있을 수 없고, 다른 사람에게 행복을 나눠주지 않는 사람은 행복할 수 없다. 게다가 그 베풂은 자발적이어야 하며 무거운 짐으로 근심이 가득한 사람들의 마음에 햇살을 비추는 것 외에는 다른 어떤 목표도 염두에 두어서는 안 된다.

조지 헤론George Herron은 황금률 철학의 기초가 되는 법칙을 염두에 두고 다음과 같이 말했다.

"우리는 앞으로 형제애를 가져야 한다는 이야기를 많이 해왔다. 하지만 형제애는 현대적이고 고무적인 정서가 되기 훨씬 전부터 항상 우리 삶에 존재하는 사실이었다. 우리는 노예 상태에서 고통받는 형제였고, 무지와 정신적 파멸의 형제였고, 질병과 전쟁, 결핍의 형제였으며, 타락과 위선의 형제였다.

우리 중 한 사람에게 일어나는 일은 조만간 모두에게 일어난다. 우리는 항상 피할 수 없는 운명의 공동체였다. 세상은 끊임없이 그 안에서 가장 바닥에 있는 사람의 수준으로 향한다. 그리고 그 가장 바닥에 있는 사람이 세상의 진정한 지배자로 세상을 품에 안고 죽을 때까지 자기 수준으로 끌어내린다.

당신은 그렇게 생각하지 않겠지만 이것은 사실이고 사실이어야 한다. 왜냐하면 만약 우리 중 일부가 다른 사람들과는 달리 자유를 얻는 방법이 있다면, 다른 사람들은 지옥 같은 환경에서 살 때 우리 중 일부는 천국 같은 환경에서 사는 방법이 있다면, 세계의 일부가 어떤 형태의 병폐와 위험과 노동의 고통을 피할 방법이 있다면 우리 세계는 정말 상실과 저주의 땅이 될 것이기 때문이다.

하지만 사람들은 지금까지 서로의 고통과 잘못에서 헤어나지 못했으므로, 역사는 우리가 어떤 형태로든 형제애에서 벗어날 수 없다는 교훈으로 점철되어 있으므로, 우리 삶이 매시간 우리가 고통받는 형제애와 좋은 형제애 사이에서 선택하고 있다는 사실을 일깨워주고 있으므로 우리는 협력적인 세계의 형제애와 그 열매인 사랑과 자유를 선택하게 된다."

세계대전은 우리를 '공존공영'의 법칙이 서로 간의 관계에서 우리를 인도하는 협력적 노력의 시대로 이끌었다. 협력적인 노력에 대한 이 위대하고 보편적인 요구는 다양한 형태로 나타나고 있다. 그중 가장 중요한 것으로 로터리 클럽Rotary Club, 키와니스 클럽Kiwanis Club(1915년 미국 디트로이트에서 창립한 실업가 및 지적 직업인 중심의 국제 민간 봉사 사교 단체 - 옮긴이), 라이온스 클럽Lions Club 등의 사교 클럽들이다. 이 클럽들은 사업 분야에서 우호적인 경쟁 시대의 시작을 상징하기 때문이다. 다음 단계에서는 이런 모든 클럽이 철저한 우호 협력 정신으로 더 긴밀하게 제휴하게 될 것이다.

우드로 윌슨 대통령과 그의 동시대인들의 국제연맹 설립 시도에 이어 같은 대의를 위한 워런 하딩의 국제사법재판소 설립 노력은 세계 역사상 황금률을 사용해서 세계 국가들의 공통 영역을 만드는 첫 번째 시도였다.

세계가 '우리는 고통받는 형제애와 좋은 형제애 사이에서 매시간 선택하고 있다'라는 조지 헤론의 말에 담긴 진실에 눈을 떴다는 사실은 부정할 수 없다. 세계대전은 우리에게 세계의 한 부분이 고통받으면 전 세계에 피해가 가지 않을 수 없다는 진실을 가르쳐 주었다. 아니, 강요했다는 표현이 적절할 것 같다. 이런 사실은 도덕성에 관한 설교를 하기 위한 목적이 아니라 이런 변화가 일어나는 근본적인 법칙으로 여러분의 주의를 돌리기 위한 것이다. 4000년 이상 세계는 황금률 철학을 생각해 왔고 그 생각은 이제 그것을 적용하는 사람들에게 이익을 가져다주고 있다.

독자들이 은행 예금 잔액으로 측정되는 물질적 성공에 관심이 있다는 사실을 여전히 염두에 두고 있으므로, 여기에서 전 세계적으로 일어나고 있는 이런 협력을 향한 전면적인 변화에 부합하도록 사업 철학을 형성하면 이익을 얻을 수 있다고 제안하는 것이 적절해 보인다.

만약 여러분이 세계대전 종전 이후 전 세계에 불어 닥친 엄청난 변화의 의의를 이해할 수 있다면, 그리고 많은 사람이 우호적인 협력의 정신으로 결성한 모든 사교 모임의 의미를 해석할 수 있다면 여러분의 상상력은 분명히 우호적인 협력 정신을 여러분의 사업이나 직업 철학의 기초로 채택함으로써 이익을 얻을 수 있는 적기라고 말해 줄 것이다.

역으로 말하면 정확한 사고를 하는 척하는 사람들은 황금률을 자신들의 사업이나 직업 철학의 기초로 채택하지 않는 것이 경제적 자살 행위와 같은 때가 다가왔음을 분명히 알게 될 것이다.

정직이 최상의 정책

아마도 여러분은 성공의 전제 조건으로 정직이라는 주제를 다루지 않은 이유가 궁금할 것이다. 만약 그렇다면 그 해답을 이 장에서 찾을 수 있을 것이다. 황금률 철학을 올바르게 이해하고 적용하면 정직하지 않을 수 없다. 그뿐만 아니라 황금률 철학은 이기심, 탐욕, 질투, 고집, 증오, 악의와 같은 다른 모든 파괴적인 특성을 지니는 것 자체를 불가능하게 만든다.

황금률을 적용할 때 여러분은 동시에 판사이자 피고이고, 고소인이자 피고소인이 된다. 황금률은 자기 마음에서 시작된 정직성을 자기 자신에게 향하게 하고 마찬가지로 다른 모든 사람에게까지 확장하게 한다. 황금률에 기초한 정직은 편의주의적인 정직이 아니다.

소중한 고객을 잃거나 사기죄로 감옥에 가는 것을 막는 가장 유익한 정책이 정직이기 때문에 정직한 것은 칭찬받을 일이 아니다. 하지만 정직하기 위해 일시적으로나 영구적으로 물질적인 손실을 감수해야 할 때 정직한 것은 모든 사람에게 최고의 명예가 된다. 이런 정직에는 받을 자격이 있는 사람들이 누리는 인격과 평판의 축적된 힘으로 적절한 보상이 따른다.

황금률 철학을 이해하고 적용하는 사람들은 항상 다른 사람들에게 공정하고 싶은 바람에서뿐만 아니라 자기 자신에게 공정하고 싶은 바람에서 정직하고 양심적으로 행동한다. 이들은 황금률의 기초가 되는 영원불변의 법칙을 이해하며 이 법칙의 작용으로 **자신들이 내놓는 모든 생각과 자신들이 탐닉하는 모든 행동은 나중에 자신들이 직면하게 될 어떤 사실이나 상황에서 이에 상응하는 결과로 나타난다**는 것을 알고 있다.

황금률 철학을 실천하는 사람들은 정직하다. 정직이 자신들에게 생명과 힘을 주는 '활력소'라는 진리를 이해하기 때문이다. 황금률 법칙이 작동하는 법을 이해하는 사람들은 다른 사람들에게 부당한 행위를 하는 것은 자신들이 마시는 물에 독을 타는 것과 같다는 것을 안다. 이들은 그런 부당한 행위가 자신들에게 육체적인 고통을 가져다줄 뿐만 아니라 자신들의 인격을 파괴하고 명성을 더럽히고 지속해서 성공할 수 없게 한다는 것을 알기 때문이다.

황금률 철학이 작용하는 법칙은 자기암시 원칙이 작용하는 법칙과 같다. 이 말은 여러분에게 지대한 영향을 가져올 엄청난 가치를 추론할 수 있는 암시를 준다. 이 책을 계속 읽기 전에 앞에서 말한 문장을 분석하고 어떤 암시를 주는지 파악함으로써 성공의 법칙에 대한 여러분의 이해도를 테스트해 보라.

황금률의 골자는 다른 사람의 처지가 되어 다른 사람을 대하는 것이다. 여러분이 다른 사람을 이렇게 대할 때 여러분은 행동의 본질에 따라 다른 사람들에게 영향을 미치는 법칙의 도움으로 일련의 인과관계를 시작하는 동시에 **잠재의식을 통해 여러분의 인성에도 그 행동의 영향을 심게 된다.** 그렇다면 이런 사실을 아는 것이 여러분에게 어떤 이득이 될까?

이 질문은 사실상 그 나름의 답을 내포하고 있다. 하지만 나는 여러분이 이 중요한 주제를 스스로 생각하게 하기로 마음먹었기 때문에 이 질문을 또 다른 형태로 바꿔보겠다.

만약 다른 사람에 대한 여러분의 모든 행동, 심지어 다른 사람에 대한 여러분의 생각까지도 자기암시의 원리를 통해 잠재의식에 기록되고, 따라서 여러분의 생각과 행동이 정확히 그대로 여러분의 성격을 형성한다면 이런 행동과 생각을 지키는 것이 얼마나 중요한지 알 수 있지 않을까?

우리는 이제 다른 사람들이 우리에게 하기를 원하는 대로 우리가 다른 사람들에게 하는 진짜 이유의 중심에 있다. 우리가 다른 사람에게 어떻게 하든 그것은 우리 자신에게 하는 것임이 명백하기 때문이다. 달리 표현하자면 여러분이 하는 모든 행동과 모든 생각은 그 본질에 정확히 부합되게 여러분의 인성을 바꾸고, 여러분의 성격은 일종의 자석처럼 여러분 성격과 조화를 이루는 사람들과 조건을 끌어당기게 된다.

여러분은 먼저 자기 행동의 본질을 생각하지 않고는 다른 사람을 향해 어떤 행동도 할 수 없으며, **생각을 하게 되면 그 생각의 골자와 본성이 여러분의 잠재의식 속에 새겨지고 여러분의 인성을 형성하게 된다.**

이 간단한 원칙을 이해하면 다른 사람을 미워하거나 질투해서는 안 되는 이유를 알게 될 것이다. 또한 여러분에게 부당하게 대하는 사람들에게 똑같이 반격해서는 안 되는 이유도 알 것이다. 마찬가지로 여러분은 '악을 선으로 갚아라'라는 명령을 이해할 것이다.

황금률 명령의 기초가 되는 법칙을 이해하라. 그러면 모든 인류를 영원히 하나의 유대감으로 묶을 수 있다. 여러분이 생각으로든 행동으로든 다른 사람에게 상처를 주면 여러분 자신도 상처를 입게 되며, 마찬가지로 여러분이 하는 모든 친절한 생각과 행동의 결과는 여러분의 인성에 보탬이 된다는 법칙도 이해하게 될 것이다. 이 법칙을 이해하면 여러분은 티끌만 한 의심의 여지도 없이 여러분이 저지르는 모든 잘못에 대해 끊임없이 자신을 벌하고 여러분이 하는 모든 건설적인 행위에 대해 스스로 보상하고 있다는 것을 알게 될 것이다.

내가 이 장을 시작하자마자 때마침 내 동료 중 한 명이 내게 내가 지금까지 겪었던 가장 부당한 대우를 한 것은 신의 섭리인 것 같다. 이런 부당한 대우는 나에게 일시적인 고난을 안겨주었지만 이 장의 기초가 되는 전제의 타당성을 시험할 시기적절한 기회를 제공한 이점에 비하면 별로 중요하지 않다.

이런 부당한 대우에 대해 두 가지 선택권이 있었다. 민사 소송과 형사상 명예훼손 소송을 통해 상대방에게 반격을 가할 수도 있었고, 그를 용서할 권리에 만족할 수도 있었다. 첫 번째 행동 방침은 내게 상당한 액수의 돈과 적을 무찌르고 응징하는 기쁨과 만족감을 가져다주었을 것이다. 두 번째 행동 방침은 시험을 성공적으로 치르고, 주기도문을 외우고 그것을 실천할 정도로 진화한 사람들이 즐기는 자긍심을 가져다주었을 것이다.

나는 두 번째 행동 방침을 선택했다. 반격을 가하라는 친한 친구들의 권유와 나를 위해 무보수로 내 반격을 도와주겠다는 저명한 변호사의 제안에도 불구하고 나는 그렇게 했다. 하지만 그 변호사의 제안은 불가능한 일이다. 어떤 사람도 대가 없이 다른 사람에게 반격할 수 없기 때문이다. 대가는 항상 금전적 대가만 있는 것이 아니다. 돈보다 더 비싼 다른 대가도 있기 마련이다.

황금률의 기초가 되는 법칙을 잘 알지 못하는 사람에게 내가 적에 대한 반격을 거부한 이유를 이해시키는 것은 유인원에게 중력의 법칙을 설명하려는 것과 마찬가지일 것이다. 여러분이 이 법칙을 이해한다면 내가 적을 용서하기로 한 이유도 이해할 수 있을 것이다.

주기도문에서는 우리의 적을 용서하라고 한다. 하지만 그 말은 듣는 사람이 그 기초가 되는 법칙을 이해할 때 외에는 귀에 들어가지 않을 것이다. 그 법칙은 바로 황금률의 기초가 되는 법칙이다. 이 장의 기초를 형성하는 것이 이 법칙이며, 이를 통해 우리는 뿌린 것을 필연적으로 거두어야 한다. 우리는 이 법칙의 작용을 피할 수도 없고, 우리가 파괴적인 사고와 행동을 삼간다면 그 결과를 피하려고 할 이유도 없다.

당신이 성공했다면 언젠가 어딘가에서 누군가가
당신을 올바른 방향으로 갈 수 있게 도움을 줬다는 사실을
기억해야 한다. 또한, 당신이 도움받은 것처럼
당신도 어떤 불우한 사람을 도울 때까지
당신은 삶에 빚을 지고 있다는 사실도 잊어서는 안 된다.

나의 윤리 강령

이 장의 기초가 되는 법칙을 좀 더 구체적으로 설명하기 위해 황금률의 명령을 따르기를 원하는 사람이 채택할 수 있는 윤리 강령을 살펴보자.

1. 나는 모든 인간 행위의 기본이 되는 황금률을 믿는다. 따라서 역지사지로 다른 사람이 나에게 하지 않았으면 하는 일을 다른 사람에게 절대로 하지 않겠다.

2. 나는 다른 사람들과의 모든 거래에서 아주 세부적인 것까지도 정직하겠다. 이는 다른 사람들에게 공정하고 싶은 내 바람 때문만이 아니라, 내 잠재의식 속에 정직의 개념을 새기고 이 본질적인 자질을 내 인성에 포함하고 싶기 때문이다.

3. 나는 나에게 부당하게 대하는 사람들을 용서하겠다. 하지만 그들이 용서받을 자격이 있는지 없는지는 따지지 않겠다. 나는 내 잠재의식 속에서 다른 사람을 용서하는 것이 내 인성을 강화하고 내 죄악의

결과를 씻어낸다는 법칙을 이해하기 때문이다.

4. 나는 비록 이런 행위가 눈에 띄지도 않고 보상받지 못하리라는 것을 알지만, 다른 사람들에게 항상 공명정대하고 관대하게 대하겠다. 내 행동이 모여 내 인성 형성을 도와준다는 법칙을 이해하고, 이를 적용하려고 하기 때문이다.

5. 내가 다른 사람의 약점과 결점을 발견하고 드러내는 데 쏟는 것보다 나 자신의 약점과 결점을 발견하고 고치는 데 더 많은 시간을 들이겠다.

6. 나는 다른 사람이 아무리 비난 받을 만하다고 믿어도 그 사람을 비방하지 않겠다. 나는 내 잠재의식 속에 파괴적인 암시를 심고 싶지 않기 때문이다.

7. 나는 사고의 힘을 삶이라는 바다에서 뇌로 통하는 입구로 인식한다. 그러므로 나는 내 생각이 다른 사람들의 마음을 더럽히지 않도록 그 바다 위에 파괴적인 생각을 띄우지 않겠다.

8. 나는 증오와 부러움, 이기심, 질투, 악의, 비관, 의심, 두려움 등에 대한 인간의 일반적인 성향을 극복할 것이다. 이런 것들에서 이 세상의 대부분 고난이 싹튼다고 믿기 때문이다.

9. 내 마음이 내 인생의 분명한 핵심 목표 달성을 향한 생각들로 채워지지 않을 때 나는 자발적으로 내 마음을 용기와 자기 확신, 호의, 믿음, 친절, 충성, 진리에 대한 사랑, 정의 등에 관한 생각으로 가득 채울 것이다. 이런 생각이 세계가 점차 성장하는 밑거름이 된다고 믿기 때문이다.

10. 나는 황금률 철학의 건전성을 단순히 소극적으로 믿는 것만으

로는 나 자신에게도 다른 사람에게도 아무런 가치가 없다는 것을 이해한다. 그러므로 나는 다른 사람과의 모든 거래에서 이 보편적 규칙을 적극적으로 활용하겠다.

11. 나는 내 행위와 생각으로부터 내 인성이 형성되는 법칙을 이해한다. 그러므로 나는 내 인성 형성에 관련되는 모든 것을 주의 깊게 지킬 것이다.

12. 나는 오래가는 행복은 오직 다른 사람들이 행복을 찾을 수 있도록 도와주는 데서 얻을 수 있다는 것, 그리고 모든 친절한 행위에는 비록 직접적인 보상은 아니더라도 언젠가는 보상이 따른다는 사실을 확실히 이해하고 기회가 있을 때 어디에서나 다른 사람들을 돕는 데 최선을 다할 것이다.

여러분은 내가 이 책에서 에머슨을 자주 언급했음을 알 것이다. 이 책의 모든 독자에게 에머슨의 『수상록』을 한 권씩 소장하고 보상에 관한 에세이를 적어도 3개월마다 읽고 공부하기를 권한다. 이 에세이를 읽어보면 황금률의 기초가 되는 법칙을 다루고 있음을 알게 될 것이다.

황금률 철학은 이론에 불과하며 불변의 법칙과 관련이 없다고 믿는 사람들이 있다. 이들은 다른 사람들에게 봉사하고 직접적인 보상을 받지 못한 개인적인 경험 때문에 이런 결론에 도달했다. 보상도 감사도 받지 못한 봉사를 다른 사람들에게 해보지 않은 사람이 얼마나 될까? 나는 그런 경험을 한 번이 아니라 여러 번 했다. 나는 앞으로도 비슷한 경험을 할 것이며 사람들이 내 노력에 보답하지도, 고마워하지도 않는다는 이유만으로 봉사를 중단하지도 않을 것이다. 그 이유는 다음과 같다.

다른 사람에게 봉사하거나 친절하게 대할 때 나는 내 노력의 효과를 잠재의식 속에 저장하게 된다. 이는 전기 배터리의 '충전'에 비유할 수 있다. 내가 이런 행동을 많이 하면 나는 내 성격과 조화를 이루거나 닮은 사람들의 마음을 끌 수 있는 긍정적이고 역동적인 성격을 형성하게 될 것이다.

내가 끌어당기는 사람들은 내가 다른 사람들에게 베풀었던 친절과 봉사에 대해 보답할 것이다. 따라서 보상의 법칙은 내가 완전히 다른 곳에서 한 봉사의 결과를 또 다른 곳에서 가져올 수 있게 함으로써 나를 위한 정의의 균형을 맞춰줄 것이다.

판매원이 맨 처음 물건을 파는 상대는 자기 자신이어야 한다는 말을 자주 들어봤을 것이다. 이는 그가 먼저 자기 제품의 장점을 확신하지 않으면 다른 사람들을 설득할 수 없다는 것을 뜻한다. 여기서 다시 같은 '끌어당김의 법칙'이 등장한다. 열정은 전염성이 있다는 것은 잘 알려진 사실이고, 판매원이 자기 상품에 큰 열정을 보일 때 그는 다른 사람들의 마음에도 상응하는 관심을 불러일으킬 것이기 때문이다.

자신을 자신과 조화를 이루는 사람들을 끌어당기는 일종의 인간 자석이라고 생각하면 이 법칙을 꽤 쉽게 이해할 수 있다. 이처럼 자신을 자신의 지배적인 특징과 조화를 이루는 사람들을 끌어당기고, 조화를 이루지 못하는 사람들을 물리치는 자석이라고 생각하라. 여러분이 이 자석을 만든 사람이며, 여러분이 세우고 따르고 싶은 이상과 일치하도록 자기 본성을 바꿀 수 있다는 사실을 명심해야 한다. 그리고 무엇보다도 변화의 모든 과정이 생각을 통해 일어난다는 사실을 명심해야 한다. 여러분의 성격은 단지 여러분의 생각과 행동의 집합체일 뿐이다. 진실은 이 책 내내 다양한 방식으로 언급했다.

이 위대한 진리에 따라 여러분은 다른 사람에게 유용한 서비스를 제공하거나 친절을 베풀면 반드시 그에 상응하는 보상을 받게 된다. 또한, 여러분이 어떤 파괴적인 행동이나 생각에 빠져들면 그에 상응하는 대가를 치르게 된다.

긍정적인 생각은 활발한 성격을 형성하며, 부정적인 생각은 정반대의 성격을 형성한다. 앞선 여러 장과 이 장에서 긍정적인 사고를 통해 성격을 형성하는 정확한 방법에 관한 분명한 지침을 제공한다. 이 지침은 특히 2장 「자기 확신」에 자세히 나와 있다. 이 책에서 다루는 모든 공식은 여러분이 의식적으로 사고력을 발휘해서 여러분의 분명한 핵심 목표를 달성하는 데 도움이 될 사람들을 끌어당기는 인성을 개발할 수 있도록 돕기 위한 것이다.

다른 사람들에 대한 적대적이거나 불친절한 행동이 보복을 부른다는 사실은 증명이 필요 없을 것이다. 더욱이 이 보복은 보통 확실하고 즉각적이다. 마찬가지로 여러분은 다른 사람들이 여러분과 협력하기를 원하는 방식으로 상대방을 대함으로써 더 많은 것을 성취할 수 있다는 사실도 증명이 필요 없을 것이다. 여러분이 '자제력'에 관한 7장을 마스터했다면 이제 **다른 사람들에 대한 여러분의 태도를 통해** 다른 사람들이 여러분이 원하는 대로 여러분을 대하도록 유도하는 방법을 알 것이다.

'눈에는 눈, 이에는 이'라는 말로 알려진 탈리오의 법칙Lex Talionis은 황금률의 법칙과 같은 법칙을 기반으로 한다. 이것은 우리가 잘 알고 있는 보복의 법칙에 지나지 않는다. 가장 이기적인 사람도 어쩔 수 없이 이 법칙에 따를 수밖에 없다. 내가 여러분을 욕하면 내가 진실을 말하더라도 여러분은 나를 좋게 생각하지 않을 것이다. 그뿐만 아니라 여러분은 아마도 같은 방식으로 보복할 것이다. 하지만 내가 여러분의 미덕을 말한다면 여러분은 나를 좋아할 것이고, 기회가 오면 대부분은 같은 방법으로 보답할 것이다.

이 끌어당김의 법칙의 작용으로 무지한 사람들은 부주의한 말과 파괴적인 행동으로 끊임없이 골칫거리, 고민, 증오, 그리고 다른 사람의 반대를 끌어당긴다.

'다른 사람들이 당신에게 해주기를 바라는 대로 다른 사람들을 대하라.'

이 말을 수천 번도 더 들었지만, 우리 중 몇 사람이 이 말의 기초가 되는 법칙을 이해하고 있을까? 이 말의 의미를 더 명확하게 설명하기 위해 다음과 같이 좀 더 자세히 표현할 수 있다.

'인간 본성은 같은 방식으로 보복하는 경향이 있다는 사실을 명심하고, 다른 사람들이 당신에게 해주기를 바라는 대로 다른 사람들을 대하라.'

공자 역시 '남이 내게 하지 않았으면 하는 일을 남에게 해서는 안 된다'라고 황금률 철학을 말할 때 보복의 법칙을 염두에 두었음이 틀림없다.

그리고 이렇게 말하는 이유가 인간들이 같은 방식으로 보복하려는 경향이 있기 때문이라고 설명을 덧붙였을 것이다.

황금률의 기초가 되는 법칙을 이해하지 못하는 사람들은 그것이 효과가 없을 것이라고 주장한다. 그 이유는 사람들이 '눈에는 눈, 이에는 이'라는 원칙을 강요하는 경향이 있는데 이는 보복의 법칙 그 이상도 그 이하도 아니기 때문이라는 것이다. 하지만 만약 이들이 추론에서 한 걸음 더 나아간다면 자신들이 이 법칙의 부정적인 영향만 보고 있으며, 같은 법칙이 긍정적인 효과를 낼 수 있다는 것을 이해할 것이다.

다시 말해서, 자기 눈을 뽑히지 않으려면 다른 사람의 눈을 뽑는 것을 삼감으로써 이런 불행을 막아야 한다. 한 걸음 더 나아가서 상대방에게 친절하게 대하고 도움을 주면 같은 보복의 법칙에 따라 상대방도 비슷한 도움을 줄 것이다.

만약 상대방이 여러분이 베푼 친절에 보답하지 못한다면?

그래도 여러분은 이익이다. 여러분의 행동이 잠재의식에 좋은 영향을 미치기 때문이다.

그러므로 항상 남들에게 친절하게 대하고 황금률 철학을 적용함으로써 여러분은 한 곳에서 이익을 얻는 동시에 다른 곳에서도 이익을 얻을 꽤 공정한 기회를 얻게 될 것이다.

여러분이 황금률 철학에 따라 다른 사람들에게 친절을 베풀더라도 오랫동안 직접적인 보상을 받지 못할 수도 있고, 여러분의 친절을 받은 사람들이 보답하지 못할 수도 있다. 그렇더라도 여러분은 자기 성격에 활력을 더하게 됨으로써 머지않아 여러분이 형성해 온 이 긍정적인 성격이 힘을 발휘하게 될 것이다. 그리고 여러분이 베푼 친절에 감사하거나 보답할 줄 모르는 사람들에게 낭비한 것처럼 여겼던 친절에 대한 보답을 복리로 받고 있음을 알게 될 것이다.

여러분의 평판은 다른 사람들이 만들지만, 여러분의 성격은 여러분이 형성한다는 것을 기억하라.

여러분은 자신에 대한 평판이 좋기를 바라지만, 그것은 다른 사람들의 마음에 달린 것이기 때문에 어떻게 할 수 없다. 평판은 다른 사람들이 여러분이 어떤 사람일 것으로 믿는 것이다. 하지만 여러분의 성격은 다르다. 여러분의 성격은 생각과 행동의 결과가 모인 여러분 자신이며 스스로 통제한다. 여러분이 좋게도 나쁘거나 나약하게도 할 수 있다. 여러분이 만족하고 마음속으로 자기 성격이 나무랄 데가 없다는 것을 알면 자기 평판에 대해 걱정할 필요가 없다. 여러분이 아닌 누군가가 여러분의 성격을 파괴하거나 훼손하는 것은 물질이나 에너지를 파괴하는 것처럼 불가능하기 때문이다.

에머슨이 다음과 같이 말했을 때 염두에 둔 것도 이런 진실이었다.

"정치적 승리, 지대 상승, 질병 쾌유, 멀리 떠났던 친구의 귀환 등과 같은 외부적 사건은 여러분의 정신을 고양해서 모든 나날이 자신을 위해 준비되었다고 여기게 한다. 하지만 믿지 마라. 절대 그럴 수 없다. 당신 자신 외에는 어떤 것도 당신 마음에 평화를 가져다줄 수 없다. 원칙의 승리 외에는 어떤 것도 당신에게 평화를 가져다줄 수 없다."

다른 사람에게 공정하게 대하는 이유 중 하나는 다른 사람들이 여러분의 친절에 대해 같은 형태로 보답한다는 사실이다. 하지만 더 좋은 이유는 다른 사람에게 친절하고 공정하게 대하는 사람들의 성격이 긍정적으로 발달하게 된다는 사실이다.

내가 여러분에게 도움이 되는 서비스를 제공했을 때 여러분은 나에게 보답하지 않을 수도 있다. 하지만 내가 그 서비스를 제공함으로써 얻는 내 성격에 보탬이 되는 이익을 빼앗을 수는 없다.

우리는 위대한 산업 시대에 살고 있다. 곳곳에서 우리는 생활방식에 큰 변화를 일으키고 삶과 자유, 생활의 추구에서 인간관계를 재정립하는 진화의 힘을 볼 수 있다.

지금은 체계적인 노력의 시대이다. 모든 면에서 우리는 조직이 모든 재무적 성공의 기초라는 증거를 볼 수 있고, 성공을 달성하는 데는 조직 이외의 다른 요소들도 필요하지만, 조직은 여전히 중요한 요소 중 하나이다.

현대 산업 시대는 비교적 새로운 두 가지 용어를 만들어냈다. 하나는 '자본'이고 다른 하나는 '노동'이다. 자본과 노동은 체계적인 노력이라는 시스템의 주요한 두 축이다. 이 위대한 두 힘은 정확히 황금률 철학을 이해하고 적용하는 정도에 비례해서 성공을 누린다. 하지만 이 두 힘은 항상 조화를 이루지는 않는다. 불화의 씨앗을 뿌리고 노사분규를 부추겨 생계를 꾸려가는 신뢰의 파괴자들 때문이다.

지난 15년 동안 나는 노사 간 불화의 원인에 관한 연구에 상당한 시간을 할애했다. 또한 나는 이 문제를 연구해 온 다른 사람들에게서 이 주제에 관한 많은 정보를 수집했다.

관련자들이 모두 이해한다면 혼돈에서 조화를 끌어내고 완벽한 노사 관계를 정립하는 해결책은 단 하나뿐이다. 이 해법은 내가 발명한 것이 아니다. 그것은 대자연의 보편적 법칙에 기초하고 있다. 이 세대의 위인 중 한 사람은 이 해법을 다음과 같이 말했다.

자본과 노동의 상관관계

지금부터 우리가 생각해 볼 문제는 요즘 흥미진진하고 진지한 관심사로 떠오른 것이다. 인간의 행복에 관한 이런 중요한 주제들이 끊임없이 공청회에 올라오고, 현명한 사람들의 관심을 끌고, 각계각층 사람들의 마음을 뒤흔들고 있다는 것은 이 시대의 희망적인 징후의 하나이다. 이 운동이 널리 보급되는 것은 인간의 심장 안에서 새 생명이 고동치고 있음을 보여주며, 얼어붙은 땅과 겨우내 잠자고 있던 식물의 싹에 불어오는 따뜻한 봄의 숨결과 같다. 이 운동은 큰 파문을 일으키고 많은 것을 해체하는 큰 변화를 일으킬 것이다. 이런 변화는 때로는 파괴적인 변화일 수도 있다. 하지만 그것은 새로운 희망의 꽃이 피고, 인간의 욕구를 채우고 더 큰 행복을 가져다줄 새로운 수확기가 도래함을 알린다. 새로운 힘이 발동될 수 있도록 이끌 지혜가 필요하다. 모든 사람이 올바른 여론을 형성하고 현명한 방향으로 중지를 모으는 데 자기 역할을 다해야 할 지엄한 의무를 지고 있다.

노동에 관한 문제, 결핍과 풍요의 문제, 고통과 슬픔의 문제에 대한 유일한 해결책은 도덕적이고 영적인 관점에서 고려해야만 찾을 수 있다. 객관적인 관점에서 바라보고 검토해야 한다. **진정한 노사관계는 인간의 이기심으로는 절대 찾을 수 없다.** 이는 임금이나 부의 축적보다 더 고결한 목적에서 바라봐야 하고 인간 창조의 목적에 비추어 평가되어야 한다. 나는 우리 앞에 놓인 주제를 바로 이런 관점에서 생각해보기를 제안한다.

자본과 노동은 서로에게 필요하다. 이들의 이해관계는 너무나 얽히고설켜서 떼려야 뗄 수 없다. 문명화되고 계몽된 공동체에서 이들은 상호 의존적이다. 차이가 있다면 노동이 자본에 의존하는 것보다 자본이 노동에 더 의존한다는 것이다. 삶은 자본 없이도 지속될 수 있다. 동물들은 몇 가지 예외를 제외하고는 재물을 소유하지 않으며 내일을 걱정하지 않는다. 우리의 창조주는 우리에게 동물들을 우리가 모방할 만한 본보기로 추천한다. '공중의 새를 보라. 심지도 않고 거두지도 않고 창고에 모아들이지도 아니하되 너희 하나님 아버지께서 기르시나니……'

야만인들은 자본 없이 산다. 사실 많은 사람이 노동으로 하루 벌어하루 먹는 식으로 살아가고 있다. 하지만 어떤 사람도 재산에 의지해서 살 수는 없다. 금과 은을 먹을 수 없고, 부동산 소유권 증서나 공채증서를 몸에 걸칠 수도 없다. 자본은 노동 없이는 아무것도 할 수 없으며, 자본의 유일한 가치는 노동력을 구매하거나 노동의 결과를 얻을 힘에 있다. 자본은 그 자체가 노동의 산물이다. 자본의 가치가 전적으로 의존하는 노동은 인간의 진보에 필수적인 요소다.

인간이 야만적이고 비교적 독립적인 상태에서 문명화되고 서로 의존하게 되면서 자본이 필요하게 되고 사람들은 더 친밀한 관계를 맺는다. 각자가 모든 일을 하는 대신에 사람들은 특별한 직업에 전념하게 되고, 특별한 직업에 종사하는 동안 필요한 많은 것을 다른 사람들에게 의존하기 시작한다. 이런 식으로 노동은 다양하게 분화된다. 한 사람은 철제 관련 일을 하고, 다른 사람은 목공 일을 하고, 한 사람은 천을 만들고, 또 다른 사람은 그 천으로 옷을 만들고, 어떤 사람은 집을 짓거나 농기구를 만드는 사람들이 먹을 식량을 재배한다.

이를 위해서는 교환 시스템이 필요하게 되고, 교류를 원활하게 하기 위해서는 도로를 건설해야 하고, 도로를 건설하기 위해 노동자를 고용해야 한다. 인구 증가와 그에 따른 생활필수품의 증가에 따라 교역이 확대된다. 거대한 공장들이 생겨나고, 철도가 온 지구를 둘러싸고, 증기선이 오대양을 누비며 상품을 운반하게 된다. 그리고 많은 사람이 빵이나 옷, 기타 생필품을 자급자족하지 못하게 된다.

이제 우리는 욕구가 늘어나고 문명이 발전함에 따라 어떻게 다른 사람들에게 더 의존하게 되는지 알 수 있다. 사람들이 각자 전문직에 종사하면서 더 나은 일을 하게 된다. 자신들의 모든 생각과 시간을 자신들에게 특히 적합한 일에 바칠 수 있고 공공의 이익에 더 크게 이바지할 수 있기 때문이다. 이들이 다른 사람들을 위해 일하는 동안 다른 사람들은 모두 이들을 위해 일한다. 공동체의 모든 구성원은 전체를 위해 일하고, 전체는 모든 구성원을 위해 일한다. 이것이 완벽한 삶의 법칙이며 모든 물질계를 지배하는 법칙이다. 대초원에서 옥수수를 재배하든, 텍사스나 인도에서 목화를 재배하든, 탄광에서 석탄을 채굴하든, 기선의 엔진에 그 석탄을 공급하든, 인간에게 유용한 일에 종사하는 사람은 모두 자선가이며 공공의 후원자이다. 이기주의가 인간의 동기를 왜곡하고 훼손하지 않았다면 모든 사람은 일상적인 일을 하면서 자선의 법칙을 이행하고 있을 것이다.

이 방대한 교역 시스템을 계속 유지하고, 숲과 농장, 공장과 광산을 운영하고, 모든 지방의 생산물을 모든 가정에 배달하기 위해서는 막대한 자본이 필요하다. 한 사람이 농장이나 공장을 운영할 수 없고, 철도나 증기선을 만들 수 없다. 한 방울의 빗방울이 방앗간이나 기관차를 움직이는 증기를 공급할 수는 없지만, 광활한 저수지에 모이면 나이아가라 폭포의 저항할 수 없는 힘이 되거나 산악 지방과 해안 지대를 연결하는 기관차나 해안에서 해안으로 다니는 증기선을 움직이는 힘이 된다. 이와 마찬가지로 여러 사람 주머니의 몇 달러는 이런 방대한 작업을 위한 수단을 제공하기에 무력하지만, 합치면 세상을 움직인다.

자본은 노동의 친구이며 경제 활동과 정당한 보상을 위해 필요한 것이다. 이기적인 목적으로만 사용될 때 자본은 끔찍한 걸림돌이 될 수 있다. 하지만 대부분 자본은 일반적으로 생각하는 것보다 인간의 행복에 더 우호적이다. 자본은 어떤 방식으로든 직간접적으로 노동자에게 도움이 되지 않는 방향으로 사용될 수 없다. 우리는 우리가 겪는 나쁜 일은 생각하면서도 우리가 누리는 좋은 일은 못 보고 지나친다. 우리는 더 많은 수입이 생기면 생활의 불편을 덜고 위안이 될 것으로 생각하지만 많은 자본이 축적되지 않았다면 우리가 누릴 수 없었던 좋은 점은 간과한다. 우리가 받는 좋은 점과 우리가 겪는 나쁜 점을 공정하게 평가하는 것이 진정한 지혜일 것이다.

오늘날 우리는 '빈익빈부익부貧益貧富益富'라는 말을 흔히 한다. 하지만 모든 사람의 재산을 고려할 때 이 주장에는 의심의 여지가 있다. 부자들이 점점 더 부유해지는 것은 사실이다. 하지만 노동자들의 상태가 지속해서 개선되고 있는 것도 사실이다. 평범한 노동자들이 1세기 전에는 왕자들도 누릴 수 없었던 편리함과 안락함을 누리고 있다. 더 좋은 옷을 입고, 더 다양하고 풍부한 음식을 섭취하고, 더 편안한 주거에서 살고 있으며, 집안일은 불과 몇 년 전보다 더 편리해졌다. 황제도 오늘날 일반 노동자들처럼 쉽고 편안하고 빠르게 여행할 수 없었다. 이들은 아무도 도와줄 사람 없이 홀로 서 있다고 생각할지도 모른다.

하지만 사실은 이들의 곁에는 엄청나게 많은 사람이 이들의 주문에 따르를 준비를 하고 대기하고 있다. 오늘날 거의 예외 없이 모든 사람이 즐기는 평범한 저녁 식사 한 끼를 제공하기 위해서는 방대한 인력과 막대한 자본이 필요하다.

심지어 소박한 음식을 제공하는 데 필요한 수단과 인력과 힘의 방대한 조합을 생각해 보라. 중국인은 차를 재배하고, 브라질인은 커피를, 동인도인은 향신료를, 쿠바인은 설탕을 재배하고, 서부 대초원의 농부는 빵과 소고기와 채소를, 낙농가는 버터와 우유를 당신에게 제공한다. 광부는 탄광에서 당신이 음식을 요리하고 당신의 집을 따뜻하게 할 석탄을 파내고, 가구공은 의자와 식탁을 만들어 주고, 칼 장수는 칼과 포크를, 도공은 접시를 제공하고, 아일랜드 사람은 식탁보를 만들고, 정육점 주인은 당신이 먹을 고기를 손질하고, 방앗간 주인은 밀가루를 빻는다.

하지만 이 다양한 음식 재료와 이것들을 준비하고 제공하는 수단들은 서로 아주 멀리 떨어진 곳에서 생산된다. 당신의 저녁 식사를 준비하고 제공하기 위해서는 바다를 건너고, 언덕을 깎아 평평하게 만들고, 계곡을 메우고, 산에 터널을 뚫고, 배를 건조하고, 철도를 건설해야 했으며, 많은 기계 기술자를 양성하고 고용해야 했다. 이런 재료들을 수집하고 사고팔고 유통하는 사람들도 있어야 한다. 모든 사람이 자기 자리에서 자기 일을 하며 임금을 받는다.

하지만 이들은 당신을 위해 일하며, 당신과 특별한 고용 관계에서 당신의 손에서 자신들의 임금을 받는 만큼 진실하고 효과적으로 당신에게 서비스를 제공한다. 모두가 인정해야 할 이런 사실들에 비추어 볼 때 우리는 쓸모 있는 일을 하는 모든 사람이 공공의 후원자이며, 이런 생각과 목적이 노동과 노동자를 고귀하게 하리라는 진리를 보다 분명히 알 수 있을 것이다. 우리는 모두 공통의 인연으로 묶여 있다. 부자와 가난한 사람, 배운 사람과 무지한 사람, 강자와 약자가 하나의 사회와 시민이라는 거미줄로 얽혀 있다. 한 사람에게 해를 끼치면 모든 사람에게 해를 끼치는 것이 되고, 한 사람에게 도움을 주는 것은 모두에게 도움을 주는 것이 된다.

당신은 당신의 저녁을 마련하기 위해 얼마나 많은 사람의 노동이 필요한지 알았을 것이다. 이 복잡한 시스템을 작동하기 위해서는 그에 상응하는 자본이 필요하다는 사실도 알 것이다. 그리고 당신은 남녀노소를 막론하고 모든 사람이 그 혜택을 누리고 있음을 알 것이다. 어떻게 우리가 석탄, 고기, 밀가루, 차, 커피, 설탕, 쌀 등을 얻을 수 있겠는가? 노동자는 자신이 만든 배를 타고 항해할 수는 없다. 농부는 농장을 떠나서 자신이 재배한 농산물을 시장에 가져갈 수 없다. 광부는 자신이 채굴한 석탄을 운반할 수 없다. 캔자스의 농부는 오늘 음식을 만들고 집을 따뜻이 하기 위해 옥수수를 태울지도 모른다. 광부는 옥수수로 만든 빵을 갈망할지도 모른다. 왜냐하면 그들은 노동의 결과를 교환할 수 없기 때문이다. 철도와 증기선의 등장으로 모든 땅과 숲, 광산의 가치가 증가했고, 삶의 안락함과 사회적, 지적 문화의 수단이 가장 접근하기 어려운 오지까지 전달되었다.

하지만 자본의 이익은 현재의 욕구와 안락함을 제공하는 데만 국한되지 않는다. 자본은 노동에 새로운 길을 열어준다. 자본은 노동을 다양화하고 모든 사람에게 자신이 타고난 취향과 재능에 가장 잘 맞는 일을 할 수 있게 더 폭넓은 분야를 제공한다. 철도와 기선, 전신, 제조업 등에서 창출한 고용 규모는 거의 가늠할 수 없다. 자본은 또한 지적, 정신적 문화 수단을 제공하는 데 크게 투자된다. 책은 끊임없이 하락하는 가격으로 널리 보급되고, 우리의 위대한 출판사들을 통해 평범한 노동자도 세상에 대한 최고의 사상을 접할 수 있게 된다. 일반 노동자가 자본에서 얻는 이익으로 신문보다 더 좋은 예는 없다. 2, 3센트면 24시간 동안 일어난 세계 역사를 모든 가정의 문 앞에 가져다준다. 노동자는 편안하게 차를 타고 출퇴근하는 동안 세계 곳곳을 방문할 수 있고, 그가 실제로 현장에 있었다면 할 수 있었던 것보다 그날의 사건에 대해 더 잘 알 수 있다. 중국이나 아프리카에서 벌어지는 전투, 스페인에서 일어난 지진, 런던의 다이너마이트 폭발 사고, 의회에서의 논의, 사회악을 억제하고, 무지몽매한 자들을 계몽하고, 가난한 자들을 돕고, 일반적으로 삶을 개선하기 위한 사람들의 움직임, 이 모든 것이 그의 앞에 간결하게 펼쳐진다. 그리고 왕족, 성자와 현자, 모든 계층의 사람들과 동등하게 세계 역사에 관한 뉴스를 접할 수 있다. 당신은 조간신문을 읽으면서 얼마나 많은 사람이 당신의 심부름을 하고, 지구 곳곳에서 당신을 위해 정보를 수집하고, 수집한 정보를 당신이 사용하기 편한 형태로 만드는지 생각해 본 적이 있는가? 이 신문을 생산해서 당신의 문 앞에 두기 위해 수백만 달러를 투자하고 수천 명을 고용해야 한다. 그리고 이 모든 서비스에 대해 당신이 내는 비용은 얼마인가? 단지 몇 센트에 불과하다.

이것들은 모든 사람이 자본에서 얻는 이익의 예이다. 막대한 비용을 지출하지 않고서는 얻을 수 없는 혜택이며, 우리와 상관없이 우리의 발 앞에 놓이는 축복이다. 유용한 생산에 투자되는 자본은 많은 사람에게 혜택을 준다. 이런 자본은 삶의 수레바퀴를 움직이게 하고 고용을 증대한다. 그것은 모든 지방의 산물을 모든 가정의 문 앞까지 가져다주고, 모든 민족을 하나로 묶고, 마음과 마음이 서로 닿게 하고, 그 산물의 크고 값진 몫을 모든 사람에게 나눠준다. 이런 사실은 아무리 가난할지라도 모든 사람이 고려해 보는 것이 좋을 것이다.

자본이 노동에 그렇게 좋은 것이라면, 자본은 노동이 없으면 소용이 없고, 노동으로부터 모든 가치를 끌어낼 수 있다면 어떻게 노사 간에 갈등이 있을 수 있겠는가? 자본가와 노동자가 모두 인도적이고 기독교적인 원칙에 따라 행동한다면 아무런 갈등도 있을 수 없다. 하지만 현실은 그렇지 않다. 그들은 비인간적이고 비기독교적인 원칙에 따라 행동한다. 각자 최소한의 서비스로 최대한의 이익을 얻으려고 한다. 자본가는 더 큰 이익을 원하고 노동자는 더 높은 임금을 원한다. 자본가와 노동자의 이해관계가 정면으로 충돌한다. 이 전쟁에서 자본가는 매우 유리한 고지를 재빨리 점령했다. 자본가는 이익의 가장 큰 몫을 요구하고 가져갔다. 자본가는 자신을 부유하게 한 노동자를 경멸해왔다. 자본가는 노동자를 하찮은 노예 정도로 여겨왔고, 그들의 권리와 행복을 존중하지 않았다. 이들은 자신들에게 유리하게 법을 제정하도록 입법자들에게 영향을 미치고, 정부에 보조금을 지급하며 자신들의 이익을 위해 권력을 행사한다.

자본가는 주군이고 노동자는 하인이었다. 하인이 고분고분하게 말을 잘 듣고 주군이 정한 보상에 만족할 때는 갈등이 없었다. 하지만 노동자는 비굴하고 순종적이고 절망적인 상태에서 일어나고 있다. 노동자는 힘과 지능을 얻었고, 존중받아야 할 권리가 있다고 생각하게 되었고, 자신들의 권리를 관철하기 위해 주장하고 뭉치기 시작했다.

이 전쟁의 각 당사자는 자신들의 이기적인 관점에서 이 문제를 고려한다. 자본가는 노동자의 이득은 자신에게 손실이며 먼저 자기가 이득을 보아야 한다고 생각한다. 그리고 임금이 저렴할수록 자기 이득이 더 커진다고 생각한다. 반대로 노동자는 자본가의 이득은 자신의 손실이 되고, 따라서 가능한 한 많은 임금을 받는 것이 자기에게 이익이라고 생각한다. 이렇게 상반되는 관점에서 볼 때 이들의 이해관계는 직접적으로 충돌하는 것으로 보인다. 한쪽의 이익은 다른 쪽의 손실이기 때문에 갈등이 생긴다. 양쪽 모두 진실의 절반만 보고 전체로 착각해서 공멸하는 실수에 빠지게 된다. 각자가 자기 입장을 고수하고 전적으로 이기주의라는 오해받을 소지가 있는 자기 관점에서 문제를 고려한다. 격정은 마음을 불타오르게 하고 이해력을 마비시킨다. 그리고 격정이 발동되면 사람들은 자신들의 이익을 희생하면서까지 다른 사람들을 다치게 함으로써 결국 둘 다 손해가 된다. 이들은 서로 계속해서 전쟁을 벌일 것이다. 이들은 승리를 얻기 위해 수단과 방법을 가리지 않을 것이다. 자본가는 사면초가에 몰린 도시처럼 노동자들을 굶겨서 굴복시키려 한다. 굶주림과 결핍은 가장 강력한 무기이다. 노동자는 이에 저항하면서 자본의 가치를 비생산적으로 만들어 파괴하려고 한다. 필요성이나 이해관계 때문에 마지못해 하는 휴전은 시큰둥할 것이며 성공할 가망이 있으면 즉시 다시 적대관계로 돌아서게 된다. 따라서 노동자와 자본가는 언제든지 분쟁을 재개할 준비가 된 상태로 서로 대치한다. 양 당사자가 자신들이 잘못 알고 있으며, 자신들의 이익이 호혜적이며, 협력하고 각자에게 마땅한 보상을 주어야만 자신들의 이익을 최대한 확보할 수 있다는 사실을 깨닫게 될 때까지 분쟁은 다양한 형태로 계속될 것이다. 자본가와 노동자는 서로 손을 맞잡아야 한다.

이 화해를 어떻게 이룰 것인가는 현재 양측의 많은 현명하고 선량한 사람들이 고심하는 문제이다. 지혜롭고 공정한 입법은 의심할 여지 없이 맹목적인 열정을 억제하고 만족할 줄 모르는 탐욕으로부터 모든 계층을 보호하는 데 중요한 매개체가 될 것이다. 그리고 이런 입법이 이루어지도록 최선을 다하는 것이 모든 사람의 의무이다. 노동자의 권리를 보호하고 더 나은 노동 조건을 확보하기 위한 노동조합은 큰 영향을 미칠 것이다. 노조의 영향력은 그들의 요구가 정의와 인류애에 기초함으로써 계속 커질 것이다. 폭력과 위협은 아무런 효과도 없을 것이다. 다이너마이트 같은 폭약이든 맹렬하고 무모한 격정의 더 파괴적인 힘이든 어떤 상처도 치유하지 못하고 적대적인 감정을 억누르지도 못한다. 중재는 의심할 여지 없이 이런 적대적인 당사자들 사이에 우호적인 관계를 정립하고 양쪽에 정의를 보장하기 위해 현재 이용할 수 있는 가장 현명하고 실용적인 수단이다. 사업 이익을 노동자와 나누는 일은 어떤 경우에는 잘 먹혔다. 하지만 여기에는 실제로 큰 어려움이 따르므로 더 많은 지혜와 자제력, 그리고 양 당사자의 공동 이익에 대한 진심 어린 고려가 필요하다. 많은 방법이 부분적이고 일시적인 효과가 있을 수 있다. 하지만 이 갈등을 억제하고 궁극적으로 갈등의 원인을 제거하지 않고는 영구적인 진전이 있을 수 없다.

갈등의 가장 중요한 원인은 자기와 세상에 대한 지나친 사랑이다.

이 원인이 존재하는 한 갈등은 계속될 것이다. 갈등을 억제하고 완화할 수는 있지만 기회가 오면 언제든지 갈등이 불거지게 된다. 그러므로 모든 현명한 사람은 이런 원인을 제거하려고 노력해야 한다. 그리고 이를 할 수 있는 사람은 결과를 통제할 것이다. 원천을 깨끗하게 하면 개울 전체를 맑고 건강하게 만들 수 있다.

현재 적대적인 목적을 가지고 서로 대치하고 있는 이 인간 선의 두 거대한 요소를 화합하게 하기 위한 모든 성공적인 노력의 초석이 되고 지침이 되는 보편적인 영향력의 원칙이 있다. 이것은 내가 발명하거나 발견한 것이 아니다. 이 원칙에는 인간의 지혜를 초월하는 것이 담겨 있다. 이 원칙은 이해하거나 적용하기가 어렵지 않다. 아이도 이해하고 그에 따라 행동할 수 있다. 이것은 보편적으로 적용할 수 있고 그 효과는 전반적으로 유용하다. 이것은 노동의 부담은 덜어주고 보상은 늘릴 것이다. 이것은 자본을 보호하고 더 생산적으로 만들 것이다. 이 원칙은 바로 다음 말에 그 뜻이 담긴 황금률이다. '그러므로 무엇이든지 남에게 대접받고자 하는 대로 너희도 남을 대접하라. 이것이 율법이요, 선지자이니라.'

이 법칙을 당면한 사건에 적용하기 전에 특별히 주의를 기울이길 바란다. 이것은 정치인, 철학자, 종교 교사들이 일반적으로 간과했던 인간 삶의 매우 놀라운 법칙이다. 이 법칙은 종교의 모든 것을 담고 있다. 이것은 선지자들이 예언한 악에 대한 선의 승리, 거짓에 대한 진실의 승리, 인간의 평화와 행복에 관한 모든 수칙과 계명, 수단을 포함한다. 단순히 이것이 지혜로운 법칙이라고만 말하는 것이 아니다. 율법과 선지자들의 예언에 나타난 신성한 질서의 원리에 부합한다는 것이다. 이 법칙은 모든 것을 포함하고 있다. 이것은 '율법과 선지자'다.

이 법칙은 하나님에 대한 사랑으로 이루어져 있다. 하나님이 우리를 대해 주시기를 바라는 대로 우리도 하나님을 대해야 하며, 하나님이 우리에게 해주시기를 바라는 대로 우리도 하나님에게 해야 한다고 말한다. 하나님이 온 마음과 영혼과 힘을 다해 우리를 사랑해주시기를 원한다면 우리도 똑같이 그분을 사랑해야 한다. 만약 우리 이웃이 자신을 사랑하는 것처럼 우리를 사랑해주기를 바란다면 우리도 우리 자신을 사랑하는 것처럼 이웃을 사랑해야 한다. 여기에 인류에 대한 봉사와 동료애의 보편적이고 신성한 법칙이 있다. 이것은 인간의 지혜에서 나온 계율이 아니다. 이것은 신성에서 비롯해서 인간 본성에 구현된 법칙이다. 이제 이 법칙을 노동과 자본 간의 갈등에 적용해보자.

당신은 자본가이다. 당신은 돈을 제조업, 토지, 광산, 상품, 철도, 선박에 투자하거나 다른 사람들에게 이자를 받고 빌려준다. 당신은 직간접적으로 당신의 자본을 사용하기 위해 사람을 고용한다. 당신은 전적으로 자기 이익만을 바라보면서 자신의 권리 의무와 특권에 대해 공정한 결론을 내릴 수는 없다. 금은보화의 반짝이는 빛이 당신의 마음에 강력한 마법을 걸어 다른 모든 것에 눈이 멀게 할 것이다. 당신은 자기 이익밖에는 보이지 않는다. 노동자를 당신이 존중해야 할 이해관계가 있는 사람으로 여기지 않는다. 당신은 그를 오직 당신의 노예, 당신의 도구, 당신의 부를 늘리는 수단으로만 본다. 이런 관점에서 그는 당신을 섬기는 한 친구이고, 그렇지 않으면 적이다.

하지만 관점을 바꾸어 보라. 역지사지로 생각해 보라. 만약 당신이 그라면 그가 당신을 어떻게 대접하기를 원하는가? 오늘의 자본가는 어제의 노동자였고 오늘의 노동자가 내일의 고용주가 될 개연성이 아주 크다. 당신은 바람직한 경험과 고통스러운 경험을 통해 당신이 어떤 대우를 받고 싶은지 안다. 당신은 단순한 도구로 취급받고 싶은가? 다른 사람을 부유하게 하는 수단으로 여겨지고 싶은가? 당신은 당신의 임금을 최저 생계비 수준으로 낮추기를 원하는가? 당신은 냉담하고 잔인한 대우를 받고 싶은가? 당신은 다른 사람의 이익을 위해 당신의 피와 힘, 영혼을 돈으로 바꾸고 싶은가?

이 질문들은 대답하기 어렵지 않다. 모든 사람은 자기가 친절하게 대접받고, 자기 이익을 존중받으며, 자기 권리를 인정받고 보호받는 것을 좋아한다. 이런 배려가 자신의 마음속에서 반응을 불러일으킨다는 것은 누구나 안다. 친절은 친절을 낳고, 존경은 존경심을 일깨운다. 상대방의 입장이 되어 보라. 당신이 자기 자신을 대한다고 상상해 보라. 그러면 당신이 나사를 더 죄고 노동자의 근육에서 한 푼이라도 더 짜낼지, 아니면 노동자의 압박을 덜어줄지, 그리고 가능하다면 임금을 올려주고, 그의 봉사에 대해 존경을 표해야 할지 결정하는 데 어려움이 없을 것이다. 상황이 역전되었을 때 *그가 당신에게 해주기를 바라는 대로 그에게 하라.*

당신은 노동자다. 당신은 일당을 받고 일한다. 고용주의 입장이 되어 보라. 당신이 고용한 사람들이 당신을 위해 어떻게 일하기를 바라는가? 그들이 당신을 적으로 여기는 것이 옳다고 생각하는가? 당신은 그들이 자기 일을 소홀히 하고, 가능한 한 적게 일하고, 가능한 한 많이 받으려고 하는 것이 정직하다고 생각하는가? 만약 당신이 정해진 시간에 끝내지 않으면 큰 손실을 보게 되는 큰 계약을 체결했다면 당신 직원들이 임금 인상을 강요하기 위해 당신의 어려운 처지를 이용하면 좋겠는가? 당신은 그들이 당신 사업 경영에 간섭하고, 누구를 어떤 조건으로 고용하라고 지시하는 것이 옳고 현명하다고 생각하는가? 당신은 차라리 그들이 친절하고 좋은 정신으로 정직하게 일하도록 하지 않겠는가? 당신은 그들이 당신의 이익을 존중하는 것을 알았을 때, 그들의 이해관계를 보살피고, 그들의 노동 강도를 줄이고, 여유가 있다면 그들의 임금을 올려주고, 그들 가족의 행복을 돌보는 것을 더 원하지 않겠는가? 나는 그러리라는 것을 안다. 사람들이 이기적인 것은 사실이다. 어떤 사람들은 너무 비열하고 영적으로 위축되어 있어서 자기 이익밖에는 볼 수 없다. 그들의 심장은 살이 아니라 금과 은으로 만들어져서 사람의 감정을 조금도 느끼지 못하며, 한 푼이라도 더 벌 수 있다면 다른 사람들이 얼마나 고통받든 상관하지 않는다. 하지만 그런 사람은 예외이지 원칙이 아니다. 우리는 다른 사람들이 우리 이익을 존중하고 헌신할 때 감동한다. 고용주가 자기에게 친절하게 대하는 것을 느끼고, 자기를 정당하게 대하고 자기 이익을 존중하려고 노력한다는 것을 아는 노동자는 더 나은 일을 더 많이 할 것이고, 자기 이익뿐만 아니라 자기 고용주의 이익에도 관심을 둘 것이다.

나는 이기적이고 세속적인 이 시대에 '대접받고 싶은 대로 대접하라'는 신성하고 인도적인 법칙은 실현하기 불가능하다고 생각하는 사람이 많다는 것을 잘 안다. 만약 양측이 모두 이 황금률 법칙을 따른다면 모든 사람이 얼마나 행복해질지 알 수 있다. 하지만 사람들은 그렇게 하지 않을 것이라고 말한다. 노동자는 필요한 것을 얻기 위해 일해야 할 때만 마지못해 일할 것이며, 모든 곤궁한 상황을 이용할 것이다.

그는 고용주로부터 약간의 독립을 얻자마자 오만하고 적대적으로 변할 것이다. 고용주는 노동자들을 자신에게 계속 의지하게 만들고, 최대한 그들을 이용하려고 모든 수단을 동원할 것이다. 노동으로 일군 모든 땅을 자본이 차지하고, 유리한 고지에서 노동자들을 자본에 더 크게 의존하고 비참하게 굴복하게 할 것이다.

하지만 이는 잘못된 판단이다. 세계 역사는 강렬한 적대감에 시달리거나 잘못된 생각으로 격분하지 않을 때 인간의 마음은 차분하고 사심 없고 현명한 조언에 귀 기울일 준비가 되어 있음을 증명한다. 석탄 광산을 운영하며 많은 노동자를 고용한 한 사람은 상대방을 같은 인간으로 인정하는 인간 대 인간으로서 고결한 동기에 호소했을 때 이런 차분하고 솔직한 대응이 실패한 적이 없었다고 말했다. 최근 이 도시에서 고용주와 근로자 양측에 파멸적인 난관을 해결하는 데 있어서 차분하고 사심 없고 현명한 조언이 행복한 결말을 가져온 가장 주목할 만한 사례가 있다.

마음이 격정에 불타면 사람은 이성에 귀 기울이지 않는다. 다른 사람들의 이익은 개의치 않고 자기 이익에만 눈이 먼다. 격정이 치밀어 오르는 한 어려움은 절대 해결되지 않는다. 문제는 갈등으로 해결되지 **않는다. 어느 한쪽을 힘으로 제압할 수 있지만, 부당하다는 느낌은 계속 남아있을 것이고, 격정의 불씨는 기회가 오면 언제든지 다시 살아날 준비가 된 채로 잠재해 있을 것이다.** 하지만 노동자와 자본가가 상대방에게 어떤 이익도 취할 의향이 없으며, 양측이 공정하고 자신들의 공동의 이익을 고려하려는 진심 어린 바람과 결단이 있음을 확신한다면 바람이 잠잠할 때 거친 파도가 가라앉듯이 그들 사이의 모든 갈

374

등도 멈출 것이다. 노동자와 자본가에게는 공통의 이익이 있다. 둘 다 상대방의 번영 없이는 영원히 번영할 수 없다. 이들은 한 몸이다. 노동이 팔이라면 자본은 피다. 피를 흘리면 팔이 힘을 잃는다. 팔을 부러뜨리면 피도 쓸모가 없어진다. 서로서로 돌보면 둘 다 이익을 얻게 된다. 각자가 황금률을 지침으로 삼으면 적대감의 모든 원인이 제거되고, 모든 갈등이 멈출 것이며, 그들은 함께 일하며, 정당한 보상을 받을 것이다.

여러분이 이 장의 기초가 되는 기본 원칙을 터득했다면 대중 연설자가 자신이 자기가 하는 말을 믿지 않는 한 청중들을 감동하게 하거나 자기주장을 설득할 수 없는 이유를 알 것이다.

또한 판매원이 자기 상품의 장점을 먼저 확신하지 않는 한 어떤 판매원도 자신의 잠재 구매자를 설득할 수 없는 이유도 알 것이다.

나는 이 책 내내 모든 성격은 개인의 생각과 행동의 총합이며, 우리는 우리의 지배적인 생각의 본질을 닮게 된다는 진실을 설명하기 위해 하나의 특정한 원칙을 강조해 왔다.

사고는 확실한 계획에 따라 사실과 자료를 체계적으로 수집, 정리, 축적할 수 있는 유일한 힘이다. 흐르는 강은 흙을 운반해서 땅을 만들 수 있고, 폭풍은 부러진 나뭇가지를 모아서 모양이 없는 잔햇더미를 만들 수 있다. 하지만 폭풍이나 강물은 생각할 수 없다. 그러므로 이것들이 모은 재료들은 체계적이고 확실한 형태를 이룰 수 없다. 인간만이 자기 생각을 물리적 현실로 바꾸는 힘이 있다. 인간만이 꿈을 꾸고 꿈을 이룰 수 있다.

인간에게는 이상을 창조하고 그것을 성취하는 힘이 있다.

인간은 어떻게 이 세상에서 생각하는 힘을 사용할 줄 아는 유일한 생명체가 되었을까? 이는 인간이 진화 피라미드의 정점에 있기 때문이며, 인간의 사고와 그것이 인간에게 미친 영향의 결과로 수백만 년 동안 인간이 지구상의 다른 생물체들 위에 올라선 투쟁의 산물이다.

언제 어디서 어떻게 생각의 첫 번째 줄기가 인간의 뇌로 흘러들게 되었는지 아무도 모른다. 하지만 우리는 모두 생각이 인간을 다른 모든 피조물과 구별하는 힘이라는 것을 알고 있다. 마찬가지로 인간이 다른 모든 생물보다 우월할 수 있게 해준 힘도 생각이라는 것을 알고 있다.

생각의 한계, 혹은 생각에 어떤 한계가 있는지 아닌지는 아무도 모른다. 사람은 자신이 할 수 있다고 믿는 것은 무엇이든 결국 한다. 불과 몇 세대 전에 상상력이 풍부한 작가들이 감히 '말 없는 마차'에 대해 썼고, 그것이 현실이 되고 지금은 흔한 탈것이 되었다. 진화하는 사고의 힘을 통해 한 세대의 희망과 야망은 다음 세대에 현실이 된다.

이 과정 내내 사고의 힘이 지배적인 위치를 차지했다. 그것은 사고의 힘이 지배적인 위치에 있기 때문이다. 세상에서 인간의 지배적인 위치는 사고의 직접적인 결과이며, 여러분이 성공을 어떻게 정의하든지 간에 여러분이 성공을 달성하는 데 사용할 힘이 바로 이 사고의 힘임이 틀림없다.

여러분은 이제 원만하고 원숙한 성격을 형성하기 위해 어떤 자질이 필요한지 확인하기 위해 여러분 자신을 분석해야 할 시점에 도달했다.

이 책에는 15가지 주요 요인들이 포함되어 있다. 이 책의 15가지 요소 중 어떤 요소가 가장 약한지 확인하자. 필요한 경우 다른 사람의 도움을 받아 자신을 주의 깊게 분석하고, 그 요소를 완전히 개발할 때까지 그 특정 요소에 집중해서 노력하기를 바란다.

당신이 하는 일과 내가 하는 일은 아주 비슷하다.
나는 자연의 법칙을 통해 더 완벽한 식물 표본을 만드는 일을 한다.
그리고 당신은 성공의 법칙을 통해
사람들이 더 온전한 사고를 하도록 한다.

—루서 버뱅크(Luther Burbank)

원하는 모든 것을
가져다줄 힘

성공은 힘의 작용으로 달성된다. 힘에는 두 가지 형태가 있다. 하나는 나이아가라 폭포에서 쏟아지는 물방울의 도움으로 자연이 만들어내는 물리적인 힘으로 인간은 이런 형태의 힘을 이용해 왔다. 다른 하나는 인간의 마음속에서 **생각의 조화로운 조정**을 통해 만들어진 또 다른, 그리고 훨씬 더 강력한 형태의 힘이다. '조화'라는 단어를 강조한 것을 주시하라. 현대적인 사무실의 이사회 테이블에 앉아 있는 사람들의 모습을 떠올려보자. 이들은 사람들이 어떤 명확한 목표를 염두에 두고 완벽한 조화를 이루는 정신으로 마음을 융합하는 곳이면 어디든 창조될 수 있는 '마스터 마인드'를 상징한다. 인간에게 알려진 가장 큰 힘이다.

사람들은 마스터 마인드의 도움으로 자신들이 사는 지구와 그 주변의 무한한 공간을 채우는 공기와 에테르, 그리고 우주를 떠다니는 수백만 개의 다른 행성과 천체에 관한 많은 흥미로운 사실을 발견했다.

인간의 마인드가 상상해 낸 '분광기spectroscope'라는 작은 기계 장치의 도움으로, 인간은 1억 5000만 킬로미터 떨어진 곳에서 태양을 구성하는 물질의 성질을 발견했다.

우리는 석기 시대, 청동기 시대. 철기 시대, 종교적 광신 시대, 과학적 연구 시대, 산업 시대를 거쳐 이제 사상의 시대로 접어들었다. 인간이 지나온 암흑시대의 전리품에서 우리는 건전한 사고에 필요한 많은 재료를 축적했다. 무지와 미신과 두려움에 대항하는 지성의 맹렬한 싸움이 1만 년 이상 이어지는 동안 인간은 유용한 지식을 습득했다.

인간이 체계화한 유용한 지식 중에서도 특히 우리는 우주의 모든 물질을 구성하는 83가지 원소를 발견하고 주기율표로 정리했다. 연구와 비교 분석을 통해 인간은 태양과 별들로 대표되는 우주의 물질적 사물의 '거대함'을 발견했다. 이런 거대한 천체 가운데는 그 크기가 인간이 사는 작은 지구의 1000만 배 이상인 것도 있다고 알려져 있다. 반면에 인간은 물질을 분자, 원자, 그리고 마지막으로 가장 작은 입자로 알려진 전자로 분류함으로써 사물의 '미소함'도 발견했다. 원자는 상상할 수 없을 정도로 작아서 모래 한 알에 수백만 개의 원자가 들어 있다.

분자는 원자로 이루어진다. 원자는 지구와 다른 행성이 태양 주위를 공전하는 것과 정확히 같은 원리로 움직인다. 빛의 속도로 계속 회전하는 작고 보이지 않는 입자다. 원자는 다시 계속 빠르게 운동하는 전자들로 이루어져 있다. 따라서 전체 우주의 운행 원리가 모래알이나 물방울에서도 똑같이 작용한다.

얼마나 놀라운 일인가! 이런 것들이 사실인지 어떻게 알 수 있을까? 모든 것이 마스터 마인드 덕분이다.

다음에 여러분이 식사할 때 접시에 담긴 스테이크, 접시와 식기류, 식탁 등이 궁극적으로는 단지 균일한 전자의 집합이라는 사실을 기억하면 이 모든 것의 엄청난 규모에 대한 약간의 아이디어를 얻을 수 있을 것이다. 물질의 세계에서는 하늘에 떠 있는 가장 큰 별이든 지구에서 발견되는 가장 작은 모래 알갱이든 관찰되는 모든 물체는 상상할 수 없는 속도로 서로 돌고 있는 분자와 원자, 전자의 체계적인 집합체일 뿐이다.

인간은 우주의 물리적 사실을 많이 안다. 가장 위대한 과학적 발견은 모든 인간의 뇌는 방송국이자 수신국이라는 사실일 것이다. 뇌에서 방출하는 모든 생각의 진동은 이를 방출하는 뇌와 조화를 이루거나 '동조'하는 다른 뇌가 포착해서 해석할 수 있다.

인간은 이 지구의 물리 법칙에 관한 지식을 어떻게 얻었을까? 인간은 어떻게 자신이 태어나기도 전에 일어난 일을 배웠을까? 인간은 자연의 경전에 새겨진 기록을 돌아보면서 지능이 낮은 동물들과의 오랜 투쟁의 역사에서 지혜를 얻었다. 자신들이 사는 이 땅의 돌과 지표에 새겨진 기록을 돌아보면서 인간은 유구한 세월 동안 대자연이 자신들을 깨우치고 인도하기 위해 이 땅에 심어놓은 뼈와 해골, 발자국 등 동물 생태사의 명백한 증거들을 발견했다.

이제 인간은 자연 경전의 또 다른 페이지로 관심을 돌리려 하고 있다. 이는 사고의 영역에서 일어난 위대한 정신의 투쟁사가 기록된 페이지다. 이 페이지는 무한한 에테르로 대표되는데, 그것은 인간의 마음에서 방출된 모든 생각의 진동을 포착해서 전달한다. 자연 경전의 이 위대한 페이지는 어떤 인간도 손댈 수 없었다. 이 긍정적인 기록은 곧 명확하게 해석될 것이며 인간에 의한 가필은 허용되지 않는다. 이 페이지에 기록된 이야기의 진실성은 의심의 여지가 없을 것이다.

오늘날 전 세계에서 '완벽한 조화의 정신으로 융합된 두 사람 이상의 마음 사이에서 일어나는 화학작용으로 인해 에테르에 기록되어 영원히 존재하는 사고의 진동을 읽어내는 초인적인 힘을 가진 제3의 마인드가 탄생하는 것'에 대해 알고 있거나 들어 본 적이 있는 사람은 100명도 안 될 것이다.

새롭게 발견된 전파 원리는 의심 많은 사람의 입을 다물게 하고 과학자들이 새로운 실험 분야에 급히 뛰어들게 했다. 이 연구가 끝나면 우리가 현재 이해하고 있는 마음과 내일의 마음을 비교하는 것이 아메바에서부터 인간에 이르기까지 모든 동물 생태를 연구한 생물학 교수의 지능을 비교하는 것과 거의 같다는 것이 밝혀질 것이다.

두 사람 이상의 마음이 조화의 정신으로 융합하면서 만들어진 힘을 이용하고 있는 몇몇 영향력 있는 인사들을 잠시 만나보자. 각자의 분야에서 위대한 업적을 남긴 세 명의 유명 인사에서부터 시작할 것이다. 이들은 헨리 포드와 토머스 에디슨, 하비 파이어스톤이다.

경제력에 관한 한 세 사람 중에서 헨리 포드가 가장 영향력 있는 인물이다. 포드는 지금까지 살았던 사람 중 가장 영향력 있는 사람으로 여겨진다. 그의 힘은 워낙 커서 그가 원하는 것은 무엇이든 가질 수 있다. 그에게 수백만 달러는 장난감에 불과하며 아이가 모래 터널을 만드는 모래알만큼 쉽게 얻을 수 있다.

에디슨은 대자연의 경전에 대한 예리한 통찰력을 지녔으며 인류의 이익을 위해 누구보다도 자연의 법칙을 더 많이 활용하고 결합했다. 예컨대 바늘과 회전하는 판을 결합해서 사람의 목소리 진동을 녹음하고 현대식 축음기를 통해 이를 재생할 수 있게 한 것이 바로 그였다. 백열전구를 발명해서 번개를 인간이 사용할 수 있는 빛으로 만든 것도 에디슨이다. 그리고 세상에 현대적 형태의 영화를 가져다준 것도 에디슨이다.

파이어스톤의 산업 분야 업적은 너무나 잘 알려져서 따로 논할 필요가 없을 것이다. 그는 빠르게 부를 축적했고 자동차가 다니는 곳이라면 그의 이름이 대명사가 되었다.

이 세 사람은 모두 자본도 없이, 그리고 보통 '교육'이라고 일컬어지는 것을 거의 받지 못한 채 자신들의 경력을 시작했다.

아마도 포드의 시작은 단연코 세 사람 중 가장 초라했을 것이다. 가난에 시달리고, 가장 기초적인 교육조차 받지 못했으며, 문맹과 무지라는 적과 씨름해야 했던 그는 25년이라는 상상도 할 수 없을 정도로 짧은 기간에 이 모든 것을 정복했다. 이렇게 우리는 성공한 영향력 있는 유명 인사 세 사람의 업적을 간단히 설명할 수 있을 것이다.

하지만 지금까지 우리는 결과만을 다루어 왔다. 진정한 철학자는 이런 바람직한 결과를 낳은 '원인'을 알고 싶어 한다.

포드와 에디슨, 파이어스톤이 오랜 세월 친한 친구 사이로 지내왔다는 것은 널리 알려진 사실이다. 이들은 1년에 한 번 숲속에서 휴식과 명상을 하며 회복기를 가지곤 했다.

이 세 사람 사이에 이들의 마음이 각자의 힘의 진정한 원천인 '마스터 마인드'로 어우러지게 한 조화로운 유대감이 존재했는지는 알려지지 않았으며 이들끼리는 이를 인식했는지도 심히 의문이다. 하지만 포드와 에디슨, 파이어스톤의 마음이 한데 어우러져서 나온 이 집단정신이 대부분 사람은 모르는 힘(지식의 원천)을 알 수 있게 했다.

다시 말하자면 두 사람 이상(12 혹은 13명의 마음이 가장 유리한 것으로 보인다)이 융합하고 조화를 이루면 에테르의 진동을 '수신'해서 거기서 어떤 주제에 관해서도 같은 생각을 포착할 수 있는 한 마음이 탄생한다.

마음 조화의 원리를 통해 포드와 에디슨, 파이어스톤은 각자의 노력을 보완하는 마스터 마인드를 만들었고 **의식적으로든 무의식적으로든 이 '마스터 마인드'는 세 사람 각자의 성공의 원인이다.**

이들의 위대한 힘의 성취와 각자의 분야에서 이룬 엄청난 성공에 대한 다른 해답은 없으며, 이들이 자신들이 창조한 힘이나 그 방법을 의식하지 못할지라도 이것은 사실이다.

시카고에는 '빅6'로 알려진 여섯 명의 영향력 있는 사람이 살고 있다. 이 여섯 사람은 중서부에서 가장 영향력 있는 그룹이라고 하며, 이들의 총수입은 연간 2500만 달러 이상이라고 한다. 이 그룹의 모든 사람은 아주 초라한 환경에서 시작했다.

이 그룹의 구성원은 자신의 이름을 딴 껌 회사를 소유하고 있고 연간 개인 소득이 1500만 달러가 넘는다는 윌리엄 리글리 2세, 역시 자신의 이름을 딴 간이식당 체인을 운영하는 존 톰슨, 로드앤토머스 광고대행사를 소유한 앨버트 라스커, 미국에서 가장 큰 운송회사인 파말리익스프레스를 소유한 맥컬러프, 그리고 옐로우택시캡이라는 택시회사를 소유한 리치와 허츠다.

일반적으로 수백만 달러를 모은 것 외에는 아무것도 한 일이 없는 사람에 대해 특별히 논평할 만한 가치가 있는 일은 없다. 하지만 이 특별한 백만장자들의 재무적인 성공에는 놀라움 이상의 뭔가가 있다. 그들은 유대가 돈독하며 조화의 정신으로 마스터 마인드를 형성했다는 것이 잘 알려져 있기 때문이다.

이 여섯 사람은 우연이든 의도적이든 자신들의 마음을 융합함으로써 '마스터 마인드'로 알려진 초인적인 힘이 각자의 마음을 보완하고, 어떤 사람이 이용할 수 있는 것보다 더 많은 세속적인 이득을 얻었다.

마스터 마인드의 원리가 작용하는 법칙은 예수 그리스도가 12명의 제자들과 세계 최초로 형성한 '13인 클럽'에서도 발견할 수 있다.

13명 중 한 명(가룟 유다)이 조화를 깨뜨렸다는 사실에도 불구하고, 이 열세 사람 사이에 원래 존재했던 조화가 이루어지는 동안 충분한 씨앗을 뿌려서 세상에서 가장 위대하고 가장 영향력이 지대한 철학이 지속될 수 있었다.

수많은 사람이 스스로 지혜롭다고 생각한다. 우리는 어느 정도 지혜가 있지만 마스터 마인드로 알려진 힘의 도움 없이는 어떤 사람도 진정한 지혜를 얻을 수 없다. 그리고 마스터 마인드는 두 사람 이상의 마음이 조화롭게 어우러지는 원리를 통해서만 창조될 수 있다. 의식적이든 무의식적이든 이 시대에 매우 풍부한 모든 산업적, 상업적 성공은 이 원칙을 토대로 한다.

오늘날 어떤 기업, 산업 혹은 금융 기관 간의 합병 관련 뉴스가 하루도 빠지는 날이 없다. 세계가 서서히 우호적인 제휴와 협력을 통해 위대한 힘이 나온다는 사실을 배우기 시작하고 있다는 것을 반증한다.

성공적인 기업은 이 글에서 설명하는 체계화된 노력의 원칙을 의식적으로 혹은 무의식적으로 적용하는 리더들이 경영하는 기업이다. 만약 여러분이 어떤 기업에서든 훌륭한 리더가 되고 싶다면 주위에 협력의 정신으로 융합할 수 있는 사람들을 두고 이들이 일심동체가 되게 하라.

만약 여러분이 이 원리를 이해하고 적용할 수 있다면, 여러분의 노력으로 이 세상에서 여러분이 원하는 것은 무엇이든 가질 수 있을 것이다.

성공의 법칙을 알려준
최고 권위자들

이 책은 각자의 직업에서 이례적인 성공을 거둔 100여 명의 필생의 업적을 세심하게 분석한 결과다. 나는 15가지 성공의 법칙을 수집, 분류, 시험, 정리하는 데 20년 이상을 보냈다. 이 작업을 진행하면서 나는 다음에 소개하는 분들에게 직접적으로 도움을 받거나 이들의 업적에 관한 연구를 통해 귀중한 도움을 받았다.

헨리 포드Henry Ford

사이러스 커티스Cyrus H. K. Curtis

토머스 에디슨Thomas A. Edison

조지 퍼킨스George W. Perkins

하비 파이어스톤Harvey S. Firestone

헨리 도허티Henry L. Doherty

존 록펠러John D. Rockefeller

조지 파커George S. Parker

찰스 슈와브Charles M. Schwab

헨리 박사Dr. C. O. Henry

우드로 윌슨Woodrow Wilson

루퍼스 에이어스 장군General Rufus A. Ayers

다윈 킹슬리Darwin R. Kingsley

엘버트 게리 판사Judge Elbert H. Gary

윌리엄 리글리 2세Wm. Wrigley, Jr.

윌리엄 하워드 태프트William Howard Taft

앨버트 라스커A. D. Lasker

엘머 게이츠 박사Dr. Elmer Gates

에드워드 필렌E. A. Filene

존 데이비스John W. Davis

제임스 힐James J. Hill

새뮤얼 인설Samuel Insul

조지 알렉산더Captain George M. Alexander (과거 필자가 보좌했음)

프랭크 울워스Frank W. Woolworth

대니얼 라이트 판사Judge Daniel T. Wright (필자의 법률 교사)

휴 차머스Hugh Chalmers

스트리클러 박사Dr. E. W Strickler

엘버트 허버드Elbert Hubbard

에드윈 반스Edwin C. Barnes

루서 버뱅크Luther Burbank

로버트 테일러Robert L. Taylor

올란도 해리먼O. H. Harriman

조지 이스트먼George Eastman

존 버로스John Burroughs

에드워드 복Edward Bok

에드워드 해리먼E. H. Harriman

엘스워스 스태틀러E. M. Statler

찰스 스타인메츠Charles P. Steinmetz

앤드루 카네기Andrew Carnegie

프랭크 밴더립Frank Vanderlip

존 워너메이커John Wanamaker

시어도어 루스벨트Theodore Roosevelt

마셜 필드Marshall Field

윌리엄 프렌치Wm. H. French

알렉산더 그레이엄 벨 박사Dr. Alexander Graham Bell (서론 집필에 도움을 준 분)

이들 중에서도 이 책이 탄생하는 데 가장 큰 공헌을 한 사람으로 헨리 포드와 앤드루 카네기를 꼽지 않을 수 없다. 앤드루 카네기는 이 책의 저술을 처음 제안한 사람이고, 헨리 포드는 자신의 탁월한 필생의 업적이 이 책을 개발하는 재료의 대부분이 된 사람이기 때문이다.

이들 중 일부는 고인이 되었지만, 아직 살아있는 모든 분에게 나는 이 기회에 감사의 말을 전하고 싶다. 이들의 도움이 없었다면 이 책은 탄생할 수 없었다. 나는 이들 대부분을 직접 가까운 거리에서 연구했다. 나는 이들 중 많은 사람과 생전에 우정을 나누며 이들의 철학에서 다른 데서는 얻을 수 없는 사실들을 모을 수 있었다.

나는 성공의 법칙을 만드는 과정에서 지상 최고 권위자들의 도움을 받는 특전을 누린 것에 감사한다. 이런 특전은 나에게 더할 나위 없는 보상이었다. 이들은 미국 비즈니스와 금융, 산업, 정계의 근간이자 기초이자 뼈대였다.

성공의 법칙은 이들 각자가 자신이 선택한 분야에서 큰 힘을 발휘했던 철학과 절차적 원칙을 전형적으로 보여준다. 가능한 한 가장 간명하고 쉬운 용어로 이 책을 소개해서 고등학생 정도의 젊은이들도 이 내용을 완전히 익힐 수 있게 하는 것이 내 계획이었다.

서론에서 언급하는 '마스터 마인드'라는 심리학적 법칙을 제외하고 내가 이 책에서 기본적으로 새로운 것을 창조한 것은 없다. 하지만 나는 오래된 진실과 알려진 법칙을 사용할 수 있는 실용적인 형태로 정리해서 간단명료한 것을 좋아하는 보통 사람들도 쉽게 이해할 수 있게 했다.

앨버트 게리 판사는 성공의 법칙의 가치를 이렇게 평가했다.

"이 성공 철학의 두 가지 뛰어난 특징이 가장 인상적이다. 하나는 내용을 단순명료하게 전달하고 있다는 점이며, 다른 하나는 내용이 견실하고 아주 명백해서 누구나 바로 이해할 수 있다는 사실이다."

나폴레온 힐
성공의 법칙 2
THE LAW OF SUCCESS

초판 1쇄 인쇄 2023년 1월 16일
초판 1쇄 발행 2023년 1월 30일

지은이 나폴레온 힐(Napoleon Hill)
옮긴이 손용수
펴낸이 김동환, 김선준

책임편집 최구영
편집팀장 최한솔 **편집팀** 오시정
책임마케팅 이진규 **마케팅팀** 권두리, 신동빈
책임홍보 권희 **홍보팀** 한보라, 이은정, 유채원, 유준상
디자인 김혜림
경영관리팀 송현주, 권송이

펴낸곳 페이지2북스 **출판등록** 2019년 4월 25일 제 2019-000129호
주소 서울시 영등포구 여의대로 108 파크원타워1. 28층
전화 070) 4203-7755 **팩스** 070) 4170-4865
이메일 page2books@naver.com
종이 ㈜ 월드페이퍼 **인쇄·제본** 한영문화사

ISBN 979-11-6985-008-7 (04320)